전두환의
광주폭동이라니요?

전두환의
광주폭동이라니요?

나의갑 지음

옛 전남일보 최승호 편집국장이 강연균 화백에게 부탁해 1980년 6월 4일자 1면에 실린 5·18 당시 전남도청 앞 광장 그림. 허리 꺾인 가로수와 널브러진 시신, 피로 물든 광장 등이 계엄군의 언론 검열에서 난도질을 당했다.

심미안

추천사

전두환은 단죄되지 않았다

 1980년 5월 광주항쟁 당시 전남일보 사회부 기자 나의갑! 이후 신문사 중견데스크를 거쳐 금남로에 소재한 '5·18민주화운동기록관'의 관장이 된 그가 '5·18'에 대한 책자를 썼다. 이 책은 기존의 책들과는 달리 광주시민들의 항쟁을 짓밟은 '전두환'의 내란, 반란, 군사폭동에 스포트라이트를 비추고 있다. 아직도 어딘가에 깊숙이 묻힌 비밀군사행동의 진실이 감추어져 있어 취재와 글쓰기에 한계가 있었으나 소위 '정치·사회부 기자'로서 전두환과 신군부를 접근하여 군사내란반란과 군사폭동을 들여다본다.
 결론적으로 12·12와 5·17 쿠데타를 일으킨 뒤 '광주학살'을 자행한 전두환·노태우 신군부 세력은 민족과 민주주의의 역사적 단죄를 피할 수 없었다. 이른바 '세기적 재판'을 받기 위해 전직 대통령 피고 전두환과 노태우는 나란히 법정에 서야 했다. 무고한 시민을 학살한 자들에게 역사는 결코 눈을 감아주지 않았기 때문에 1995

년 12월 전직 두 대통령의 손에 오랏줄을 묶었다. 피고 전두환은 반란 및 내란수괴로 내란 목적살인 및 상관살해미수 등으로 1심에서 사형, 2심에서 무기징역을 받았다. 피고 노태우는 반란 및 내란 중요임무종사와 상관살해미수 등으로 1심에서 징역 22년 6월, 2심에서 징역 17년을 받았다. 정호용 등 14명의 피고는 역시 내란죄 등이 적용되어 1심에서 10년~4년, 2심에서 7년~3년의 징역형을 선고받았다.

대법원은 이들 피고들을 판결하면서 "우리나라는 제헌헌법의 제정을 통하여 국민주권주의, 자유민주주의, 국민의 기본권보장, 법치주의 등을 국가의 근본이념 및 기본원리로 하는 헌법질서를 수립한 이래, 여러 차례에 걸친 헌법개정이 있었으나, 지금까지 한결같이 헌법질서를 그대로 유지하여 오고 있으므로, 헌법에 정한 민주적 절차에 의하지 아니하고 폭력에 의하여 헌법기관의 권능행사를 불가능하게 하거나 정권을 장악하는 행위는 어떠한 경우에도 용인될 수 없는 것"이라고 명백히 선언을 했다.

물론 이에 앞서 국회는 대법원의 확정판결이 있기까지 전두환·노태우 등의 군사반란과 내란행위를 단죄하기 위해 5·18민주화운동에 관한 특별법(5·18특별법)을 제정하여 형사책임의 근거를 마련했다. 특히 대법원은 5·18 당시 광주시민들의 '저항권'이 정당했음을 손들어 주었다. 따라서 전두환·노태우 등에 대한 '세기의 재판'과 구속은 '하나회'를 주축으로 한 신군부 세력의 붕괴로 이어졌으며 나아가서는 민주주의를 발전케 한 사건으로 한국 국민의 승리, 민주주의의 승리를 의미했다. 그러나 전두환과 그의 군사폭력 집단에 대한 '단죄'는 단호하게 이루어지지 않았다. 그것이 전두환 이후에 벌어진 일련의 비극이다.

  자유와 평등과 박애를 주창한 '프랑스혁명'은 232년을 넘었으나 오늘날도 줄기차게 쓰여지고 있다. 역사는 엄밀한 의미에서 진실과 진리 그리고 정의와 심판을 추구하는 '과학'이기 때문이다. 적어도 5·18광주항쟁은 그런 의미에서 보다 활력 있고 아름다운 나라—생명과 평화와 하나됨의 나라를 위하여서는 과학적 토대 위에서 쓰여질 수밖에 없을 것이다. 그리하여 이 땅의 역사는 프리드리히 헤겔이 그의 『역사철학』에서 예증과 예언을 하고 있듯이 "역사는 발전한다"는 사실을 거듭하여 조우할 것이다. 1980년 5월 당시 청년기자 나의갑! 그가 70을 넘어 펴내는 이 책에 대하여 존경과 경하의 인사를 드린다. 님의 건승과 평화를 빕니다!!

2021년 11월

시인, 前 5·18기념재단이사장 김준태

책을 펴내며

이 글은 단 한 사람을 위한 것이기도 합니다. 전두환 국군보안사령관이 그 사람입니다. 장군은 늙었으나 장군의 광주사태는 하나도 늙지 않았습니다. "광주사태에 나는 없다"는 장군의 문법은 어쩌면 그리 한결같나요.

80년 봄, 광주에 불이 났습니다. 보통 불이 아니었죠. 불의 내력을 아시나요, 혹자가 물으면 여전히, 지휘계통에 있지 않은 사람이라서 그런 건 모른다고 하시겠지요.

12·12군사반란 이후 똬리를 틀고 암약하던 세력은 다시, 내란을 들고 나왔습니다. 사람들은 그 세(勢)를 '신군부'라 하지요. 자기들 손으로 '정권따먹기 프로그램'(시국수습방안)을 만든 뒤 손 없는 날을 받아 김대중 등을 예비검속한 데 이어, 비상계엄을 전국으로 확대시켰습니다. 이것이 5·17쿠데타이고, 신군부가 나라 전체에 던진 '못된 불'을 끄려고 광주가 산처럼 일어섰지요. 광주는 훈련된 군홧발과 총칼에 하얀 포말로 부서지며 일어나고, 또 일어났습니

다. 5·18인 거죠.

불길은 잡히지 않았고, 그해 5월 21일 전두환의 신군부는 공작의 불덩이를 광주에 집어넣습니다. '광주가 지금 폭동하고 있다, 불순분자들이 폭동을 일으켰다'는 것이 공작의 요체이지요. 폭도들의 폭동으로 빨갛게 색칠한 계엄사령관의 담화문을 그날 저녁, 펜들의 허리를 반쯤 꺾어 놓은 신문과 방송을 통해 전국에 선전했지요. 다음 날, 전두환 보안사령관 겸 중앙정보부장서리는 서울지역 언론사 대표들을 호텔에 갖다 놓고 "광주교도소에는 상당수의 사상범들이 수감 중이다", "무전 감청 결과 통혁당 지령으로 '교도소 폭파시켜라'는 내용이 계속 타전되고 있다"는 등 '조작된 광주' 스무 개를 설명합니다. 국민을 상대로 장군이 유언비어를 날린 셈이죠.

저는 그해 봄 전남일보(현 광주일보 전신) 4년차 기자로, 5·18 도화선이 된 전남대 정문 앞 충돌부터 전 과정에 놓여 있었습니다. 현지 신문 전남일보와 전남매일신문은 '검열 받지 않는 신문'을 만들다 광주 505보안부대에 들통나 5월 21일자부터 윤전기를 돌리지 못했으며, 광주지역 방송(4개)은 KBS만 살려 놓고 20일 밤부터 강제로 '소리'를 중단시켰지요. 21일로 '5·18 재갈'이 풀린 서울지역 등 전국의 언론은 억지로 펜을 들어 '폭도'를 쓰고, 혹은 '폭동'으로 내몰았습니다. 족쇄를 채워 두었다가 일제히 풀어준 것이나 폭동의 발명이나 전두환 보안사의 '기획된 언론공작'이었습니다.

공교롭게도 제가 광주광역시 5·18진실규명지원단 자문관을 맡고 있던 2017년 4월, 문제의 『전두환 회고록』이 나왔지요. 시장 명의의 반박 성명서를 쓰면서 회고록에 속을 수도, 말려들 수도, 오래된 미래로 가면 참말이 될 수도 있겠다는 생각을 합니다. "5·18 총책임자는 전두환", 말은 그렇게들 하지요. 정작 그를 책임의 중심 자리에 꽂아 두고 5·18 행적 등을 대상화해 들여다본 기록을 찾기 힘들다는 건 그만큼 '전두환 공부'가 덜 되어 있다는 것일까요.

이 글은 전두환을 전문으로 취급합니다. '전두환의 5·18'인 것이죠. 먼 시간 속에 묻혀 있는 전두환, 감추어 둔 전두환, 조작과 미화로 원형이 훼손된 전두환, 대리인을 운용하는 전두환, '해 놓고' '안 했다'고 우기는 전두환, 기록 속 미발견 전두환 등을 낱낱이 끄집어내고, 여기저기 흩어져 낱개의 기록으로 잠자는 전두환도 모아 옵니다. '전두환의 5·17 사전모의 행적'과 '전두환의 5·18 행적'을 온전히 들추어냄으로써 그를 원래의 중심자의 위치에 되돌려 놓는 것이 이 글의 임무이지요. 두 사건의 행적을 축으로 그가 '5·18 총사령관'임을, 나아가 5·18은 광주 사람들의 폭동이 아니라 '전두환의 광주폭동'임을 증명하는 것이 이 글의 2대 목표입니다. 부동(不動)의 증거에 탄탄한 분석과 논증을 물리고 있으므로 '전두환의 5·17내란'으로, '전두환의 5·18내란'으로 새롭게 태어나겠지요. 『전두환 회고록』의 대항 기록이란 점도 밝혀 둡니다.

5·18은 오래된 현재입니다. 그의 손에 묻힌 광주의 피가 얼마인데 그 사람 입때껏 사죄는커녕 한 점의 반성도 없습니다. 한도 끝도 없이 2차 광주폭력은 이어지고, 인터넷에 들어가면 광주폭도들이 날뛰고, 얼마나 더 아플지 모르겠네요. 광주를 몰아붙이는 힘들이 가시지 않고 있어 그런 거죠. 2019년에는 금배지 3인의 광주폭동이 국회에서 일어나더니, 올해 어느 대학 강의실에서 광주폭동이 나왔습니다. 교수라는 사람이 5·18을 '시민폭동'이라며 전두환 무죄, 지만원 무죄를 강의한 것이죠. 2차 폭력으로 광주는 41년째 고통입니다.

하나 여쭈어 보겠습니다. 전두환 전 대통령께서는 무엇 때문에 광주사태의 장군으로 남아 계시나요? 이제 그만 광주사태를 놓아

주셔야 광주가, 나라가 더는 불편해지지 않을 겁니다. 역사가 고난을 받고 있어 드리는 말씀입니다.

"광주사태의 책임을 내게 지우려는 기도가 오랫동안 집요하게 이어져 왔다."고 억울해 하는 장군에게서 아무 '소리'가 없다면 이 글은 실패입니다. 단 한 사람의 마음도 열지 못한 것이 되니까요.

이 글에선 12·12군사반란을 일으킨 전두환 보안사령관-그의 보안사 핵심 참모-'하나회' 장성-계엄사령부 내 전두환 부역자를 통틀어 지칭하는 '신군부'란 표현 대신 '전두환그룹'으로 바꾸어 씁니다. '12·12군부'나 '하나회군부', '전두환군부' 식의 명칭이 온당한데도 두리뭉실한 '신군부'로 호칭하는 것은 전두환의 시간에 대한 굴종성 뉘앙스가 풍겨, 피한다는 것이죠. 장군이 정권강탈 중심 행위자였으므로 그의 이름을 집어넣어 '전두환그룹'으로 표기하게 되면 현생 또는 역사에서 이름자만이라도 부끄러움을 타게 하는 데 강한 임팩트를 줄 수 있다 하겠지요.

2021년 11월
나의갑

차례

추천사   4
책을 펴내며   7

1장 검은 야욕의 길목   19

  1. 양아들에 '군 감시' 완장   19
  2. 시간의 조화인가 눈치의 과실인가   34
  3. 유신 죽자마자 '5·16혁명' 공부시켜   39
  4. 합동수사본부는 제2의 보안사령부   46
  5. 쿠데타의 시작 12·12   52
  맺는말   62

2장 5·17, 그리고 5·18   69

  1. 18일, 17일에 응답하다   69
  2. 둘 다 왜, 내란인가   72
  3. 두 내란에 '전두환'은 없다   75
     대통령·계엄사령관 뒤에 숨어 '리모컨' 작동   75
     회고록에 '시국수습방안' 띄운 까닭은   80
     "광주사태와 나는 무관" 다섯 번 도돌이표   84
  맺는말   89

3장 전두환의 5·17내란 사전모의 행적　　　　　93

1. "김대중을 감시하라"　　　　　96
2. 직속부하 '정치 심부름' 보내　　　　　99
3. 국무회의장 등 출입하며 정권강탈 모의　　　　　103
4. '시국수습방안'은 '5·17내란계획'　　　　　115
　　보안사 정보처장에 '쿠데타 시나리오' 주문　　　　　117
　　양수겸장으로 대통령 재가 받아　　　　　120
5. 청와대 갔다 오다 "오늘 밤 10시 전원 검거" 지시　　　　　127
6. 포고령 10호 디자이너는　　　　　128
7. 보안사가 쓴 '대통령 담화문'　　　　　131
맺는말　　　　　132

4장 전두환의 5·18내란 행적　　　　　137

1. 5·18 이전　　　　　144
　　'폭동진압훈련' 최후 명령자는　　　　　144
　　군부대 이동 명령, 계엄사령관 맞나　　　　　146

2. 5·18 기간 — 149

5월 18일 — 149
오찬모임, 낮밥만 먹었을까 — 154
공수부대의 광주 폭행, 부마의 추억인가 — 156
미국에 '광주' 일일정보 제공 — 158

5월 19일 — 160
'보안사 광주분실' 만들다 — 160
매 격일 국방부회의, 누가 주도했나 — 163
"계엄사가 선무공작했어요" — 164

5월 20일 — 169
"조기 진압, 조기 진압" 외운 사람은 — 170
작은 별, 큰 별을 치다 — 171

5월 21일 — 172
자위권 발동 '중심자'는 — 173
자위권 보유 담화문도 보안사 작품 — 176
"전 각하, 자위권 발동 강조" — 176

5월 22일 — 179
언론사 대표들에 「광주사태」 특강하며 겁박 — 179
집단사격 공수부대장에 격려금 100만 원 — 183
이철승한테 "전북 지켜 달라" — 184

5월 23일 — 185
각하께서 2군사 진압계획 "Good idea" — 185
친필 메모 '공수부대 사기 죽이지 마' — 187

5월 24일	188
대통령은 투입되었나	188
별 셋, 보안사령관실의 은밀한 만남	191
5월 25일	192
광주 최후의 날 '폭도소탕작전' 결정자는	192
미국 비밀전문 "육군 실력자, 군사행동 결론"	194
5월 26일	196
무력진압 하루 전 계엄군에 6300만 원·소 7마리	197
감청활동 강화, 역쿠데타 두려웠나	197
5월 27일	200
점령군처럼 왔다	200
피 흘리는 광주 틈타 국보위 설치	201
맺는말_ 그러므로 '5·18 총사령관'은 '전두환 보안사령관'	205

5장 무엇이 '광주폭동'인가   215

1. 시위진압의 '폭동성'	217
대법원 "공수부대가 폭동했다" 판결	217
몸이 '폭동'을 기록하다	219
2. 활자의 폭동—언론공작	224
보도검열단에 끼어들어 수장 노릇	224
언론을 '좋은 친구'로	229

'폭동' 프레임의 부역자 신세	231
'3트랙 전법' 구사	241
펜을 빼앗긴 광주	**247**
5·18 전에도 광주의 펜 압박	247
신문에는 '광주'가 없었다	250
'검열 받지 않는 신문' 때문에 방송도 죽어	253
제작거부 "단 하루라도 속죄하자"	255
방송공작 목표 '광주 고립화'	257
다시 죽은 광주 언론	261
'5·18 족쇄' 9년 만에 풀려	262

3. 지역감정의 폭동―유언비어공작   264

4. 군중심리의 폭동―선동공작   273

5. 사복의 폭동―편의대공작   285

맺는말_ '5·18'은 그러므로 '전두환의 광주폭동'   303

1장
검은 야욕의 길목

'10월 26일'은 두 의미를 지닌다. 박정희의 유신이 끝나는 날이자 '전두환식 유신'이 시작되는 날인 까닭이다. 10월 26일의 하루가 전두환을 만들고 노태우를 만들었다. 10·26이란 국면을 합수부의 실습장으로 사용해 쿠데타의 기초를 단단히 했던 것이다. 전두환 보안사령관이 합수부란 괴물을 등장시키지 않았다면 12·12가 나오지 않았을지도 모른다.

1. 양아들에 '군 감시' 완장

위기 외에 다른 말은 적확하지 않다. 한국적 민주주의로 포장한 박정희의 유신이 저항의 바람을 타고 흔들리고 있었다. 1970년대 말에 이르러 2차 석유파동 등으로 경제마저 어려워져 위기는 고착화되는 듯했고, 긴급조치 9호(1975년 5월 13일 발령)로 간신히 나라를 버티고 있었다. 국민의 저항을 압박하는 유신의 특수 병기였던 긴급조치는 중앙정보부(약칭 중정), 국군보안사령부(약칭 보안사)와 함께 공안통치의 상징이었다. 사람들은 지금도, 유신의 추억으로 이 셋을 떠올린다.

육군 1사단장 전두환 소장이 보안사 보안사령관으로 임명된 건 1979년 3월 5일이었다. 박정희 대통령이 파격 발탁했다. 연공서열 및 계급 파괴에 사단장 근무 중인지라 전두환 자신도 의외였던 모양이다. 『전두환 회고록』(약칭 『회고록』, 2017년) 1권(18쪽)은 그 의외를 "나 자신은 물론, 그때까지의 군 인사의 관례에 비추어 볼 때 매우 이례적인 인사였다. 박정희 대통령은 그처럼 나에게 보안사령관의 직책을 맡겨 놓으시고 반년쯤 지났을 무렵 홀연 세상을 떠났다"고 적었다.

노재현 국방부 장관과 현임 보안사령관 진종채 중장이 전두환을 보안사령관으로 추천했다 한다. 진종채는 대구사범학교와 육군사관학교(약칭 육사) 선배인 박정희 대통령한테 전두환이 '하나회' 수장인 점을 부각했을 것이다.

1963년 전두환, 노태우, 정호용, 김복동 등 육사 11기로 출발한 하나회는 후배들을 기수별로 10명 정도 골라 36기까지 끌고 가다, 1993년 김영삼 정권에 적발되어 해체되었다. 회원 자격은 경상도 출신으로 제한되었고, 전두환의 아낌이 지독했다던 전라도 장세동은 예외로 꼽힌다.

하나회는 공정의 가치를 심각하게 훼손하는 군내 암적 존재였다. '끼리끼리 조직'답게 끌어주고 밀어주는 방식으로 '특과 보직'을 독차지하고, 진급 속도위반 등 반칙 인사의 중심에 놓여 있었다. 하나회 뒤에는 대통령 박정희가 있었으며, 대통령은 자신의 비밀조직처럼 하나회를 간수했다. 하나회에 내린 시혜는 그것으로부터 '충성'을 퍼 올리기 위함이었다.

대전복(對顚覆)은 보안사의 그림자 임무였다. 쿠데타를 경계하는 대통령의 속마음을 놓치지 않는다는 건 보안사령관의 기본자세다. 진종채의 '전두환 적임자론'은 그와 무관치 않을 것이다. 하나회가 1기에서 36기에 이르는 광범위한 조직이란 점, 멤버들이 군 요소요소에 배치되어 있어 군 내부 동향에 밝다는 점, 육사 8기 진종채와 그의 동기 윤필용·차규헌, 정훈 1기 유학성, 10기 황영시 등 열혈 후원자와 1기 서종철, 6기 박승하, 10기 이광로 등 막후 지지자를 두고 있다는 점과, 전두환에게 '군 감시' 완장을 채워 놓으면 사용자의 의도에 따라 하나회를 중대 자원으로 활용할 수 있게 된다는 점을 강조했을 것이다.

강추한 진종채는 2군사령관으로 보직 이동한 뒤 12·12 때 야전사령관 3명 가운데 유일한 생자(生者)가 되고, 5·18 땐 나서는 듯한 모습을 보인다.

박정희의 신임을 삽화로 읽는다. 1961년 5·16 당시 육사 생도의 시가행진 유도에 이어, 1·21 당시 조명탄 발사로 박정희의 신망을 얻게 된다는 얘기다.

대위 때 5·16이 났다. 서울대 문리대 ROTC 교관이던 전두환 대위는 육군본부(약칭 육본)를 찾아가 박정희 소장을 만난다. 5·16의 당위성에 대한 설명을 듣고 곧장 육사로 달려간다. 육사 교장 강영훈의 지시로 한사코 거부하는 후배들을 회유해 지지 시가행진(5월 18일)을 성사시킨 대위는, 곧바로 박정희의 권력 곁으로 편입된다. 최고통치기구인 군사혁명위원회(5월 19일 국가재건최고회의로 개명) 의장실 수석민원비서관에 발탁된 것이다. 박정희는 그

일로 민심에, 미국까지 얻었다. 전두환은 61년 5월 20일 중정 창설과 함께 수사과장, 63년 1월 중정 총무국 인사과장 등에 올랐지만, 중장 강영훈은 '반혁명 장성 1호'로 구속되었다.

대위는 중령 때까지 박정희의 5·16 곁불을 쬐었다. 쿠데타의 실제를 보고 들었다 함은 쿠데타를 수습한 것이 된다. 수습은 발달해 쿠데타를 일으켰다. 12·12, 5·17, 5·18 등 트리플 크라운 기록 이상의 초유를 작성한 것이다.

1·21은 중령 때의 일이다. 1968년 1월 21일 북한의 124군부대 무장 게릴라 31명이 청와대를 습격하기 위해 서울에 침투한 사건이 1·21이다. 생포된 김신조의 이름을 따 '김신조사건'이라고도 한다. 중령은 수도경비사령부(약칭 수경사) 30대대 대대장이었다. 청와대 외곽 경비가 대대의 임무로, 사태 당시 대대장은 세검정과 북악산 일대에 조명탄을 무수히 쏘아 올려 작전을 훤하게 도왔다.

전두환이 박정희의 양아들이란 소리가 언제 나왔는지 확실히는 알 수 없다. 분명한 사실은 '끼고 산다'는 말이 나올 만큼 아낌이 깊었다는 것이다. 보안사령관 완장은 그 깊음의 총체적 표현인 것이며, 군을 잘 감시해 임명자를 똑바로 지켜내라는 암묵의 영(슈)인 것이다.

지내놓고 보니까 전두환의 보안사령관은 '범 내려온다'의 그 범 같다. 미래를 내다보는 예지력이 없는 한, 누군들 그의 보안사령관이 쿠데타를 물고 오는 범으로 발전할지 상상이나 했겠는가. 범 내려왔는데 범이 범인 줄 몰랐다. 박정희는 전두환이란 보안사령관을 만들고 보안사령관은 박정희를 표절한 12·12를 뽑아내고 5·17 등 몇 번 더 쿠데타로 굴러가, 더 독한 군부독재를 연작하고, 한국의 민주는 뒤로 갔다.

보안사는 국군보안부대의 사령탑으로, 국방부 직할 수사·정보기관이다. 군사기밀의 보안·관리, 군내 주요 범죄 수사, 군사에 관한 정보 수집·작성·처리, 군사 보안 및 방첩 업무, 작전 방호 태세 및 정보전(情報戰) 지원, 국방 분야 주요정보통신기반시설의 보호 지원, 통신 감청 등이 보안사가 하는 일이다. 국군보안부대령에는 보안사령관은 보안부대의 업무를 통합하고 예속 또는 배속된 부대를 지휘·감독하되, 국방부 장관의 명을 받아야 한다는 금줄이 쳐져 있다.

육해공군 삼군의 보안조직이 한 줄에 꿰인 건 1977년 9월이었다. '육군보안사령부'를 중심으로 해군과 공군의 방첩부대를 통합해 '국군보안사령부'로 확대 통일한 것이다. 삼군을 편하게 관리하기 위한 박정희의 의중이 반영된 것이라 할 수 있으므로 육군보안사령관 진종채와 박정희의 합작이라 해야 맞다. 초대 진종채에 이어 2대 '통합 보안사령관'으로 은혜를 받은 전두환의 위상은 '육군'에서 '국군'으로 점프한 것만큼이나 올라갔다.

법은 보안사령관이 국방부 장관의 지휘를 받는 것으로 명시하고 있으나, 보안사령관 위에 있는 것은 대통령 하나뿐이었다. 되레 장관이 보안사령관의 눈치를 봐야 할 정도였다는 것인데, 대통령 말고는 보안사령관을 통제할 수 없었다.

박정희는 보안사령관과 주기적으로 독대했다고 전해진다. 독대는 권력이다. 권력 주변에 있는 사람들은 누가 대통령과 정기적으로 독대를 하고 있다고 하면, 일단 그 해당자를 '최강'으로 치고 이뻐 보이려 한다. 보안사령관 같은 사람한테 밉보이거나 걸려들면 좋을 게 없다는 인식 때문일 것이다. 대통령이 넣어준 힘으로 전두환 보안사령관은 군 1인자로 통했다. 참모총장 등 군 최고 수뇌부도 보안사령관의 영향권이었다.

전두환의 힘은 보안사령관으로부터 나왔다. 합동수사본부장(약칭 합수본부장)도 중앙정보부장서리(약칭 중정부장서리)도 국가보위비상대책위원회(약칭 국보위) 상임위원장도 보안사령관이 원동력으로 작용했다. 보안사령관을 불법으로 사용해 권력의 사다리를 탔던 전두환 자신도, 검사의 "피의자는 10·26사건 발생 직후 합수본부장에 취임했는데, 결국 피의자의 당시 보직이 보안사령관이었기 때문이라고 생각하지 않나요"란 물음에 보안사령관을 베이스캠프로 인정한다. "그렇게 생각합니다. 그것이 결정적인 원인이 되었고, 그로 인해 12·12, 5·17 등을 거치면서 대통령이 되고 오늘날에 이른 것입니다"라고 답한다. 그는 1995년 12월 3일 안양교도소에 갇혀 있을 때 이 말을 했다.

잠시 참고의 말로 건너간다.

한홍구 성공회대 교수는 '부마항쟁과 5·18민주항쟁의 비교연구'라는 부제의 논문에서 '놀라운 붕괴, 거룩한 좌절'로 주제목을 붙여, 부마와 5·18을 길어 온다. 광주의 거룩한 패배와 장엄한 좌절은 '살아남은 자의 슬픔'이란 새로운 DNA를 동시대인들의 가슴 속 깊숙이 박아 넣었다며 반어적 표현으로 광주의 부활을 알린다. 처음 광주는 혼자였으나 이내 전국이 광주로 들어왔다. 1987년 전국에 타오른 6·10민주항쟁은 광주가 낳은 저항의 불꽃이었다. 또 수많은 '전국의 5·18들'이 책임자 처벌과 진상규명을 외치며 스스로 광주에 죽음을 뿌렸다. 5·18은 1980년대를 지나 1990년대 끄트머리를 밟을 때까지 한국의 시대정신으로 기능했다. 그 많은 시위 한가운데 늘 광주가 있었고, 그때마다 많은 국민들이 광주의 아픔에 응답했다.

1993년 2월 김영삼 정부 출범 이후, 전두환과 전두환그룹의 단죄를 요구하는 파고가 높아졌다. 93년 5월 13일 김영삼 대통령은 특별담화에서 "분명히 말하거니와 오늘의 정부는 광주민주화운동의 연장선 위에 서 있는 민주정부"로 규정하면서도 "진상규명은 훗날의 역사에 맡기자"고 국민을 떠본다. 3당 합당(노태우 대통령의 민주정의당·김영삼 총재의 통일민주당·김종필 총재의 신민주공화당)으로 조립된 대통령의 태생적 한계를 넘지 못한 것이다.

당시 민주당 박지원(현 국가정보원장) 대변인은 "가장 중요한 진상규명조차 역사에 맡기는 무책임한 입장을 도저히 용납할 수 없다"고 지적한다.

1년 뒤, 94년 5월 13일 정동년 5·18광주민중항쟁연합 상임의장, 김상근 5·18진상규명과 광주항쟁정신계승 국민위원회 공동대표 등 616명을 비롯해 94년 10월 24일 김대중내란음모사건 피고인 22명, 10월 28일 민주개혁 정치모임 관계자 29명 등 95년 4월 3일까지 검찰에 접수된 5·18 관련 고소·고발장은 70건에 이른다. 검찰 수사는 94년 11월 23일부터 95년 7월 4일까지 이어졌고, 95년 7월 18일 전두환 등 5·18 관련자에 대해 '성공한 쿠데타는 처벌할 수 없다'는 논리를 개발, 내란죄 등의 여부를 판단하지 않고 '공소권 없음' 결정을 내린다. 여기까지가 검찰의 5·18사건 '1차 수사'다. 당시 장윤석 서울지방검찰청 공안1부장은 국력 소모 예방, 역사를 통한 평가, 국가 발전에 세운 공, 국론 통일 등을 이유로 들어가며 '공소권 없음'을 변명했다.

'허무 개그' 같은 수사 결과는 야권을 넘어 국민적 반발을 산다. 95년 11월 26일 김영삼 대통령은 마지못해 역사에 버린 5·18을 집어 든다. 5·18민주화운동 등에 관한 특별법(약칭 5·18특별법)을 제정하도록 지시한 것이다. 95년 12월 21일 제정된 5·18특별법은 전두환과 전두환그룹의 헌정질서 파괴에 해당하는 범죄행위에 대해 공소시효 정지 등의 사항을 규정해 놓았다. 검찰은 5·18특별법을 근거로 95년 11월 30일 5·18에 12·12와 5·17을 붙여 '12·12 및 5·18사건 특별수사본부'를 설치, 96년 2월 28일까지 수사하게 된다. 재개했으므로 '재수사'라 한다.

93년 7월 12·12 당시 육군참모총장 겸 계엄사령관이었던 정승

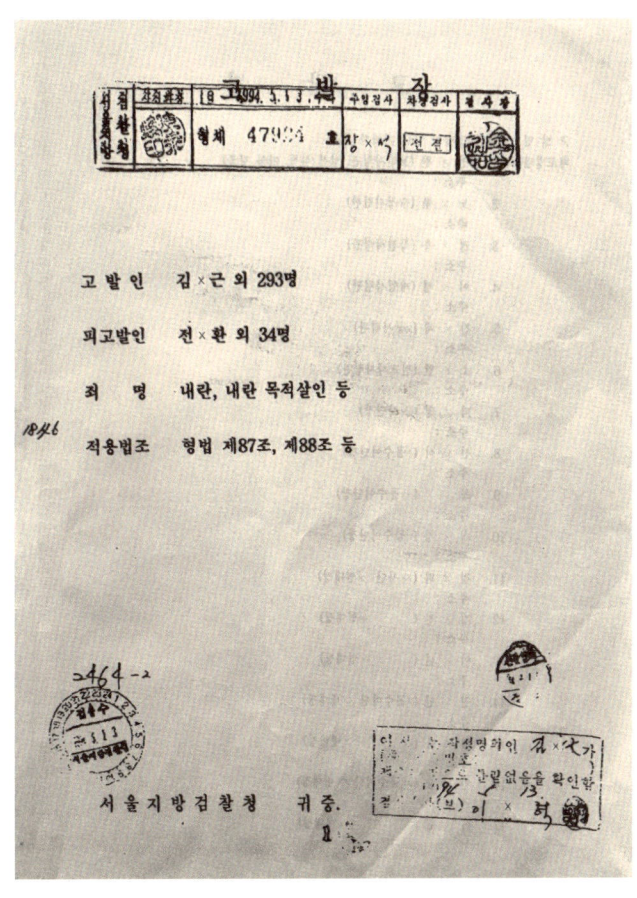

1994년 5월 13일 김상근 5·18진상규명과 광주항쟁정신계승 국민위원회 공동 대표 등 293명의 명의로 서울지방검찰청에 접수된 5·18사건 고발 접수증.

화, 수경사령관 장태완 등 22명의 고소로 5·18사건에 앞서 진행된 12·12사건 검찰 수사 결과도 5·18처럼 공허했다. 94년 10월 29일 '12·12는 명백한 군사반란 행위이지만, 기소할 경우 불필요한 국력을 소모할 우려가 있다'는 이유로 기소유예 처분되었다.

    검찰수사기록을 보면 피고인은 동일한데 1차 진술과 재수사의 것이 일치하지 않고 한참 다른 것들이 나온다. 예를 들어, 전두환을 애써 보호하다 재수사로 가면 표변하는 말들이 있다. 말의 변화는 어디서 오는가. '공소시효 정지'를 담은 5·18특별법이 그들의 입을 옳게 갖다 놓았을 것이다.

    전두환은 보안사의 정비로 시작점을 찍는다. 그의 보안사로 리모델링하기 위해 물부터 갈아 넣는다. 허화평, 허삼수가 새 물의 대표로, 선택의 기준은 하나회였다. 보안사 맨으로 분류되는 허화평은 육본 특명검열단에서 일하던 중 부름을 받아 보안사령관 비서실장이 되었다. 『월간조선』 2016년 10월호에서 허화평은 "전두환 사령관은 부임 직후 제대할 날만 기다리며 일을 하지 않던 대령·중령급 장교들을 내보내고 전방에서 중대장을 마친 육사 출신의 빳빳한 인력들을 보안사로 데려왔다"고 했다.

    허화평과 육사 17기 동기인 허삼수는 인사처장에 앉혔다. 그는 육군 방첩대를 거쳐 15년간 대공 수사관으로 일해 왔고, 보안사와 10·26의 중정에 인사 폭풍을 몰고 왔다. 당시 중정의 경우 국장급을 포함해 수백 명이 옷을 벗었다는 소문이 진동했다. '보안사 2허'

로 불리며 전두환의 야욕을 설계했던 허화평과 허삼수는 1982년 12월 눈 밖에 나 청와대에서 내려, 미국으로 물러났다.

'전두환의 보안사령관'을 강하고 날렵하게 만든 기술은 '2허', '5인방' 등 그의 참모들한테서 나왔다. 그들에게 전두환은 주군의 높이였고, 실제로 그들은 '킹메이커' 역할을 했다.

원래는 보안사한테도 민간에 대한 정보활동이 허용되어 있었다. 박정희 대통령이 도로 회수한 건 전두환 보안사령관의 전임 진종채 때였다. 1977년 10월 강원도 철원 휴전선 지역에 주둔하고 있던 20사단 60연대 1대대장 유운학 중령이 무전병을 끌고 북한으로 넘어갔다. 당시 신문들은 1면에 '국군 장병 2명 북괴에 납치'란 제목으로 대서특필한다. 나중에 '납치'가 '월북'으로 밝혀져 박정희 대통령이 진노하고, 김재규 중정부장은 검찰이 중정에 파견한 김기춘 수사국장(검사)을 시켜 보안사의 민간 사찰을 금지하는 보고서를 청와대에 올린다. 중정은 현지 보안대가 대대장의 작은 잘못을 추궁하다 생긴 사고여서 기회로 판단한 것이다. 1978년 1월 19일 보안사의 정보처가 폐지되고 이름도 방위산업보안처(약칭 방산처)로 바뀌었다. 대민 사찰을 할 수 없게 되었고, 민간인 접촉은 방위산업 관련자로 제한되었다. 대민 정보활동 금지사건은 보안부대로선 상처로 남았다.

정보처 회복은 전두환 보안사령관의 첫 시험대였다. 상대는 대통령이고, 대통령이 틀어 버리면 그의 위상은 추락이다. 『월간조선』 2016년 10월호는 허화평한테 문제의 정보처를 물어본다. "전두환 사령관이 박 대통령에게 '일반 정보활동을 해야겠습니다'라고 했고, 박 대통령도 바로 OK했다"고 대답한다. 일단 시험대를 통과한 셈이었으나, 정보처가 곧장 부활된 건 아닌 것 같다.

한용원의 말이 틀리지 않아 보임은 당시 그가 방산처에서 정보처로 건너와 일했기 때문이다.

검사 1979년 10월 26일 당시 보안사에서 무슨 보직을 맡고 있었나요.

한용원 10월 26일 전에는 방산처 방산보안교육과장을 맡고 있다 10월 26일 이후 방산처가 정보처로 확대 개편되면서 정보처 정보1과장을 맡았습니다. 1980년 10월 23일 정보처장으로 승진해 그 자리에서 1년여 근무하다 511보안부대장으로 나갔습니다.

검사 방산처를 정보처로 확대 개편한 이유가 무엇인가요.

한용원 1978년 1월 19일 정보처가 방산처로 바뀌었으나, (1979년) 10·26사건으로 계엄령이 선포됨에 따라 민간에 대한 정보수집 기능이 필요하게 되자 다시 정보처로 확대 개편한 것으로 알고 있습니다. 대통령령 개정은 1979년 12월경이었으나, 사실상 10·26사건이 일어나자 정보처로 복원된 것입니다. 1995년 12월 21일 진술

확대 개편 이유에 대해서는 '영토 회복'이란 표현이 더 솔직할 것이다. 몇 가지 짚고 넘어갈 것은 10·26과 함께 정보처를 부활시킨 건 구두로 'OK 사인'을 준 대통령이 죽고 없는 틈을 타 밀어붙인 것으로 짐작된다. 정보처를 복원하려면 최규하 대통령의 재가는

물론이고, 대통령령을 개정하는 절차를 밟아야 함에도 불구하고 '12월경'에야 법 개정이 이루어졌다 함은 전두환 보안사령관이 '무소불위'를 감행한 것이 된다. 5·18 이후 보안사가 펴낸 『제5공화국 前史』(약칭 『5공전사』) 4권(1752쪽)에 권정달 정보처장의 보직 기간이 '79.10.26~80.10.20'으로 적혀 있는 것으로 보아, 10·26과 동시에 정보처가 복원된 것이 맞는 것 같다.

한용원에 따르면, 10·26 이전부터 '2허' 사이에선 정보처 부활 논의와 함께 정보처장 적임자를 물색해왔다.

검사 권정달이 정보처장이 된 경위를 알고 있나요.

한용원 10·26 직후 계엄령이 선포되면서 기존의 방위산업보안처가 정보처로 변경되었습니다. 당시 방위산업보안처장인 오종현 대령이 정보처장으로 옮기는 것이 원칙이었습니다. 그런데 하루는 회의실에서인가 어디에서 허삼수, 허화평과 제가 어떤 일을 하다가 두 허 씨가 '오종현 대령에게 정보처장을 맡기기는 힘들지 않겠느냐'면서 '적당한 인물이 없을까' 하는 것입니다. 그래서 제가 '부산지역 보안부대장으로 나가 있는 권정달 대령이 머리도 좋고 하니 정보처장으로 적절하지 않겠습니까' 하는 말을 한 적이 있습니다. 나중에 보니 권정달이 정보처장으로 왔습니다. 1995년 12월 21일 진술

육사 15기 권정달이 정보처장으로 발탁된 배경에는 1979년 10월 16~20일 부마민주항쟁(약칭 부마항쟁) 당시 부산·경남지역을 커버하는 501보안부대장으로서 부산지구 계엄사령부 합동수사단

을 운용한 전력을 갖고 있다는 점이 우선 반영되었을 것이다.

경북 안동 출신인 그는 하나회가 아니다. 5·18을 불러낸 5·17 실행계획을 작성하는 등 전두환의 쿠데타에 깊숙이 관여하지만, 전두환의 권력 밖으로 돌았다.

전두환과 그의 보안사는 10·26 직전 거사급 '보고서'를 작성한다. 하루의 시차로 박정희는 역사로 떠나고, 전두환은 문득 박정희의 표절을 떠올린다.

박정희 대통령의 1979년 10월은 날씨도 고르지 않았고, 날수도 짧았다. 천둥번개가 몰아쳐 몹시 허둥거렸다. 천둥은 '신민당 김영삼 총재 의원직 제명 파동'이었고, 번개는 부마항쟁이었다. '한국 정부의 적수, 미국 정부의 결단을 요구하다'란 제목을 붙인 1979년 9월 16일자 뉴욕타임스가 파동의 진원지였다. 김영삼이 인터뷰에서 한 말, "내가 미국 관리들에게 미국은 박정희 대통령에 대한 공개적이고 직접적인 압력을 통해서만 그를 제어할 수 있다고 말할 때마다 미국 관리들은 한국의 국내 정치에 간여할 수 없다고 대답했다"는 것을 두고 박정희의 민주공화당 및 유신정우회에서 '반민족적 사대주의 망동'으로 규정, '천둥 국회'가 되었다. 10월 4일, 여당 국회의원들은 신민당 의원들이 점거 중인 본회의장을 떠나 여당 의원 총회의장으로 사용되는 146호에서 사복 경찰 300여 명으로 차단막을 치고 김영삼 의원의 제명을 가결했다. 천둥 같은 다툼 19일 만이었다.

2주일도 안 가 부마항쟁이 일어났다. 김재규 중정부장도 현장에 가고 전두환 보안사령관도 갔다 온다.

   김재규는 부산을 살핀 뒤 박정희에게 "체제 반항과 정책 불신, 물가고, 조세 저항이 겹친 민란이다. 전국 5대 도시로 확산될 것"이라 보고한다. 박정희는 "앞으로 부산 같은 사태가 생기면 이제는 내가 직접 발포 명령을 내리겠다"고 화를 내면서 "자유당 때는 최인규나 곽영주가 발포 명령을 해 사형을 당했지만, 내가 직접 발포 명령을 하면 대통령인 나를 누가 사형하겠느냐"고 말했다는 것이다. 부산 국제신문, 「다시 쓰는 부마항쟁 보고서」, 2019년 9월 24일

   1995년 3월 29일 1차 수사 때 검사는 '보고서' 작성 경위에 대해 허화평한테 동의를 구한다. "부마사태 후, (그러니까) 1979년 10월 27일에 전두환 보안사령관이 박정희 대통령에게 피의자가 기안한 차지철 (대통령) 경호실장과 김재규 중정부장의 제거 등을 건의하는 내용의 시국수습대책안을 건의할 계획이었으나, 대통령 사망으로 무산되었다는데, 사실인가요." 답은 "보안사령관은 수시로 대통령을 만나 각종 보고를 할 수 있는 입장이니까 전 장군이 그런 보고를 계획하고 있었는지 모르지만, 본인이 그런 안을 기안한 일은 없습니다", 발을 뺀다. 그랬던 그가 21년 뒤 2016년 『월간조선』 10월호에 "차지철과 김재규 문제 등 당시 권부의 문제들에 대해 지적하는 내용들이었다"고 "말을 아끼면서" 시인한다.

   차지철의 월권으로 김재규와 대립 관계가 형성되었고, 차지철은 야당 및 재야 문제, 김영삼 사건 등에 강경 일변도의 태도를 견지

했다. 10월 27일로 보고 일자를 정해 놓았는데 10·26의 총에 맞아 차지철도 대통령도 죽었다.

전두환은 1995년 12월 3일 안양교도소에서 '보고서'를 인정한다.

검사 피의자가 10월 27일 박 대통령에게 부마사태로 인해 어수선한 시국을 수습하는 대책을 건의할 예정이었다는 말도 있는데 사실인가요.

전두환 제가 10월 27일 박 대통령에게 그러한 대책을 건의하기 위해 면담 허가 신청을 했는데 10·26사건이 발생해서 보고 드리지 못해 그 보고 문서를 폐기한 사실이 있습니다. 주요 골자는 부마사태의 주요 원인 중 하나가 대통령 심복들 간에 권력암투가 있어서 그런데 어수선한 시국을 수습하기 위해 차지철 경호실장과 김재규 중앙정보부장을 갈아치워야 하고, 그렇지 않으면 대통령에게 피해가 발생할 수 있다는 내용이었습니다.

전두환 보안사령관의 10월 27일은 '권력의 공백'에 대한 '내밀한 응수', 권력 의지로 작동된다.

2. 시간의 조화인가 눈치의 과실인가

지금 이 글은 종잡을 수 없는 지점에 와 있다. 전두환 보안사령관의 정치권력 획득 과정을 엔간히만 알아도 그가 시방 특정 대목에서 무슨 수를 쓰고 있는지 대충 알아차릴 건데, 이건 대중이 가질 않는다. '합동수사본부'(약칭 합수부)라는 것이 그 안개 속이다. 가만히, 아무도 모르게이면서, 아닌 밤중에 홍두깨처럼 튀어나온 합수부다.

1979년의 나라는 더 고단하게 돌아갔다. 4월 14일 대한석탄공사 함백광업소(강원 정선)에서 화약폭발사고가 일어나 광부 26명이 숨지고 34명이 다친다. 그 뒤 넉 달도 안 된 8월 9일 YH여공사건이 일어난다. 가발 제조업체인 YH무역 노동조합원 200여 명이 회사의 부당한 폐업에 항의하며 신민당사를 점거하고 농성을 벌인 사건이다. 3일 만에 경찰 2,000명이 투입되면서 진압되고, 이 과정에서 노조 간부 21세 김경숙이 주검으로 발견된다.

신민당 총재 김영삼은 "여러분이 마지막으로 우리 신민당사를 찾아 준 것을 눈물겹게 생각한다. 우리가 여러분을 지켜주겠으니 걱정하지 마라"고 격려했다 한다. 총재와 신민당 의원 등은 당사 주변을 감시하는 등 그들을 도왔다. 여공들이 경찰에 연행되자 신민당은 3일간 원내 철야농성에 들어갔다. 총재의 고난은 YH사건으로 더욱 커진다. 박정희가 1973년 8월 김대중납치사건 직후 김대중을 가택연금 및 정치활동을 금지한 것처럼 김영삼의 정치도 결박한다. 1979년 9월 8일 법원이 '신민당 김영삼 총재 직무집행정지 가처분 결정'을 내린 것이다. 그해 4월에 있은 총재 선출 투표에 일부 무자격 대의원이 끼어 있었으므로 김영삼 총재 당선이 무효란 결정이었다. 당시 차지철의 발상으로 보는 눈들이 많았다.

YH사건은 붕괴도 좌절도 아니었다. 그것이 한홍구의 역설처럼 놀랍고 거룩했다. 역사를 튕겨 가는 물수제비 돌이랄까, 김영삼을 총재에서 끌어내리고, 그 총재는 부마항쟁을 촉발시키고, 항쟁은 10·26이 되고, 세 역사의 분수령이 된 건 YH사건이었다.

김경숙의 죽음에 대해서는 사후 30년 만인 2008년 '진실·화해를 위한 과거사정리위원회'에서 재조사가 이루어져, 사망원인이 당시 경찰의 발표처럼 '투신자살'이 아니라 '추락사'로 밝혀졌다.

한 '여공'(당시는 '공장에서 일하는 여성'을 '여공'이라 불렀음)의 죽음에서 유신이 추락하는 소리라도 들었다는 것인지, 전두환 보안사령관이 보안사 법무참모인 박준광 소령을 불러 뜬금없는 주문을 한다. 1979년 을지연습 날이었다.

박준광(변호사)은 2020년 5월 28일 JTBC 뉴스 방송에 나와 "10·26이 나기 전 8월 달에 을지훈련이 있었어요. (비상)계엄에 관한 규정에 대해서 브리핑을 해달라는 (보안)사령관의 요청이 있어서. 그럼 보안사의 안은 어떤지 그걸 만들어 봐라"는 지시를 받았다고 말했다. 『회고록』 1권(65쪽)의 기억과는 주문 시기가 다르다. 회고록은 시기를 '5월경'이라 적으면서 "보안사령관으로 부임한 뒤 보안사령부의 업무를 파악해 가던 중 계엄 업무와 관련된 보안사의 임무와 역할에 관해 세부 사항이 미비한 사실을 알게 되어 관련 규정을 마련하도록 지시한 바 있었다"고 썼다. 주문 내용을 정리하면 '비상계엄시 보안사의 역할 확대 방안'쯤 될 것 같다. 『회고록』

(65쪽)은 독자들에게 "물론 10·26과 같은 사태가 발생하고 그로 인해 계엄령이 발동되리라는 것은 꿈에도 생각할 수 없었"다는 주의도 준다.

전두환의 주문은 보안사의 세(勢)를 확장하려는 것 외에 다른 의도를 갖지 않을 수도 있다. 그렇다 하더라도 의문은 가시지 않는다. 느닷없이 '계엄 생각'을 왜 하게 되었느냐, 하는 것이다. 평시가 아닌 비상 상황을 생각 속으로 끌어온 그 자체가 의아하다는 것이다. 나라의 질서가 깨진 상태를 머릿속에 머금고 있지 않는 한, 생각하기 힘든 생각이다. 사용법을 미리 암산해 두었는지도 모른다. 혹, 미구에 닥칠 두 개의 시간이 눈에 비쳤다면 그건 신묘함이다. 부마항쟁과 10·26이 그 두 개의 시간이다.

합수부의 등장은 전두환의 지시에 따라 박준광이 법에도 없는 것을 귀꿈스럽게 찾아내 합수부의 구성 및 역할을 보안사 중심으로 짜맞춘 출생의 비밀을 갖고 있다. 박준광은 계엄법을 정독한 뒤 계엄법 시행규칙을 세세히 뜯어보았다. 시행규칙에 따라 만들어 둔 것이 있었다. 2급 군사기밀로 '충무계획 1200'이었다. 그 속에서 한 대목이 진주처럼 빛나고 있었다. '합동수사본부를 설치할 수 있다'. 이 규정을 토대로 보안사가 이니셔티브를 쥐도록 합수부를 설계한 것이다.

박준광은 방송에서 보안사안(案)을 간단하게 만들어 전두환 보안사령관에게 보고하고, 부마항쟁 3일째인 10월 18일 전두환과 함께 부산에 가면서 보안사안을 갖고 가 써보았다고 말했다. 부산에는 그날 0시를 기해 비상계엄령이, 마산엔 위수령이 떨어지고 공수부대가 투입되었다. "부산 보안부대장실에서 회의를 하는데 중앙정보부 요원들이 리드하듯이 주도하더라고요. (그때는 중정이 살아 있었군요, 하고 JTBC 봉지욱 기자가 끼어들자) 살아 있었겠죠."

부마항쟁 때 부산지구 합수단을 설치해 권정달 501보안부대장이 합수단장을 맡긴 했으나, 중정에 밀려 시늉만 냈다는 얘기가 된다. 기자는 "부마항쟁 때는 역부족이었다"고 시청자를 도와준다.

기자가 가장 중요한 데를 짚었다. "그러면 그 지시에 합수본부장은 보안사령관으로 하라, 이렇게 된 겁니까?" 박준광이 "뭐, 특별히 그런 이야기는 안 했지만 그 뜻은 거기 있지 않을까 싶어서 그렇게 만들었죠" 했다. 기자의 멘트는 "계엄시 합수본부장을 누구로 한다는 규정이 없다는 걸 알고 전 씨가 미리 손을 쓴 겁니다"였다. 합수본부장은 이러이러한 사람이 맡는다고 몇 자만 적어 놨어도 금방 전두환의 내심이 꺼졌을 건데, '충무계획 1200'은 그걸 명시해 놓지 않았다.

요컨대, 전두환과 그의 보안사는 일이 벌어지지도 않았는데 합수부를 준비하고, 합수본부장은 보안사령관이 맡도록 해놓은 것이다.

무슨 조화(造化)인가. 두 달 뒤, 거짓말같이 전두환 보안사령관 앞에 합수부의 시간이 들이닥쳤다. 부마항쟁 때 잠시 해본 부산지구 계엄사령부 합수단의 시험가동은 보안사의 한계를 읽게 해준 사전학습이었고, 10·26의 합수부는 널찍한 힘의 반석 위에 전두환을 올려놓았다. 박정희 대통령 시해사건을 수사하는 합수부의 책임자(합수본부장)란 완장은 반란군의 길을 개척하는 데 소중한 자원이 되었다. 그 완장을 차고 있었으므로 최규하 대통령 권한대행의 사전 재가도 받지 않고 정승화 계엄사령관을 연행할 수 있었다.

토막 얘기로 '시간의 조화인가, 눈치의 과실(果實)인가'를 닫는다. "보안사가 중심이 되어 합동수사본부를 설치하게 되면 다른 정보·수사기관까지 지휘할 수 있다는 보고를 들은 전두환은 '취할 수 있는 긴급조치가 꽤 많군' 하면서 매우 흡족한 표정을 지었다고 한다." 「전두환의 인맥과 금맥」(1), 조갑제, 『월간조선』, 1988년 5월호

보고자는 박준광 법무참모일 것이다. '매우 흡족한 표정'을 숙제로 올린다. 그 표정 뒤에 숨은, 그림 찾기다.

3. 유신 죽자마자 '5·16혁명' 공부시켜

1979년 10월 26일 밤 7시 41분, 김재규 중정부장이 서울 종로구 궁정동 중정 안가(청와대 근처)에서 유신의 심장을 쏜다. 10·26으로 박정희 대통령이 죽자 27일 새벽 최규하 국무총리는 대통령 권한대행이 되고, 제주도를 제외한 전국에 비상계엄령이 선포되면서

정승화 육군참모총장은 계엄사령관이 된다. 국민들은 놀라면서도, 겨울공화국이 가고 봄이 오나 했다. 그 봄의 열망은 민주화였다.

전두환 보안사령관은 26일 밤 8시쯤 보안사 당직실의 "대통령 각하께서 분원에 입원하신 것 같다"는 전화를 받고 대통령의 입원을 추적한다. 전두환의 길고 큰 밤이 시작되고 있었다. 많은 생각들이 머리를 스치고 지나갔을 것이다. 대통령과 그 가족들이 이용하는 국군통합병원의 서울지구병원을 '분원'이라 하는데, 이 분원에 가려면 보안사의 정문을 통과해야 하므로 보안사는 누구보다 먼저 통과자의 신분을 파악할 수 있었다. 『회고록』 1권, 38~39쪽

전두환 보안사령관이 육본 B-2벙커에서 노재현 국방부 장관을 만나 대통령의 부음을 들은 건 26일 밤 9시였고, 9시 30분 보안사로 돌아왔다. 박정희의 유신이 죽던 그 밤, 전두환은 몇몇 참모에게 히든 미션을 쥐어 준다. 유신이 죽지 않고 살아난 원인 가운데 이 미션의 기여는 크다.

미션 1. 다시 육본으로 가기 위해 보안사를 나오던 중 뒤뜰에서 마주친 사람이 있었다. 보안사 방산처 방산보안교육과장 한용원 중령이었다. 그는 같은 질문을 이례적으로 네 차례나 받은 진술인이다. '5·16혁명에 관한 연구'가 물음의 요지다. 한 번은 1988~89년 국회 5·18광주민주화운동진상조사특별위원회 청문회(약칭 국회 광주특위 청문회)에서였고, 두 번은 1994~96년 12·12 및 5·18 사건 검찰수사 때였다. 나머지 하나는 96년 10월 24일 진행된 이 사건 2심 5차 공판에서였다.

그중 96년 2월 5일 검찰 진술을 듣는다.

임성덕 검사가 "10·26사건이 발생하자 허화평 비서실장이 진술인에게 5·16에 대해 연구할 것을 지시한 사실이 있는가요", 물었다.

한용원이 "1979년 10월 26일 밤 9시경 전두환 보안사령관이 육본에서 박 대통령 시해사건을 확인한 후 보안사에 잠깐 들렀다가 다시 육본으로 가기 위하여 나오던 중 보안사 뒤뜰에서 우연히 저와 마주치자, '한 중령, 국가에 변란이 났으니 허화평 실장을 만나 보아라'고 말하고 훌쩍 떠나 버리기에, 제가 허화평 실장 방으로 올라갔더니 허 실장이 5·16혁명에 관해 연구해 두라고 지시하였습니다. 그래서 저는 국가변란에 따른 문제라면 계엄 선포일 것으로 판단하고 곧바로 보안사 도서관에 있는 『군사혁명사』라는 책을 가져와 진국흥(2급갑 군무원) 씨와 상의하여 포고령 초안을 기안하였는데, 이미 육본에서 모든 조치를 취하는 바람에 무용지물이 되어버렸습니다", 진술했다.

좋은 질문 감을 보태 준 것으로 여겼는지 검사가 "허화평 비서실장은 5·16혁명에 관해 연구해 두라고 지시했는데, 진술인이 계엄 포고령을 기안한 이유는 무엇인가요"라고 파고들었다. "허화평 비서실장은 5·16혁명에 관해 연구해 두라고 지시하였으나, 제 생각에 국가변란에 따른 문제라면 우선 급한 것이 계엄선포일 것으로 판단하고 5·16 때 발령한 포고령 제1호와 제2호를 각색하여 제가 계엄포고령을 기안하였는데, 그 다음날 육본에서 자체적으로 포고령을 기안하여 선포하는 바람에 제가 기안한 포고령 초안은 계엄사에 보내지 않고 진국홍 씨가 보관하고 있었으며, 계엄사에는 보내지 않은 것으로 알고 있습니다." 한용원의 답변은 '순박한 전두환'에서 나온 것이었다.

검찰이 전두환의 '5·16 미션'에 집착한 건 '5·16 공부'도 정권강탈 과정의 사전모의에 해당한다는 판단이 들어서였을 것이다.

『한용원 회고록』(약칭 『한 회고록』, 2012년)도 42쪽에서 '5·16 연구'를 저장해 두고 있다. 전두환의 지시로 부마항쟁 현장 출장을 갔다가 귀대한 뒤 보고서를 작성해 제출하고 비상근무를 하고 있던 참이었다. "내가 영내를 거닐고 있을 때 전두환 사령관이 (보안)사령부에 들렀다가 나가면서 '국가적인 변란사태가 발생하였다. 허화평 비서실장한테 가보라'고 지시하였다. 허 실장을 만났더니 '5·16 당시 국난극복의 사례를 종합해 보라'는 막연한 주문을 하였다"면서, 허화평과 자신의 생각이 다름을 얘기한다. 허화평이 주인을 떠난 권력을 보쌈하는 정치기술 같은 것에 관심을 두었다면, 자신은 대통령의 유고에 따른 예상되는 혼란 및 갈등의 극복에 머물러 있었다는 것이다. 하여튼, 전인지 허인지 누구한테서 '5·16 공부' 얘기가 나왔는지 몰라도 그날 밤부터 공부가 시작된 것만은 분명하다.

한용원의 1995년 12월 21일 검찰수사기록에는 '전두환의 박정희적 행적'이 '5·16 표절'로 적힌다. "전두환의 집권 과정과 5·16 당시를 비교해 보면 거의 동일한 단계를 거쳐 집권한 것을 알 수 있는데, 이 문제는 어떻게 생각하나요", 검사의 신문에 한용원은 박수치며 동의한다. 구(舊)군부가 신군부를 낳았고, 신군부가 구군부를 모델로 집권했다는 것이다. 이보다 더 강한 경구가 또 있을까 싶다.

조갑제는 「전두환의 인맥과 금맥」 (1)에서 전두환이 5·16을 끌어쓴 속내를 "이때부터 전 사령관과 그의 참모들은 권력에의 의지를 구체화하기 시작했던 것 같다"고 짚는다. 『월간조선』, 1988년 5월호

'5·16교본'은 기록에는 보이나 실물은 보이지 않는다. 걸어 다니는 기억들이 있고, 지워지지 않는 역사가 있고, 그렇다면 그건 실재다.

'강준식의 정치 비사'에 의하면, 전두환은 당시 미국의 반응이나 태도를 크게 의식하지 않았다고 한다. "전두환은 허화평이 올린 '5·16교본'이 있었기 때문에 미국이 자신을 비판해도 조금도 당황하지 않았다"는 것이다. 『월간중앙』, 2010년 10월호

전두환의 '5·16 학습 효과'는 미국 브리검영대에서 34년간 한국사를 강의해오다 2018년 은퇴한 마크 피터슨 박사의 논문 「미국과 광주사건」(1984년 발표)에 담겨 있다. "12·12 후 전두환은 먼저 글라이스틴을 방문했다. 그리고 하루인가 이틀 뒤 위컴을 만났다. 그의 메시지는 '부패를 일소한 후 병영에 복귀하겠다'는 것이었다. 전(전두환)은 '나를 믿으라. 우리가 하는 일을 지켜보라. 그러면 언젠가 나를 자랑스럽게 여기게 될 것이다'고 말했다. 글라이스틴과 위

컴은 서류철을 뒤져 1961년 쿠데타 당시 박정희가 김종필을 보내 했던 말의 기록을 찾아냈다. 당시 서울에 있는 UN군사령관이었던 카터 B. 매그루더 장군을 찾아온 김종필은 '부패를 일소한 뒤 병영에 복귀하겠다'고 말했다는 것이다. 이 기록은 매그루더가 하와이에 있는 태평양지역 총사령관에게 보낸 보고서에 적혀 있었다. 또한 이에 덧붙여 김종필은 '우리를 믿으라. 우리가 하는 일을 지켜보라. 그러면 언젠가 우리를 자랑스럽게 여기게 될 것이다'이라 말했다"는 것이다. 당시 글라이스틴은 주한미대사였고, 위컴은 주한미군사령관이었다. 이 놀라운 말의 일치에서 '5·16 공부'를 건성으로 하지 않은 그가 보인다.

'5·16교본' 첫 피해자는 정승화였다. '박정희 베끼기' 1호로 정승화를 선택한다. 1961년 5·16군사반란을 주도한 박정희 국가재건최고회의 부의장이 반란 달포 만인 7월 2일 육군 중장 장도영 국가재건최고회의 의장을 반혁명내란음모혐의로 몰아냈듯이, 전두환 합수본부장은 1979년 12·12군사반란을 일으켜 육군참모총장 겸 계엄사령관 정승화 대장을 내란방조혐의로 쫓아냈다. 박정희는 장도영을, 전두환은 정승화를 수단으로 자신의 주가를 올리면서 각각 군권을 거머쥐었다. 둘 다 하극상이지만, 장도영은 중장으로 예편했고, 정승화는 이등병으로 강등되었다.

박정희는 반란 5일째인 5월 20일, '반란군' 최고 의결기구인 국가재건최고회의 산하에 정보기관이자 수사기관인 중정을 창설한다. 박정희가 이 중정으로 소위 '혁명 과업' 수행의 걸림돌을 제거했다면, 전두환은 4월 14일 반란 넉 달 뒤 '중정부장서리'를 차고 국무회의에 참석하는 등 행정을 휘어잡았다. 보안사령관이나 합수본부장 레테르로는 국무회의장에 나가지 못하지만, 대통령 직속인 중정부장의 경우 부총리급이어서 컴퍼스가 길다. 전두환 자신을 '5·16 표절' 2호로 적용시킨 것이다. 부정축재자 처리도 '5·16교본'에서 따온 것이다. 박정희는 그해 6월 14일 공포된 부정축재처리법으로 축재자 50여 명을 조치한다. 전두환은 박정희보다 몇 걸음 더 뛴다. 1980년 5·17 때 '권력형 부정축재자'란 꼬리표를 붙여 김종필, 이후락 등 9명을 처리하고, 김대중 등 정치인 26명은 '국기문란자'로 분류, 연행하는 등 정치에 빗장을 지른다.

 '박정희 카피'는 이것이 끝이 아니다. 국회를 해산하거나 새 법을 만들어 정치인을 규제하고, 공무원을 정리하거나 언론사에 재갈을 물리는 일 등은 사용자에겐 '혁신 카드'일지 모르나, 국민한텐 고전 수법으로 비친다. 5·18이 끝나자마자 실질적 행정수반인 상임위원장 자리에 전두환 자신을 올려놓은 국보위도 박정희의 국가재건최고회의를 데생한 것이고, 악명 높은 삼청교육대는 국토건설대 모조품이다.

4. 합동수사본부는 제2의 보안사령부

『월간조선』 1997년 12월호에 게재된 조갑제의 「내 무덤에 침을 뱉어라」 48회에서 합수부는 '괴물의 탄생'으로 제목이 뜬다. 합수부의 비사는 대부분 그의 탐사취재가 건져낸 것들이다.

궁정동에서 총성이 나던 그 밤, 박준광 보안사 법무참모는 집에서 TV를 보고 있었다. 밤 11시쯤 비상소집 연락을 받고 보안사로 갔다. 준장 남웅종 대공처장이 법전을 갖고 육본으로 가자고 했다. 육본 앞에서 국방부에 들렀다 오는 전두환 보안사령관과 마주쳤다. 육본 보안부대장실로 데리고 가더니 '미션 2'를 내놓았다. 아직 대통령을 시해한 범인이 누군지도 모르고, 계엄 선포 여부를 결정하는 국무회의도 열리지 않고 있는 상황이었다. 김계원 대통령 비서실장이 김재규가 총을 쏘았다고 노재현 국방부 장관한테 알린 건 밤 11시 30분이었고, 임시국무회의는 11시 50분에 열렸다. 전두환의 보안사가 김재규를 체포해 국방부 후문으로 빠져나온 건 27일 0시 30분이었다.

"저번(을지연습)처럼 다시 만들어 봐. 어디까지나 보안사가 중심이야. 중정은 힘을 빼고."

비상계엄이 내려질 것에 대비해 '합수부 설계도'를 완벽하게 만들어 두려는 것이었다.

"빨리 비상계엄을 선포해야 한다"고 국무위원들을 다그쳤다는 김재규의 재촉과 전두환의 심경은 같음이었을까 다름이었을까. 비상계엄이 무산되면 합수부는 언감생심이고, 국무회의에서 시해사건 수사를 검찰한테 맡길 수도 있다. 아마, 그런저런 생각이 오갔을 것이다.

박준광은 한번 해본 가늠이 있었다. 자신의 사무실이 있는 보안사로 갈 것도 없었다. 그날 새벽, 육본 보안부대에서 보고용 문건을 작성해 전두환 보안사령관에게 내밀었다.

그 문건은 합수부를 계엄사령관 직속에 두고 계엄사령관의 지휘를 받도록 해놓았다. 대통령을 제외하고 누구의 통제도 불가능한 조직이라면 계엄사령관이 고개를 외로 틀지도 모르기 때문이었다. 대신 '합동수사'이므로 보안부대, 중정, 군검찰, 헌병, 검찰, 경찰 등 국내 모든 수사·정보기관을 한데 끌어 모아 합수부를 구성하고, 합수부가 그 모든 기관을 조정 및 감독하도록 정점의 위치에 올려놓은 것이다.

본래는 중정이 국내 수사·정보기관 통제권을 한손에 쥐고 있었으나, 중정 수장이란 사람이 10·26을 쏘아 공석이 되면서 전두환 보안사령관이 그 권한을 합수부로 대체하는 기민성을 보인 것이다.

전두환은 박준광이 작성한 문건을 들고 가 정승화 계엄사령관한테 결재를 받았다. 국무회의는 논란 끝에 27일 새벽 3시에야 끝났고, 4시 10분 비상계엄이 선포되었다.

12·12 및 5·18사건 1심 2차 공판기록으로 본 전두환 보안사령관의 합수본부장 겸직 및 합수부의 기능은 다음과 같다. 김상희 부장

검사가 1996년 3월 18일 직접 신문했다.

김 부장검사 피고인이 국군보안사령관으로 재직 중인 1979년 10월 26일 중앙정보부장 김재규에 의한 박정희 대통령 시해사건인 세칭 '10·26'이 발생하고, 10월 27일 비상계엄 선포와 동시에 계엄사령부 소속 합동수사본부의 본부장으로 임명되어 활동하게 되었지요.

전두환 그렇습니다.

김 부장검사 합동수사본부는 계엄공고 제5호에 의해 계엄사령부 내에 설치된 기구로서 검찰, 군검찰, 중앙정보부, 경찰, 헌병, 보안사 등 모든 정보·수사기관의 업무를 조정·감독하는 권한을 가지고 있었지요.

전두환 그렇습니다.

김 부장검사 따라서 합수본부장인 피고인의 직속상관이 정승화 계엄사령관 겸 육군참모총장이었지요.

전두환 예, 그렇습니다.

계엄사는 10월 27일 오전 10시 계엄공고 5호를 발표하면서 계엄사에 합수부를, 지방계엄사무소(계엄분소)에 합동수사단을 두도록 했다. 지방의 경우 그 지역의 보안부대장이 합수단장을 겸했는데, 대령인 보안부대장이 지역 검사장을 지휘에 두었다. 예를 들면, 전남지역(5·18 당시는 광주시가 보통시여서 전남도에 속해 있었음)을 관할하는 광주 505보안부대장이 광주지검장을 통솔했다는 것이다.

합수부는 보안사를 삽으로 떠다 이식해 놓은 것 같았다. 영락없는 '제2의 보안사'다. 기능도 조직도도 편성도 구분이 안 갈만큼 엇비슷하다. 전두환 보안사령관이 합수본부장을 겸했으며, 두 자리만 빼놓고 보안사 사람들이 모조리 합수부 부서장 자리를 차지했다. 참모장 우국일 준장, 비서실장 허화평 대령, 감독관실장 최예섭 준장, 본부실장 김병두 준장, 기획조정처장 최예섭 준장, 안전처장 정도영 준장, 정보처장 권정달 대령, 총무처장 허삼수 대령, 수사단장 남웅종 준장 등은 보안사의 처장급 이상 참모들이다. 조정통제국, 수사1국(국장 이학봉 중령), 수사2국, 수사3국으로 편성된 수사단의 경우 수사2국장(범죄수사단 소속)과 3국장 2인(치안본부 소속)만 외인부대였다. 중정 요원, 검사, 경찰, 헌병 등 타 조직에서 온 사람들은 모두 보안사 간부들 밑으로 배치되었고, 구성원 500여 명 가운데 보안사가 절반 이상이었다. 철저히 '전두환 빛깔'로 조직한 것이다.

보안사령관 전두환이 27일 합수본부장 자격으로 내린 첫 하명은 '오라고 해'였다. 합수부 우국일 참모장을 불러 "정보부, 치안본부, 검찰 책임자를 아침 7시 30분까지 소집하라"고 지시한다. 오전 8시 30분 윤일균 중정 해외담당 차장, 전재덕 국내담당 차장, 오탁근 검찰총장, 손달용 치안본부장이 보안사 2층 사령관 접견실로 들어온다. 이들은 입구에서 삼엄한 몸수색을 당한다. 합수본부장의 첫 말은 "대통령 각하께서 서거하셨습니다. 범인은 중앙정보부입니다"였다. 중앙정보부 전체가 죄인인 거야. 만사를 조심하는 게

16條에 規定된 犯罪와 布告令 違反罪, 中央情報部法 및 大統領令 第5112, 6032, 6451, 6872號에 의한 業務, 其他 戒嚴司令官이 指示하는 特殊任務를 遂行하는 것이었다. 또한 이 機構를 관장할 <u>合同搜査本部長에는 保安司令官 全斗煥少將이 任命되었으며</u>, 그 編成은 다음과 같다.

```
                          本 部 長
                             │
        ┌──────┬─────────┼─────────┬──────┐
       秘書官   參 謀 長              監察室  報統
                │                           制告室
   ┌────┬────┼────┬────┬────┬────┐
  安全處 情報處 企劃  搜査團 總務處 本部  監督官室
              調整處              分室
                   │
              隷下合搜團
          ┌────┼────┐
         道單位   軍     軍
                 司     團
         (10)   (3)    (5)
```

(보안사 전각 기타 그대로)

전두환 보안사령관이 합동수사본부장을 겸한 합수부 조직도. 보안사의 비밀의 책자 『제5공화국전사』에 나와 있다.

좋아요, 말속의 말일 것이다.

박준광 법무참모가 각 기관의 업무 지침을 일방적으로 통보했다. 정보 보고 시간도 일원화했다. 모든 정보 보고는 오후 5시, 오전 8시에 합수부에 제출하라는 것이었다. 합수부 파견 인원도 할당해 주었다. 검찰은 이 지시에 따라 이종남, 정경식, 이건개, 백삼기 등 10여 명의 검사들을 합수부로 파견했다. 이들은 10·26 수사에도 참여했지만, 정치문제에 관한 보좌 역할도 했다 한다.

전두환 합수본부장의 특별 지시도 있었다. "중앙정보부는 앞으로 일체의 예산을 집행해서는 안 된다. 다만 합동수사본부의 허가를 받으면 집행할 수 있다"는 예산 통제였다. 남의 집 제사상을 간섭한 것인데, 하늘 아래 이유 없는 간섭은 없다.

전두환은 중정을 특별 단속했다. 자신들의 선장이 없어진 마당에 혹 일이라도 꾸미면 어쩌지, 경계심을 놓지 않았다. 10·26 이튿날인 27일 오전 일찍 준장 최예섭 보안사 기획조정실장을 중정 감독관으로 보낸 것도 경계의 한 표시일 것이다. 김재규의 빈자리에 11월 1일자로 육군참모차장 이희성 중장이 서리 발령을 받았으나, 이미 전두환의 보안사한테 점령당한 상태여서 힘을 못 썼다.

합수부는 '파괴자'였다. 전두환이 대통령의 죽음을 틈타 합수부를 작동시켜 나라의 모든 수사·정보 시스템을 장악한 까닭이다. 합수부의 설치가 탈법은 아니지만, 전두환과 그의 보안사가 합수부를 탈법 사용했다는 데서 '괴물' 소리를 듣는다. 보안사령관 전두환을 범 내려온다 1로, 합수본부장 전두환을 범 내려온다 2로 설정할 수 있다면, 1·2는 합쳐 가늠쇠 위에 뭘 올려놓았을까.

5. 쿠데타의 시작 12·12

보안사의 비밀의 책자 『5공전사』에 '완력'을 동원하는 내력이 나온다. 책은 상석에 올려놓은 전두환을 찬가하는 데 도움이 될 것 같으면 진실을 기록하고, 해롭겠다 싶으면 감추거나 조작하는 특장을 갖고 있다.

『5공전사』 3권(917~944쪽)은 12·12 '참여'를 전두환이 직접 골라낸 것으로 적는다. "전 장군이 고도의 보안을 유지한 채 정말로 믿을 수 있는 극히 제한된 수의 인물들에 한해 내밀한 접촉과 상의를 해갔다"는 것이다. 전두환은 육사 11기 동기로 "생도 때부터 가장 막역한 친구의 하나"인 9사단장 노태우와 투합해 '12·12 소통'을 해온데 이어, 20사단장 박준병 소장, 71훈련단장 백운택 준장, 1공수여단장 박희도 준장, 5공수여단장 장기오 준장, 3공수여단장 최세창 준장 등을 끌어들였다. 이들은 모두 하나회 멤버였으며, 전두환의 동기(백운택) 또는 1~2기 후배들이다. 육사도 선배이고 계급도 위였지만, 전두환의 12·12에 부역한 국방부 군수차관보 유학성 중장과 수도군단장 차규헌 중장한테는 전두환이 12일 당일 연락했고, 1군단장 황영시 중장은 노태우가 맡았다.

　이들, 전두환의 하나회와 전두환의 부역자들이 12·12를 완력으로 한 건 맞지만, 낳은 자는 따로 있다. 대통령의 허가를 받지 않은 계엄사령관 정승화 대장을 겨냥하는 일은, 이웃집 마실가는 것도 아니고 목숨을 건 '반란'이었다. 그 깃발 아래로 끌어당기는 '힘'은 합수부에서 나왔다.

　합수부 그거, '충정계획 1200'에 누워 잠자고 있었다. '합동수사본부를 설치할 수 있다'는 한 줄의 규정뿐이었다. 가만 놔두면 대통령시해사건 수사권이 검찰이나 경찰로 넘어갈 수도 있고, 합수본부장의 자격 요건은 규정마저 없었다. 그런 합수부가 보안사의 옷을 입었다. 하루아침에 국내 수사 및 정보 최강자로 떠올랐고, 중정을 와해시키고 그 역할을 대행했다. 합수부의 별난 이력과 두 달에 걸친 폭풍 성장이 '반란'을 불러 모은 것이다. 그렇다면 합수부는 12·12의 산모가 된다. 무엇보다 합수부가 10·26 수사권을 독점하고 있어 반란에 대한 죄의식이 약했을 것이란 분석이다. 추측컨대, 사건 당시 김재규의 부름을 받은 정승화가 궁정동 안가 '가'동(피살 장소는 '나'동)에서 중정 사람과 저녁 중이었다는 사실 등을 들어가며 김재규의 내란에 방조 또는 협력한 것이므로 우리의 행동은 내란에 대한 응징이라며 반란의 정당성을 강조했을 것이다. 반란의 조건을 갖추었다는 논리인 것인데, 도둑의 조건에 충만한 도둑을 '성스런 행위'로 미화하는 것과 다름이 없다 하겠다. 성공하면 협업의 대가를 분배받을 수 있다는 기대감도 반란군들을 동하게 했을 것이다.

『5공전사』 3권(1022쪽)은 9사단장 노태우 소장의 입을 빌어 전두환 합수본부장의 12·12 결심을 "노 장군에 의하면 정승화 (육참) 총장을 수사해야겠다는 합수본부장 전 장군의 결심이 이미 11월 초에 확고히 섰으며, 다만 적절한 시간을 기다려 온 것은 앞에서 언급한 바"와 같다고 썼다. 유신 사망 일주일 만에 12·12를 결단한 것이다. 이 책 3권 946쪽을 보면, "전두환은 11월 중순부터 (정승화 강제 연행)계획에 포함된 요원을 한 사람씩 불러 내밀히 임무를 부여하고 자체 준비를 하도록 지시했다"며, '사전 준비'를 발설한다.

합수부가 계엄사 직속이라 하지만 합수본부장 전두환의 원보직이 보안사령관인지라 계엄사령관 정승화도 전두환은 다루기 힘든 분야였다. 보안사가 국방부 직할이어서 국방부 장관과 대통령의 지휘만 받도록 되어 있는 것도 정승화로선 여간 껄끄럽지 않았다. 아무튼, 지휘가 잘 안 되는 사람이었다.

정승화는 전두환의 12·12 제물이었다. 계엄사령관으로 임명되자 군 내부 개혁에 손을 댔다. 수도권의 주요 지휘관을 교체하는 과정에서 전두환 같은 정치군인을 솎아내야 한다는 목소리가 나왔다. 위기로부터 탈출, 12·12 심리는 그에 기인한다. 하나회와 그 후견인들이 12·12에 나온 이유 가운데 하나다. 12·12는 정승화의 제거에서 멈추지 않는다. 군권 접수가 목표였다.

1979년 12월 12일 저녁 6시 30분, 전두환 보안사령관 겸 합수본부장은 보안사 대공수사과장 겸 합수부 수사국장 이학봉 중령과 함께 최규하 대통령 권한대행(총리공관)을 찾아간다. 대통령이 정승화 계엄사령관에 대한 수사를 허락한 것으로 일을 꾸미려면 사전재가는 필수 코스였다. 전두환이 대통령에게 '수사 착수 건의'란 문서를 내밀었다.

> '고 박정희 대통령 시해사건에 관련된 것으로 판단되는 육군참모총장 대장 정승화, 3군사령관 이건영 및 특전사령관 정병주를 연행, 수사코자 하오니 재가바랍니다.
>
> 별첨 1. 총장 언동 분석 2. 중장 이건영 및 소장 정병주 관계 사항'

"박정희 대통령 시해사건 수사를 마무리하기 위해서는 정승화 (육군참모)총장 조사가 불가피합니다."

"나는 군부의 일을 잘 모르요. 국방부 장관을 통해 건의하는 절차를 밟으세요."

"보안 문제 등이 있으면 지휘계통을 밟지 않는 것이 관례로 되어 있습니다. 윤필용사건이나 박임 장군의 조사가 그런 예에 해당하지요."

"국방부 장관의 말을 들어 봐야겠어요." 『5공전사』 3권, 1032~1033쪽

친위쿠데타도 아니고 '반란'을 승인하는 대통령이 있을 것인가. 합수본부장이 졸라대자 대통령은 국방부 장관으로 방어막을 친다.

시간은 정승화 연행팀이 총장공관에 당도할 저녁 7시가 가까워지고 있었다. 정승화를 보안사 서빙고 수사분실로 연행한 것이 밤 7시 40분이었으므로 이미 '사전'을 넘어서 버렸지만, 합수본부장은 노재현 국방부 장관을 밤 9시까지 기다린다. 그 밤 국방부 장관은 12·12 피난 중이었다. 합수본부장은 빈손 쥐고 수경사 30경비단(단장 장세동, 주둔지 경복궁) 내 지휘본부로 돌아와, 대기 중인 반란군 책임자 9명에게 육본, 국방부, 중앙청, 광화문 등 서울 시내 주요 거점에 대한 군 배치계획 등을 설명하고 임무를 부여한다. '대기 중 9명'이 '경복궁 멤버'다.

대통령의 재가가 늦어지고 있다는 얘기가 나오자 1군단장 황영시 중장이 벌떡 일어섰다. "우리 함께 대통령께 갑시다. 정(승화) 총장을 연행·조사하는 것이 국사범을 조사하는 보안사령관으로서의 공적 기능 행사이지 전 장군 개인의 일이 아니지 않소. 이것이 군의 고급 간부들의 공통된 의견이란 것을 가서 이야기합시다." 밤 9시 30분, 동의가 쏟아지고 전두환을 비롯해 황영시 유학성, 차규헌, 백운택, 박희도 등 6명이 총리공관으로 몰려가 한마디씩 했다.

『5공전사』 3권, 1034~1035쪽

대통령과 국방부 장관이 연결된 건 밤 10시가 넘어서였다. 대통령은 새벽 5시를 넘겨 '수사 착수 건의'에 서명했다.

당시 대통령과 함께 있었던 신현확 국무총리는 1995년 12월 16일 검찰에 다음과 같이 증언한다.

검사 그러면 최 대통령이 어떻게 재가했나요.

신현확 노재현 장관이 (보안사에 들러) 이미 결재하여 가져온 재가 서류 내용을 대략 검토하신 후 일자와 시간을 기입하고 사인을 했습니다.

검사 진술인은 최 대통령이 왜 일자와 시간을 기입했다고 생각하나요.

신현확 그 이유는 제가 국무총리 재직시에는 물론이고 12·12사건 이후 여러 해가 지난 뒤 여러 차례 최 대통령으로부터 들은 사실이 있습니다. 최 대통령께서는 그 당시 사전재가 없이 정 총장을 연행한 것은 불법이라 생각했고, 12월 13일 새벽에 더 큰 혼란과 희생을 방지하기 위해 불가피하게 재가했지만, 사후에 재가를 했다는 점, 국방부 장관의 결재 등 정식결재 절차를 거쳤다는 점, 장시간 고민 끝에 어쩔 수 없이 결재했다는 점 등을 서류상 명백히 하기 위해 그와 같은 방식으로 재가했다고 말씀하셨습니다.

'사후 승인'임을 명백히 하기 위해 '12.13 05:10 AM'이라고 시간을 적어 넣었다는 것인데, 문서에 시간은 보이지 않는다. 누군가 시간을 도피시킨 것일까, 대통령이 시간을 적지 않았다는 것인가.

12·12 이튿날 아침, 서울의 거리는 살벌했다. 무장한 군인들이 서 있고 탱크와 기다란 포가 나오고, 5·16 풍경과 흡사했다.

전두환은 인사 조치로 군권 장악을 알린다. 공군참모총장을 지낸 주영복을 국방부 장관으로, 육군참모차장 겸 중정서리 이희성 중장을 육군참모총장 겸 계엄사령관으로 추천한 것이다. 정확히는

捜査着手建議

故 朴大統領 閣下 弑害事件에 關聯된 것으로 判斷되는 陸軍參謀總長 大將 鄭昇和, 3軍司令官 中將 李建榮 및 特戰司令官 鄭柄宙를 連行, 捜査코ㅈㅏ 하오니 裁可 바랍니다.

別添: 1. 總長言動分析
      2. 中將 李建榮 및 少將 鄭柄宙
         關係事項

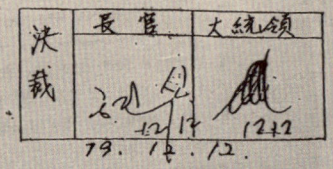

79. 12. 12.

전두환 보안사령관이 정승화 계엄사령관을 연행하기 위해 최규하 대통령에게 재가를 건의한 수사착수건의서.

'임명'이라 해야 옳다.

　이희성 중정서리는 13일 새벽 3시쯤 보안사에 갔다가 별 4개와 조우한다. 이희성의 검찰수사기록(1995년 12월 12일)에 "사령관실에 전두환을 비롯해 유학성, 황영시, 노태우, 차규헌 등 사람들이 다 모여 있었습니다. 저는 그 사람들이 불법으로 모였다는 것을 지적해야겠다는 생각이 들어 전두환, 유학성을 제외하고 위수지역을 이탈한 황영시, 차규헌, 노태우 등에게 '당신들은 누구 승인을 받고 모였느냐'고 꾸짖었습니다"로 나와 있다. 그러자 '쪽지 인사'가 발령된다. "전두환 장군이 저에게 쪽지를 보여주었는데 거기에 '육군참모총장 이희성'이라고 적혀 있기에 불쾌해서 누구 마음대로 총장을 임명하느냐고 화를 냈더니 유학성이 제 손을 잡아끌고 다른 방으로 데리고 가 '이 난국을 수습할 사람은 당신밖에 없으니 총장을 맡아 달라'고 간청했다"는 것이다.

　12·12로 '반란군'은 득세한다. 수경사령관에 노태우 소장, 특전사령관에 정호용 소장이 임명되고, 황영시, 김복동, 유학성, 유병현, 박준병 등도 요직에 배치된다. 12·12 이후 '신군부 전성시대'가 열린다. '신군부'라는 명칭은 12·12에 가담한 장성들과 박정희 시대의 군부를 구별 짓기 위해 붙여진 것이긴 하나, 사연이 있다. '반란군'이란 호칭이 지당하지만, 반란군의 비위를 거스를 수 없고 해서 궁여지책으로 '신군부'란 말을 쓰게 되었더란 것이다.

　반면 '진압군'은 몰락한다. 정승화에겐 10년형이 선고되고, 이건영 3군사령관, 정병주, 장태완 수경사령관 등은 예편되어 군문을 떠난다.

　12·12를 기점으로 전두환은 정치적 실세로 떠오르고, 최규하 대통령의 무력화는 가속된다. 12·12 세력이 12·12를 통해 군부를 정권강탈의 도구로 사용할 준비를 갖추게 되었다 함은 12·12의 중대한 기능이다. 1997년 4월 17일 대법원은 12·12 및 5·18사건 선고 재판에서 12·12를 '하극상에 의한 군사반란'이라 판정하면서 '정권 찬탈을 위한 내란의 시발'로 못 박았다. 『12·12, 5·18 실록』(약칭 『실록』, 대한민국재향군인회, 1997) 170쪽은 12·12를 "정권찬탈을 위한 선행단계의 쿠데타"로 분석하는 이유를 "법치국가에서는 군권만을 탈취하고 단죄를 모면한 사례는 없었다. 즉 생존원리상 정권찬탈의 저의 없는 군권탈취라는 것은 논리적으로 성립되지 않기 때문"이라 설명한다. '정권탈취의 저의를 갖는, 사전모의된 군사반란'이란 분석이다. 12·12로는 정권강탈에 이르지 못했으니 '해야 할 쿠데타'가 더 있다는 것이 『실록』의 관찰인 것이다.

　전두환의 쿠데타는 생김새가 여간 특이하지 않다. 한 번으로 끝나는 쿠데타가 아니라는 거다. 이 글은 그의 쿠데타에 순서를 매겨 1~4차로 구분한다. 1979년 12·12로 1차 테이프를 끊은데 이어, 해를 넘겨 80년 5·17 2차, 한 밤 자고 5·18 3차, 80년 8월 16일 최규하 대통령을 자퇴시키고 자신을 대통령 자리에 갖다 놓는 4차에서 쿠데타를 종료한다.

　전두환의 쿠데타는 '가장 오래 끌었던 쿠데타'로 세계신기록감이다. 248일 만에 완성된 때문이다. 전두환은 자신이 만든 4개의 쿠데타를 인정하지 않는다. 12·12만 해도 그렇다. 『회고록』 1권(84쪽)에 뚜렷하다. "'역사상 가장 오래 끈 쿠데타'라는 말까지 등장했다"고 조소의 뉘앙스를 보이는 것 말고도, '정승화 추종세력의 반란'으로, '이성을 잃어버린 반란군'으로 뒤집어 적는다. 12·12로 최규하 대통령 정부가 붕괴된 일이 없고 국가의 정통성과 정부의 연속성은 전혀 훼손되지 않았다는, 12·12를 일으켜 정권을 빼앗았다고 주장할 아무런 근거가 없다는 회고록의 궤변에 넘어갈 수도 있다. 실제로 그러했으므로 틀린 말은 아니지 않은가.

  이런 주장의 배경에는 그 무엇이 깔려 있다. 쿠데타에 '점진성의 원리'를 차용했다는 것이다. 트레이닝의 기본원칙 가운데 하나인 이 원리는 운동의 강도나 양을 오랜 시간에 걸쳐 점진적으로 증가시켜야 효과가 있다는 것인데, 1차 12·12로부터 2차 5·17까지 근 반년의 간격을 두고 있는 데서 그 기획성이 엿보인다. 트레이닝의 부하를 지나치게 빨리 증가시키면 부상이나 발병의 원인이 되기 쉽고, 효과 또한 거둘 수 없다는 점에 착안해 '단계적 쿠데타'로 속도를 조절했을 것이란 분석으로, 국민들 사이에 12·12의 추억이 재생되지 않도록 물리적 시간을 확보한 것이 된다. 배고프다고 날 것으로 집어먹다 탈이 나면 쿠데타에 고장이 붙을 거 아닌가. 2차 쿠데타에 대한 저항으로 열흘간 지속된 5·18은 '진압행위'가 '내란행위'로 처단될 줄 상상도 못한 '예상불능의 쿠데타'였으므로 접어두고, 2차에서 4차까지 석 달을 끌었다. '잊기'를 기다리고 '익기'를 기다린 쿠데타들이었다.

5·16 당시 3년 가까이 '박정희 찬스'를 받으며 쿠데타를 자율학습한 정치 장교, 그 사람이 전두환이다.

맺는말

1979년 3월 초 전두환 소장이 보안사령관으로 출현한 이래 12·12 결행까지 그의 속내에 감추어 둔 욕구의 표출은 3단계(욕심-야망-야욕)로 구별된다. 보안사 법무참모한테 비상계엄 상황에서 보안사가 할 수 있는 일에 대해 알아보라는 주문을 '욕심'이라 한다면, 보안사령관 비서실장 등에게 '5·16 공부'를 시킨 건 '야망'의 표현일 것이고, 합수부의 조직과 기능을 보안사 중심으로 정교하게 재작성하라는 요청은 '야욕급'에 속한다. 이 예비된 문건으로 합수부와 합수본부장을 따냈고, 보안사와 보안사령관 위에 합수부와 합수본부장이란 특급 엔진을 장착해 12·12를 완성했다.

전두환 보안사령관은 부마항쟁을 그의 내밀한 의도의 시험장으로 가동했다. 부산지구 계엄사령부에 합동수사단을 설치해 시험가동한 것인데, 운용 과정에서 중정의 힘을 확인했다.

'10월 26일'은 두 의미를 지닌다. 박정희의 유신이 끝나는 날이자 '전두환식 유신'이 시작되는 날인 까닭이다. 10월 26일의 하루가 전두환을 만들고 노태우를 만들었다. 10·26이란 국면을 합수부의 실습장으로 사용해 쿠데타의 기초를 단단히 했던 것이다. 전두환 보안사령관이 합수부란 괴물을 등장시키지 않았다면 12·12가 나오지 않았을지도 모른다. 육군참모총장 겸 계엄사령관 정승화 대장은 군의 정치적 중립을 지킨 원칙주의자로, 12·12의 타깃이었다. 전두환은 12·12 직후, 10·26 이튿날 합참의장, 3군 참모총장, 한미연합사 부사령관이 배석한 가운데 국방부에서 기자회견을 열어 "군부는 민주주의를 국민들에게 환원시키기 위해 유신헌법을 개정하기로 합의했다"고 성명을 낸 노재현 국방부 장관을 주영복 전 공군참모총장으로 교체했다. '민주주의' 운운했다가 명 재촉을 한 셈이다.

박정희는 죽어서도 '양아들'한테 '아빠 찬스'를 남겼다. '5·16교본'으로 '쿠데타 기술'을 가르친 것이다. 내가 맨 먼저 누구를 잡더냐? 전두환은 교본의 교훈대로 육군참모총장 겸 계엄사령관 정승화를 처결하고, 군권을 잡아챘다. 12·12는 야욕의 구체화이자 점진성 쿠데타를 끌고 가는 기관차가 되었다.

전두환은 역쿠데타를 심히 경계했던 것 같다. 반란 후 보안사에서 4일 동안 직접 부대를 지휘했다는 것과, 12·12 이튿날 전두환 그룹이 반란군에 가담한 부대를 찾아 국방부가 내준 5억원을 출동병력 규모에 따라 300만~500만 원씩 나누어 주고, 반란군 장성들에게 100만 원씩을 넣어 주었다는 보도는 경계심의 일단을 보여주는 것이다. 연합뉴스, 1996년 7월 4일 기사 속의 '국방부'는 국민에 대한 배반이다. 진압군 총책임자인 국방부가 반란군한테 위로의 나팔을 불어준 때문이다.

　전두환과 그의 보안사는 그도 안심이 안 되었는지 국군을 과외 공부시킨다. 보안사가 그린, 일그러진 정승화를 각 지역 보안부대로 내려 보내 정승화가 대통령 시해사건을 방관 내지 묵인했고, 김재규에 대한 수사를 지능적으로 방해했으며, 3군사령관과 특전사령관 정병주 등이 김재규의 추종세력인데도 보직 해임을 고려하지 않았다는 것 등을 주입시켰다는 것이다. 김재규한테서 금품을 받고 김재규를 도왔다는 것도 빼놓지 않았다. 지역 기관 및 유지급 인사들을 대상으로 한 개별 홍보와 복덕방, 노인정 등의 단체 홍보도 병행했다. 「2007년 국방부 과거사진상규명위원회 조사결과보고서」, 약칭 「국방부 과거사위 보고서」, 35~36쪽

　나무는 가만히 있고자 하나 바람이 내버려 두지 않았나, 바람은 가만히 있고자 하나 나무가 내버려 두지 않았나. 12·12로 전두환이 권력의 불을 켜자 불나방들이 날아든다. 보안사 정보처장 권정달은 '몰려든 불나방들'을 적잖게 보고 들었던 모양이다. 검찰에서 그는 "전두환 (보안)사령관이 실권자로 부상하자 군뿐만 아니라 외부에서 여러 사람들이 몰려들면서 집권을 권유했다. 그러다 보니 전두환 사령관도 사람을 접촉하는 것 자체가 과거와는 달라졌다. 하여간, 당시는 여러 사람을 만나고 있었는데, 자연히 돈도 필요했을 것"이라 진술했다. 1996년 1월 4일 진술

　정보처장의 부하 한용원 정보1과장은 1995년 12월 21일 검찰에 나가 불나방 몇몇을 거명한다. "하나회 출신 가운데 윤필용사건과

관련하여 군에서 세대한 권익현, 박정기, 신재기, 배명국 등이 보안사에 거의 살다시피 했다. 그 사람들이 많은 조언을 했을 거다. 그러나 가장 중요하고 구체적인 역할은 보안사 참모들이 했을 거다. 그 무렵에는 이원조, 김윤환 등 경북 출신 인사들도 자주 보였고, 이름을 알 수 없지만 목사, 문인 등 여러 사람이 들락거렸다." 검사의 질문은 "전 장군의 집권 과정에 보안사 소속이 아닌 사람들도 관여한 사람이 있는가"였다.

12·12란 언덕을 수월하게 올라챈 전두환은 1980년 3월 1일 중장으로 진급했고, 외부의 응원까지 등에 업는 등 다음 차의 쿠데타 캠프를 더욱 단단히 꾸렸던 것으로 보인다. 전두환그룹 쪽은 12·12는 쿠데타가 아니고 대통령시해사건 수사의 끝장이었다고, 지금도 우긴다.

2장
5·17, 그리고 5·18

5·17과 5·18을 관통하는 공통점은, 그것들이 '내란'이란 것이다. 전두환이 '내란 대표 행위자'란 것도 공통점이다. '내란'과 '내란 대표'라는 것은 사법부에 의해 증명된 참이다.
5·17은 5·18에 무엇인가. 두 내란의 주인이 한 몸이라는 데서 그 무엇은 생성된다.

1. 18일, 17일에 응답하다

　1980년 봄, 하루 사이에 두 개의 역사가 지어진다. 일련의 자극-반응의 반사적 체계인 것처럼 역사들이 톡, 튀어나온다. 5·17이 5·18을 폭발시켰다. 시간적 선후 관계가 앞선 5·17이 5·18의 방아쇠로 기능함으로써 두 사건은 행위의 주체가 다른 동인-결과의 관계에 놓인다. 빼앗으려는 자의 '의도된 반칙'에, 안 빼앗기려는 자의 '능동적 저항'이다. 전두환 보안사령관이 갑작스럽게 정권 강탈 용도로 터뜨린 것이 자극이 되었고, 광주가 전두환의 의도를 막기 위해 일어선 것은 반응이 되었다. 광주는 전 국민을 대리해 홀로 반응했고, 그 과정에서 거대한 피를 흘렸다.

　5·17은 전두환의 2차 쿠데타로, 전두환그룹이 시국 수습을 명목

으로 5월 17일 24시부터 비상계엄을 전국으로 확대하면서 정치활동 금지·국회 폐쇄·국보위 설치 등의 조치를 내리고, 영장 없이 학생·정치인·재야인사 등을 구금한 내란사건이다.

5·17과 5·18은 각기 다른 사건이지만, 하나같은 줄기를 이룸에 따라 서로의 사건 속에 서로의 진실이 갇혀 있거나 묻혀 있고, 혹은 복잡한 문제들이 서로를 침투하는 등 혼재하고 있다. 그런 연유로 둘을 따로 떼어놓으면 사건의 진실이 보이지 않거나 작게 보일 수 있다. 5·17이 5·18 속으로, 5·18이 5·17 속으로 들어가지 않고는 둘의 진실은 넓어지지 않는다. 둘을 하나로 묶어서 보아야 하는 이유다.

두 사건은 한 쪽이 죽어야 한 쪽이 사는, 그러므로 함께는 못 사는 고약한 사이다. 5·17을 기획한 쪽에서 보면 '일어난 광주'는 두려운 걸림돌이었다. 광주 저거 어찌하면 좋지. 광주는 5·17을 완성하기 위한 수단으로 사용되었다. 광주 사람들이 '폭도'로, 광주가 '폭동의 도시'로 공작되는 것이다. 5·17로 예비검속된 김대중을 5·18로 끌어와 내란음모죄를 뒤집어씌우고, 그 틈바구니 속에서도 국보위를 지어낸다. 5·18을 5·17에 써먹기 위한 광주공작은 '김대중내란음모사건' 등 밝혀진 것만 해도 상당하다. 5·17 실행계획이 담긴 비밀문건 '시국수습방안'을 찾아낸다면 지금껏 설(說)로만 존재하는 '광주기획설' 등을 포함해 둘 사이에 무슨 일이 있었던 것인지, 새 것의 사실들이 올라오게 될 것이다.

5·17과 5·18을 잇는 중심 주어는 '전두환 vs 광주'로, 이 구도에

서 이 글의 관찰 대상은 전두환 보안사령관과 그의 보안사일 수밖에 없다. 5·17이든 5·18이든 두 사건의 중심에 그들이 '검은 그림자'로 놓여 있기 때문이다. 구상과 결심, 지시와 결재는 보안사령관의 영역이었고, 기획과 설계, 실행 등의 소임은 처장급 참모들의 몫이었다. 계엄사 수뇌부도 그의 핵심 참모들이 제어했다. 기획은 보안사 참모들의 전유물로, 보안사 바깥 사람들은 끼어들 수 없었다. 허화평 비서실장 등이 전두환 쿠데타의 설계팀이었다면 국방부 장관이나 계엄사령관, 하나회 멤버 등은 '말 잘 듣는 행동대장', 그쯤 될 것이다. 보안사의 '지시'를 군소리 없이 소화하는 수행자였다는 것이다.

전두환은 지금도 제 안의 5·17에, 5·18에 주먹만 한 자물쇠를 채워 두고 장승처럼 꿈쩍도 않고 있다. 만일, 그의 '광주선택'이 사실이라면 그것 또한 그와 그의 참모들한테만 저장되어 있을 것이다. 정보수집과 주동자 색출, 폭동 제조용으로 분석되는 '악성 유언비어'의 생산 및 유통, 선전·선동 및 교란이 주임무라는 편의대의 암약과 전남도청 앞 집단사격 명령자, 그 많은 행방불명자는 어디로, 시신을 암매장하고 소각까지 했다는 증언, 군 비행기로 시신을 실어 나른 것으로 추정되는 군 기록 등에 대한 진실은, 어디 있는 것일까.

전두환의 5·17과 전두환의 5·18은 공통분모를 갖고 있다. 활동공간이 음지라는 것이며, 대통령 또는 국방부 장관, 계엄사령관 등을 가림막으로 치거나 등 뒤에서 조종하는 '리모컨 전'이란 것이다.

두 사건의 진실이 끝나지 않음은 이 같은 두 태도의 전두환에 기인한다. 그의 목표는 달랐다. 5·17은 '기획된 스케줄 완주'였고, 5·18은 '조기 제압'이었다. 국보위 설치로 5·17도 완주했고, 국민의 군대로 5·18도 제압했다.

2. 둘 다 왜, 내란인가

쿠데타도 길고 죄목도 길었다. 대법원은 1977년 4월 17일 12·12 및 5·18사건 판결 때 전두환에게 '군사반란' 한 개와 두 개의 '내란'을 선고했다. 계급장은 겹으로 달아준다. '반란 수괴'에 '내란 수괴', 국민 정서로는 무거운 것이 아니었다. 12·12는 군사반란이고, 5·17과 5·18은 내란이며, 셋 다 전두환이 주도했다고 판결했다. 5·17이 내란이란 것도 이해가 덜 가는데, 5·18을 내란이라 하면 광주가 무슨 내란을 했다는 거야, 5·18이 왜 내란이냐고 대부분 통통 튄다. 광주 사람들이 내란을 한 것이 아니라 전두환이 광주 땅에서 내란을 일으킨 것이라 해도 긴가민가한다. 왜 그런가. '전두환의 내란'이 워낙 특이하게 생겼고, 적용된 법리 또한 복잡다단해 그것이 내란 같지 않아 보여, 그럴 것이다.

5·17과 5·18은 어떻게 '내란'이 되는가.
미리 말해 둔다. 형법상 '내란죄'의 구성요건은 '국토를 참절하거나(국토의 일부 또는 전부를 함부로 차지하여 주권을 빼앗으려고 함) 국헌을 문란할 목적으로 일으키는 폭동'이다. 그리고 '국헌 문란'은 형법이 '헌법 또는 법률의 기능을 소멸시키거나 헌법적 기관을 강압함으로써 권능 행사를 불가능하게 하는 것'이라 규정한다.

대법원이 적시한 내란의 죄목은 4개다. '국헌 문란의 목적'과 '폭동성'에 각각 2개의 법리를 갖다 대고 있다.

그 하나, 비상계엄의 전국 확대와 국보위의 설치가 국헌 문란이라 판결한다. '피고인들(전두환과 전두환그룹)이 비상계엄을 전국으로 확대하게 하여 비상계엄 하에서 국무총리의 통할권과 이에 대한 국무회의의 심의권을 배제시킨 것은 헌법기관인 국무총리와 국무회의의 권능 행사를 강압에 의하여 사실상 불가능하게 한 것이므로 국헌 문란에 해당하며, 국보위를 설치하여 헌법기관인 행정 각 부와 대통령을 무력화시킨 것은 행정에 관한 대통령과 국무회의의 권능 행사를 강압에 의하여 사실상 불가능하게 한 것이므로 역시 국헌 문란에 해당한다'고 판단한 것이다. 대법원은 덧붙여, '비상계엄을 전국으로 확대하는 등 헌법기관인 대통령, 국무위원들에 대하여 강압을 가하고 있는 상태에서, 이에 항의하기 위하여 일어난 광주 시민들의 시위는 국헌을 문란하게 하는 내란행위가 아니라 헌정질서를 수호하기 위한 정당한 행위'라며 내란 행위자를 '광주'에서 '전두환'으로 바꾸어 놓는다.

그 둘, '시위진압행위'를 둘로 구분해 '국헌문란행위'라 판시한다. 먼저, '피고인들(전두환과 전두환그룹)의 국헌문란행위에 항의

하는 광주 시민들은 주권자인 국민이 헌법 수호를 위하여 결집을 이룬 것이라 할 것이므로 광주 시민들의 시위를 피고인들이 병력을 동원하여 난폭하게 제지한 것은 강압에 의하여 그 권한 행사를 사실상 불가능하게 한 것이어서 국헌 문란'이라는 것이다. '계엄 상태에서의 광주 시위'를 '주권자의 정당한 행동'으로 파악한 건 국민권력의 영역을 한껏 넓힌 것으로 볼 수 있다. 다음, '피고인들(전두환과 전두환그룹)이 국헌문란행위를 항의하는 광주 시민의 시위를 난폭하게 제압함으로써 헌법기관인 대통령과 국무위원들을 강압, 외포(몹시 두려워함)하게 하는 효과를 충분히 거두었으므로, 이러한 측면에서도 피고인들의 시위진압행위는 국헌문란행위에 해당'한 것으로 보았다. 난도는 높지만 기지가 돋보이는 판단이다. 총에 맞고 대검에 찔리고 진압봉에 머리가 터진 광주에 대통령 등 헌법기관 사람들의 두려움을 접목시켜 풀어내는 솜씨가 감격이다.

그 셋, '비상계엄의 전국 확대'를 '폭동'으로 규정짓는다. '계엄의 전국 확대' 그 자체로 '폭동'이란 해석이다. '비상계엄의 전국 확대 조치가 국헌 문란의 목적을 가진 자에 의하여 그 목적을 달성하기 위한 수단으로 이용되는 경우에는 내란죄의 구성요건인 폭동의 내용으로서의 협박행위가 되므로 이는 내란죄의 폭동에 해당한다'고 판시한 것이다. 대법원은 이어 '전국 확대'가 나라의 평온을 깨버린 것이라고 폭동의 수위까지 측정한다. '비상계엄 전국 확대로 인한 폭행·협박이 우리나라 전국의 평온을 해(害)하는 정도에 이르렀다'는 것이다.

그 넷, '시위진압의 폭동성'을 적용한다. 전두환과 전두환그룹이 광주 땅에서 일어난 시위를 폭동적으로 진압했다는 것이다. 대법원은 '5·18에 대한 폭동적 시위진압행위가 국헌 문란에 해당하는지 여부'를 판정하면서 『표준국어대사전』에도 나와 있지 않은 '폭동성'이라는 말을 만들어 쓰는 적극성을 보였다.

대법원이 5·17과 5·18을 내란으로 규정하기 위해 개발한 논리들은 내란의 조건에 완벽하게 들어맞는 고단위 법리다. 대법원의 내란 판단은 5·17과 5·18을 별개의 사건이 아닌 연장선상에서 파악한 전형적 사례가 된다. '시위진압의 폭동성'에 대해서는 '폭동성'의 범주에 '언론공작', '유언비어공작', '선동공작', '편의대공작' 등을 포함시켜 '5장 무엇이 광주폭동인가'에서 따로 들여다본다.

3. 두 내란에 '전두환'은 없다

대통령·계엄사령관 뒤에 숨어 '리모컨' 작동

『5공전사』와 『회고록』은 전두환을 중심 자리에 둔 대표적 저술이다. 전자는 전두환의 지시에 따라 펴낸 것이므로 자신이 발간한 것이나 다름없고, 후자는 그것이 회고록이므로 당연히 전두환이 저자다.

『5공전사』는 책이름처럼 10·26에서 5공 출범 이전까지의 역사를 정리하고 있다. '전두환의 성공한 쿠데타에 대한 기록'이라고 하면

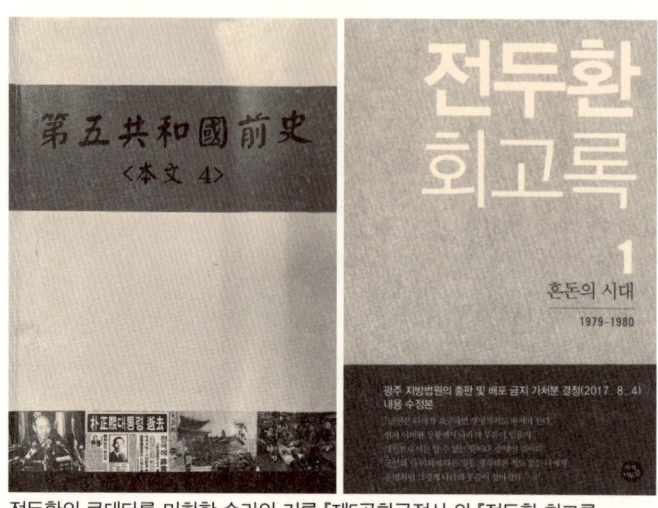

전두환의 쿠데타를 미화한 승리의 기록 『제5공화국전사』와 『전두환 회고록』.

글의 색깔이나 책 구성에 대한 짐작이 따라올 것이다. 정권강탈의 당위성을 얻기 위해 말도 안 되는 '조작'으로 분칠한 흔적들이 여러 군데서 발견되며, 조선을 개국한 이성계의 「용비어천가」를 능가하는 '찬양'이 책 전체에 흐른다. 시위대의 구호를 기술할 땐 전두환의 심기를 의식해서인지 '전두환 퇴진'이란 표현 대신 'ㅇㅇㅇ 퇴진', '특정인의 퇴진'이라고 표기할 정도로 주의를 기울이고 있다.

6권에 부록 3권으로 구성되어 있으며, 3,800쪽에 이르는 방대한 분량이다. 『5공전사』 편찬은 책에 '현대한국사연구회'라고 적혀 있으나 가공 단체이며, 보안사가 편찬을 주도했다. 노태우가 전두환을 승계해 보안사령관에 올랐던 1981년 초 전두환 대통령의 지시로 정도영 보안사 보안처장 주관 아래 편찬 작업이 시작되어 82

년 5월 박준병 보안사령관이 완성한 것으로 12·12 및 5·18사건 1심 재판 심리 과정에서 밝혀졌다. 박준병(5·18 당시 광주에 투입된 20사단 사단장)은 이 사건 2심 때 "20년 뒤에 자료(책)를 공개해 사료가 되도록 하겠다는 생각에서 이병주 대령 등 집필진에게 역사학도의 입장에서 『이조실록』(조선왕조실록)과 같은 사초를 만드는 자세로 책을 만들라고 지시했다"면서, 자신도 집필진들에게 일절 간섭하지 않았다고 진술했다. 박준병은 모교인 육사에서 사학과 교수를 지낸 바 있다.

서문에 "책의 편찬에는 평소 한국현대사에 관심이 있는 국내 역사학·정치학·사회학 분야의 중견학자 8명이 참여하였다"고 나와 있지만, 참여 학자들의 이름은 밝히지 않는다. 실제 집필은 보안사의 도움을 받아 당시 육사 사학과 교수들이 주도했다. 경향신문, 2018년 10월 5일

검찰은 12·12 및 5·18사건 수사 때 집필 책임자로 이병주 육사 사학과 교수를 조사했다. 그의 진술은 펜의 배후를 조용히 밀고한다. "보안사에서 제공하는 각종 군 관련 서류 및 관련자들의 진술을 정리한 메모지 등을 보고 그대로 정리했다. 내 의견을 가감한 사실은 전혀 없다"고 밝혔는데, 보안사의 의도를 극히 존중한 것임을 입증하는 증언이다.

2017년 4월 22일 『5공전사』를 단독 입수한 한겨레의 눈으로 서평을 읽는다. "『5공전사』는 단순한 기록이 아닙니다. 『5공전사』는 박정희 사망 이후 권력을 찬탈한 신군부가 자신들의 '승리'를 자축

하며 만든 책입니다. 신군부가 편찬한 이 책은 신군부의 왜곡된 시각을 반영하고 있지만, 자신들이 저지른 일을 자신들의 입으로 직접 밝힌 사료입니다. 책의 주인공은 전두환입니다." 한겨레는 『5공전사』의 무용담 속에 숨어 있는 '진실들'을 발견해 '단독 보도'로 처리, '전두환의 5·18'을 많이 확인했다.

책에 비밀등급이 매겨져 있는 건 아니었으나, 철저히 비밀에 부쳐졌다. 당시 보안사 정보처장 한용원 대령은 그의 『한 회고록』에서 "신군부의 『5공전사』가 편찬되자 보안사 지하 비밀금고에 보관키로 했는데, 이러한 사실을 알게 된 황영시 육군참모총장은 1982년 『5공전사』의 축소판이라 할 수 있는 『계엄사(戒嚴史)』와 83년에 『한민족의 용틀임』을 출판하였다"고 밝힌다.

5·17과 5·18은 『5공전사』 4권(1376~1790쪽)에 수록되어 있다.

1982년 5월생 『5공전사』나 2017년 4월생 『회고록』이나 '전두환'을 처리하는 방식은 별 차이가 없어 보인다. 전두환이 그 일에 간여한 것으로 기술해도 무방할 것 같으면 전두환을 내놓고, 그 일로 현생 또는 역사에서 불이익을 받겠다 싶으면 아예 취급하지 않거나 왜곡 및 조작 처리하고, 주로 대통령과 계엄사령관을 대리 행위자로 내세워 그들의 등 뒤로 숨는 '리모컨 전두환' 등이 공통점이다.

먼저, 『5공전사』 속 5·17 부분. 『5공전사』는 5·17 모의 과정에서 분주하게 움직이는 전두환을 세 번만 등장시킨다. 계엄사 합수본부장 자격으로 시국 상황 판단, 한용원 합수부 정보부국장에 정세

분석팀 구성 및 정세분석 결과 보고 지시, 최규하 대통령에게 정세 분석 결과 보고 등 세 번으로 끝낸다.

『5공전사』는 검찰이 정권탈취 시나리오로 판단하고 대법원이 내란죄의 필수요건인 사전모의 준비 과정으로 판시한 전두환의 '시국수습방안' 문건에 관해서는 단 한 줄도 쓰지 않는다.

모두 3권인 『회고록』은 1권에서 10·26-12·12-5·17-5·18-대통령 성취까지를 다룬다. 그 가운데 5·17에는 '5·17-위기 수습을 위한 최 대통령의 결단'이란 큰제목 아래 104쪽(271~375쪽)을, 5·18에는 '5·18-신화의 자리를 차지한 역사'란 큰제목을 달고 164쪽(378~542쪽)을 할애한다.

회고록 속 전두환은 5·17 음모 과정에서 '숨는 재주'가 특출함을 보여 준다. 5·17을 최규하 대통령의 '결단'이라 치켜세우는 등 계엄 강화 지시, 비상계엄령 전국 확대 선포 등 세 번이나 대통령 뒤로 숨는다. 계엄사령관과 계엄사 뒤로도 자신을 감춘다. 계엄사령관의 충정훈련 지시, 계엄사의 학원소요 대책 등이 그것들이다.

대통령이나 계엄사령관이 이런 일들을 자진해서 한 것이라면 그의 '리모컨 솜씨'는 형편없다. '자진해서'가 아니므로 성능 좋은 리모컨이 되는 것이다. '쓸 힘이 없다'는 너스레도 일품이다. "그 당시 정부의 버팀목은 신현확 총리와 이희성 계엄사령관 그리고 보안사령관과 중앙정보부장서리를 겸직하고 있던 나였는데, 공무원 조직을 관장하고 있던 신 총리나 실병력을 장악하고 있는 이 사령관과 달리 나는 실제로는 쓸 수 있는 힘이나 수단이 없었다. 그러니 최규하 정부를 지켜낼 수 있는 마지막 수단은 이희성 사령관의 계엄군뿐"이라고 『회고록』 1권(369쪽)은 호소한다.

회고록을 보면, 전두환은 5·17을 앞두고 두 번('시국수습방안' 관련 행적 제외) 움직인 것으로 나와 있다. 5월 15일 아침의 신현확 총리 주재 시국대책회의와 16일 최규하 대통령이 소집한 심야 시국대책회의에 참석했을 뿐이다. 자신은 5·17과 무관하다는 알리바이 제시로 보인다. 회고록은 '5·17 전두환'을 철저히 피해 간다. 아무것도 기재하지 않음으로써 5·17내란에 '전두환 없음'을 증명하기 위함일 것이다.

회고록에 '시국수습방안' 띄운 까닭은

『회고록』의 5·17 부분을 보면, 예기치 않은 풍경이 펼쳐진다. 『5공전사』에는 보이지 않는 '시국수습방안' 문건 작성 경위 및 작성 지시자, 작성자 등에 대한 설명으로 319~375쪽(56쪽)을 할애한다. 41년 동안 끈기 있게 유지해온 회고록 저자의 태도로 보아, 검찰이 집권 시나리오로 판단한 '시국수습방안' 같은 극비 문서는 없다고 잡아뗄 사람이 중대한 고백을 내놓고 있는 것이다.

회고록은 1권의 서술로는 부족했는지 3권에 '항소심 법정에서 전개된 법리 논쟁'이란 장을 만들어 '전두환 구하기'에 자신을 투자한다. 내란죄의 멍에를 벗고 신원 회복을 겨냥한 것이라 함은, 다른 형용은 사족이다. "3권에서 상세히 언급하게 되겠지만", 예고도

한다. 그의 말대로라면 5·17 모의 과정에서 '시국수습방안'을 마련한 목적은 순박하기 그지없다. 『회고록』 1권 334쪽을 보자. "중앙정보부(당시 전두환 보안사령관은 중정부장서리 겸임)는 국내외 정보를 수집, 분석하는 일은 물론 대통령을 직접 보좌하고 국책 사항을 건의할 의무가 있다고 중앙정보부법에 명시되어 있다. 또 계엄하의 보안사령관은 계엄사령관의 정보참모로서 계엄 업무 수행 전반에 걸쳐 보좌하는 기능을 갖고 있었다. 나는 권정달 처장에게 상황이 급박한 만큼 그 건의를 정국안정방안이라고 불러도 좋고 위기극복방안이라고 불러도 좋으니 대통령이 (중동) 순방에서 돌아오면 곧바로 보고드릴 수 있도록 서둘러 준비하라"고 지시한 것이므로 마땅히 해야 할 일을 했을 뿐이란 주장이다. 계엄사령관의 일개 '정보참모'에 불과한 자신이 감히 '나라'를 넘볼 수 있겠느냐는 호소로 읽혀지는 대목이다. 외견으로는 점잖게 보이려는 서술 태도이지만, 분노는 행간에 숨겨 둔다. '나라를 구했는데 내란죄로 나를 잡아 가둬' 같은 분기가 묻어 있다는 것이다.

'5·17 시국수습방안'은 집권 시나리오가 아니라는 것이 회고록의 일관된 언설이다. 책은 전두환을 보호하기 위해 국회 광주특위 청문회나 12·12 및 5·18사건 검찰수사기록, 재판 증언 가운데 유리한 것들만 선택적으로 원용한다. 이희성 계엄사령관과 권정달 정보처장, 주영복 국방부 장관 등이 '전두환의 시국수습방안'을 돕기 위해 불려 나왔다. 이희성은 1988년 12월 19일 광주 청문회에서 "일련의 과정이 다 꾸며진 시나리오에 의해서 한 것이다 하는데 대해서는 동의할 수 없다"고 진술했으며, 권정달도 1995년 3월 14일 검찰 1차 수사에서 "집권한 과정을 보면 마치 계획을 가지고 추진한 것처럼 보이지만, 사실상은 구체적인 계획 없이 혼란 수습을 위한 각종 조치를 취해 나가다 보니 집권에 이른 것"이라 증언했다. 주영복 또한 검찰 1차 수사 때 "5월 22일 전국적인 대규모 시위가 예정되어 있는 등 한 치 앞을 내다볼 수 없는 상황에서 국가를 수호하기 위한 부득이한 조치였을 뿐, 신군부 측에서 비상계엄을 정권 장악에 이용한 것은 아니"라고 진술했으나, 전두환 보안사령관이 지시하고 그의 보안사가 설계한 '시국수습방안'이 정권을 강탈하기 위한 실행계획서라 함은 1997년 4월 17일 대법원이 인정했다.

회고록의 주요 기법은 '남한테 둘러씌우기'로, 예 하나 든다. '시국수습방안' 가운데 대들보격인 '비상계엄 전국 확대 조치'에 대해 회고록은 "정부의 퇴진을 요구하던 끝에 정부에 최후통첩을 하면서 반정부 봉기를 선동한 것은 바로 국민연합과 민주청년협의회 등의 체제 전복 세력이었다. 내가 혼란을 조장했다는 주장은 전혀 근거도 없는 억지일 뿐이다. 소요사태 악화가 계엄 확대의 빌미를 제공했고, 그것이 나의 집권계획에 이용되었다고 한다면 그 책임은 먼저 정치권에게 물어야 할 것"이라며, 국민연합 등에 그 책임을 떠넘긴다. 그가 지목한 '국민연합'은 그 단체의 공동의장인 김대중이다. 『5공전사』가 김대중을 감시한 눈도 회고록을 벗어나지 않는다. 약간 조심성을 보이는 회고록과는 달리 이름까지 올리며 "김대중은 학생소요를 배후조종했으며, 민중봉기를 획책하여 최규하 정부가 퇴진하면 집권하려는 의도 하에 비민주적이고 폭력적인 방법도 불사했다"고 썼다. 『5공전사』 4권, 1496쪽

회고록이 비상계엄 전국 확대 조치의 정당성을 확보하기 위해 따온 대법원의 판시는 지금의 우리를 황당하게 한다. 대법원이 5·17 전국비상계엄 선포 조치의 효력에 관해 "대통령의 판단 결과로 비상계엄이 선포된 경우 그 선포는 고도의 정치적·군사적 성격을 지니고 있는 행위라 할 것이므로 그것이 누구나 일견해서 헌법이나 법률에 위반되는 것으로 명백하게 인정할 수 있는 것이라면 몰라도 그렇지 아니한 이상 고도의 정치적·군사적 성격을 갖고 있는 비상계엄 선포를 가리켜 당연 무효라고 단정할 수 없다 할 것이며, 그 계엄 선포의 당(當)·부당(不當)을 판단할 권한은 사법부에는 없다 할 것"이라 판시한 때문이다. 그것이 '1981년 1월 23일자'의 것이고, 그때 전두환은 대통령을 하고 있었고, 그래서 그 판시는 '시대'를 반영한 것이 되지만, 한량없이 부적절한 인용이라 하겠다.

만약, '시국수습방안'이 증언되지 않았다면 전두환과 전두환그룹은 '내란죄'를 받지 않았을 수 있다. 그것이 불거져, 그것을 '내란'으로 돌돌 마는 데 유용하게 사용함으로써 '내란죄'가 성립되었

다. 가능하다면 영원히, 비밀의 방에 감추어 두고 싶었을 텐데, 검찰 재수사에서 권정달 보안사 정보처장이 '시국수습방안'의 전모를 밝히는 바람에 엎질러진 물이 되었다. 쏟아진 물도 성심으로 쓸어 담아 잘만 손질하면 괜찮은 물로 거듭날 수 있다는 발상이 나올 법하다. 검찰 수사와 사법부의 판단으로 '시국수습방안'에 '쿠데타 프로그램'이란 낙인이 찍혀 있지만, '시국수습방안'이 시나리오가 아님을 증명하자, 그 속내였을 것이다. 그 증명의 공간이 회고록이었고, '시국수습방안'을 회고록에 띄운 이유라 하겠다. 회고록을 보면 내란죄라는 주홍글씨를 떼어 내기 위한 언변이 넘쳐난다.

검찰은 '시국수습방안'이란 중요 증거물을 언제, 어떻게 찾아냈나. 『5공전사』는 아예 침묵하고 있고, 전두환 보안사령관이 권정달 정보처장에게 '시국수습방안'을 수립하라고 지시할 당시 "반드시 보안을 지키라"고 『회고록』1권, 334쪽 특별 당부한 비밀문건이 검찰에 포착된 건 1차 수사 때였고, 그 주요 내용은 재수사 때 밝혀졌다.

'시국수습방안'의 존재는 검찰이 제보를 받아 발굴한 것일까, 아니면 진술인의 증언에서 나온 것일까. 진술인의 입이 출처라면, 말한 입은 위대하다. 전두환 권력이 깊게 묻어 버린 진실을 드러내 보인, 양심을 행동한 소이다.

"광주사태와 나는 무관" 다섯 번 도돌이표

두 책의 기록이 5·17에서 5·18로 넘어오면 『5공전사』의 경우 전두환 행적을 세 번 언급하지만, 『회고록』은 단 한 번으로 그친다. 『5공전사』는 그 세 번을 매(每) 격일로 열린 국방부회의 참석, 자위권 발동 관련 국방부회의 참가, 최규하 대통령 광주 현지 선무방송 건의로 적는다.

『회고록』 1권(440~441쪽)에 보이는 '단 한 번'의 5·18 행적은 '오찬모임 참석'인데, 교묘한 논리로 포장되어 있다. "군부대의 지휘권에 대해 어느 정도 지식이 있는 사람에게는 상식에 속하는 얘기지만, 지휘계통에 있지 않은 사람은 아무리 계급이나 직책이 높다 하더라도 지휘 문제에 관여할 수 없다. 보안사령관(전두환 자신)은 육군의 지휘계통에 있는 지휘관이나 참모가 아니므로 나는 보안사령관 재임 시 그 어떤 작전지휘 모임에도 참석할 수 없었고, 참석한 일도 없다"는 군 상식론을 늘어놓으면서, '참석 사실'을 적고 있는 때문이다. 회고록의 그가 "광주사태 기간(5월 18~27일) 중 지휘관들의 모임 가운데 내가 유일하게 참석했던 모임인 5월 25일의 오찬은 작전 계획과 관련 있는 모임이기는 했지만, 이미 계획이 확정된 뒤에 사후 설명을 위한 자리였다"고 핑계 대는 데서 헤아릴 수 있듯, 작전 계획 수립에 개입한 것이 아니므로 사실상 '단 한 번'도 작전모임에 참석하지 않았음을 강조하는 삽화를 끼어 넣은 것으로 해석된다. 회고록은 즉시, 자신을 보호하는 증언 1~2개를 갖다 댄다. "전두환 보안사령관이나 정호용 특전사령관으로부터 조언을 받은 일은 없고 전교사의 충정작전 계획에 따라

작전 일시를 정해 충정작전 지침을 내려보냈습니다." 이희성 계엄사령관, 1995년 4월 15일, 검찰 1차 수사기록 이희성에 이어 김재명이 끌려 온다. "(광주재진입작전을 논의한 회의에 신군부나 합수부 인사가 참석했는가) 아닙니다. 이것은 작전회의입니다." 김재명 육본 작전참모부장, 1996년 10월 21일, 2심 4차 공판 진술

진심은 횃대에 걸어놓고 나왔는지 모르겠으나, 정면으로 전두환을 변론하고 있다. 책 전반에 넘치는 이 기교는 5·18쪽 서술에서 유독 도드라진다. 자신의 논지나 관점, 주장을 받쳐 주는 지주대로, 혹은 허위사실을 진실로 둔갑시키기 위해 70개의 남의 말을 갖다 쓴다. 노태우 정권 시절 1988년 11월~89년 12월 31일까지 진행된 국회 광주특위 청문회에 증인으로 나온 전두환그룹 및 계엄사 고위 관계자 등의 증언과 김영삼 정권 시절의 1차 검찰수사기록과 재수사기록, 재판기록 등 세 군데를 단골집처럼 드나든다.

회고록은 5·18 부분을 기술하면서 "그 어떤 작전지휘 모임에도 참석할 수 없었고, 참석한 일도 없다"는 것까지 합쳐 '전두환 없음' 도돌이표를 다섯 번 찍는다. 『회고록』 1권 '서문'(27쪽)에서부터 '없음'을 단단히 깔아 놓는다. "나의 유죄를 전제로 만들어진 5·18특별법과 그에 근거한 수사와 재판에서조차도 광주사태 때 계엄군의 투입과 현지에서의 작전지휘에 내가 관여했다는 증거를 찾으려는 집요한 추궁이 전개되었지만, 모두 실패했다"는 것인데, 12·12 및 5·18사건 검찰 수사와 재판 결과를 역이용한 논리라는 데 회고록

의 죄가 묻어 있다.

5·18 공간인 '제4장 5·18-신화의 자리를 차지한 역사'의 첫머리(375쪽)에서도 '없음'은 강하다. "5·18 광주사태의 책임을 내게 지우려는 기도가 오랫동안 집요하게 이어져왔다. (중략) 편견과 오해에서 빚어진 세상의 통념과 달리 당시 광주 현장의 상황은 나와는 무관하게 벌어진 일이었고, 내가 목격하거나 경험한 일이 아니다"며, 5·18은 자신과 무관하므로 5·18쪽 서술은 자료를 토대로 재구성한 것이라고 친절하게 일러 준다.

382쪽으로 넘어와서는 "보안사령관과 중앙정보부장서리를 겸직하고 있었으나, 1980년 5월 18일부터 5월 27일 사이의 그 어느 시간에도, 전남 광주(당시 광주는 보통시로, 전남에 속해 있었음)의 그 어느 공간에도 나는 실재하지 않았다. 당시 나는 계엄군의 작전 계획을 수립하고 지시하거나 실행하기 위한 그 어떤 회의에도 참석할 수 없었고, 참석한 일이 없다"고, 다시 '없음'을 환기시킨다.

384쪽에 이르면 첫머리에서 했던 말을 부연한다. "5·18과 관련된 사실들에 대해서는 거의 대부분이 다른 사람들의 말을 인용한 것이고, 내가 직접 겪은 사실들에 관한 내용은 매우 적다. 그 까닭은 다시 말하지만 5·18사태에 관해 내가 한 일, 직접 겪은 일이 별로 없기 때문이다. 5·18사태의 발단에서 종결까지의 과정에서 내가 직접 관여할 일이라는 것은 처음부터 존재하지 않았던 것이다. 5·18특별법에 따른 검찰 수사와 재판 과정에서 관계자들의 많은 진술과 증언들이 나왔다. 나는 광주사태에 관한 한, 수사를 받고 재판을 받는 과정에서 새삼 알게 된 사실이 적지 않다"고 적고 있지만, 5·17이란 거사를 진행시키는 과정에서 만난 광주를 그가 그렇게 가볍게 취급했을 것인가, 상식과 사리가 믿지 않는다. 광주의 불을 끄다 '정권탈취'마저 태워 버릴 수 있는 위기의 시간에, 뒷짐 지고 어슬렁거린 것이나 다를 바 없어서다.

전두환은 왜, 회고록에서 "광주사태에 나는 없다"고 다섯 번이나 리플레이한 것일까. 회고록은 대국민 설득 용도를 넘어, 멀게는 역사를 겨냥한다. 동원된 회고록의 논리가 '역사로 사는 법'에 기대어 있음이 상당 부분 확인된다. '역사 설득용(用) 회고록'이라는 것이다. '서문'과 '글을 시작하며'에 그 의도가 선언처럼 담겨 있다. 군사반란 한 개(12·12)와 두 개(5·17과 5·18)의 내란에 대해 "나를 역사의 전면에 끌어낸 것은 시대적 상황이었다", "나는 역사가 사용한 하나의 도구였다"고 강변하면서 "이 글은 한 개인 전두환의 삶의 궤적을 적어 놓은 기록에 그치는 것이 아니다. 격동기 대한민국 현대사이고, 지금도 그 실체적 진실에 관한 논란과 다툼이 이어지고 있는 당대의 역사서"라 규정한다. 두렵고 무서운 도발 행위로, 명백한 역사쿠데타다.

가령, 먼 미래에서 5·17, 5·18에 대한 이해가 좁거나 인식이 짧은 어느 누가 회고록을 읽고 긍정적으로 수용한다면, 또 어느 연구자가 회고록을 토대로 5·17, 5·18을 새로 쓴다면 회고록의 의도는 성공한 것이 된다. 회고록의 임자는 미래의 시간 위에서 회고록의

5·17, 회고록의 5·18이 재생산되도록 기름진 토양을 제공하고 있는 것이다. 회고록 1권(5쪽)의 "나의 회고록은 참회록이 되어야 한다고 생각하는 사람들의 뒷공론을 나는 개의치 않으련다"는 다짐이 그 의도를 대변한다.

맺는말

5·17과 5·18을 관통하는 공통점은, 그것들이 '내란'이란 것이다. 전두환이 '내란 대표 행위자'란 것도 공통점이다. '내란'과 '내란 대표'라는 것은 사법부에 의해 증명된 참이다.

5·17은 5·18에 무엇인가. 두 내란의 주인이 한 몸이라는 데서 그 무엇은 생성된다. 이건 아주 중대한 문제다. 자신한테서 5·18 내란 행위자를 떼어내 광주에 내던진 것은 다들 알고 있는 5·18 상식이다. 한홍구 성공회대 교수는 「내란의 추억」이란 글(한겨레 2014년 2월 14일자)에서 "5·17 군사반란을 일으킨 전두환·노태우 일당은 광주에서 수많은 시민들을 학살했다. 이것이야말로 진짜 내란목적살인이었다"며 "내란범(전두환과 전두환그룹)은 자신들의 범죄를 감추기 위해 내란을 만들어 낸다. 그들은 광주항쟁을 내란으로 몰았고, 또 김대중내란음모사건을 조작했다"고 내란의 기술을 찍어 올린다. 자기들이 그 무작스런 내란을 해 놓고 거꾸로 광주에, 김대중에 둘러씌워 생사람을 잡았다는 얘기다.

전두환과 그의 보안사가 '광주 사람들에 의한 광주내란'을 공작하기 위해 무엇을, 어떻게 사용했는지 그 구체적 사실을 밝혀내는 것도 중요한 일이지만, 5·17의 안착을 위해 광주와 김대중을 엮는 그림을 '언제부터 그려 왔느냐'는 시기의 문제는 더 우선되어야 할 5·18 연구의 수순이다. 만약에 5·17 모의 과정에서 그림을 완성시켜 놓고 5·17을 터뜨렸다면 전두환과 그의 보안사는 광주를 선택한 것이 된다. 다시 말해, 정권찬탈 실행계획인 '시국수습방안' 속에 '광주그림'이 들어 있다는 사실이 밝혀질 경우 5·18의 역사는 첫머리부터 다시 고쳐 써야 한다.

이런 가상도를 뽑을 수 있다. 정권탈취라는 큰 떡을 급하게, 그것도 특별한 장치 없이 집어먹다가는 체할 수도 있다 함에 생각이 머물렀을 것이고, '강한 명분'을 국민들 앞에 내놓아야 할 텐데 일찍부터 특대급으로 방점을 찍어 둔 김대중이 있고, 무릎을 칠지도 모른다. 김대중을 사용하자. 왜 『회고록』과 『5공전사』에서 김대중을 나라를 깨먹을 사람으로 묘사했겠는가.

5·18 연구자들 가운데 광주의 진실 찾기는 '선택 당한 것'으로부터 출발해야 한다는 데 동의하는 이들은 많지 않다. 공부 또한 깊지도 않다. '설'이 '설'로 남아 있는 주된 까닭이다. '광주선택설'이야말로 5·17과 5·18 사이에 숨어 있는 '최고 의문'이라 생각한다. 광주가 선택되었다면, 적어도 전두환과 그의 보안사 핵심 참모들은 알고 있을 것이고, 기억에 특급비밀이란 자물통을 채워 두었을 것이다. 행방이 묘연한 '시국수습방안' 문건 속에 갇혀 있을 수도 있다.

3장
전두환의 5·17내란 사전모의 행적

전두환의 검찰 진술에서도 '전두환의 5·17'은 보이지 않는다. 그것만 보면 그가 정말 5·17을 안 한 것이 맞는가 보네, 그런 생각이 들 만큼 깜박 넘어갈 수 있다. 1995년 12월 안양교도소에 수감 중일 때 물음은 길고 답은 짧았다. 그런 사실 없다. 그런 내용에 대해서는 모른다, 그것은 사실이 아니다, 답변할 수 없다, 대체로 부인 일색이었다.

1979년 12·12군사반란으로 1차 쿠데타에 성공한 전두환 보안사령관 겸 합수본부장은 보안사 또는 안가에 장막을 쳐놓고 2차 쿠데타를 만들어 간다. 5·17내란이 그 결과물이다.

검찰이 1995년 3월 29일 12·12 및 5·18사건 1차 수사 때 허화평 보안사 비서실장에게 던진 "피의자를 비롯한 허삼수, 권정달, 이학봉, 정도영 등 보안사 5인방이 수시로 노태우, 정호용 등 12·12 주도세력과 모임을 가지면서 전두환 대통령 만들기 작업을 은밀히 진행하면서, 일부에서는 혁명의 성격으로 추진하자고 주장하고, 또 일부에서는 법적 모양새를 갖추자고 주장하여 결국 후자의 방법으로 결론이 났다는데 사실인가"란 질문은 전두환의 쿠데타 방식을 꿰뚫고 있다는 점에서, 그의 쿠데타 시리즈를 관찰하는 데 도움을 준다. 허화평은 "그런 논의가 있었던 일은 절대 없습니다"라고 답하지만, 같은 해 12월 21일 재수사에서 한용원 보안사 정보처

정보1과장은 같은 내용의 질문을 받고 '법적 모양새 갖추기'로 해석한다. "그런 논의가 있었는지 모르지만, 결과적으로 보면 군부통치에 대한 국민들의 저항을 우려하여 합법을 가장한 것은 사실이다. 5·17 계엄 확대 조치 건의(최규하 대통령)를 국가안보를 우려한 군부의 제도적 결의(전군주요지휘관회의)로 가장했고, 계엄 업무 중 치안과 국방은 계엄사가 담당하고, 행정과 사법은 국보위가 분담하는 것으로 가장해 합리화시켰다"는 것이다.

12·12 이후 전두환과 그의 보안사는 법적 쿠데타 방식을 통과의례처럼 엄중하게 거친다. 그때그때 상황에 따라 필요한 조치로 뜸을 들이며 5·17로 정교하게 암행했다는 것이다. 김옥길 문교부 장관의 담화문 발표, 대통령의 계엄 강화 지시, 내무부 장관의 계엄군 출동 요청, 대통령의 조기 귀국과 심야 대책회의, 전군주요지휘관회의 소집, '시국수습방안' 건의, 계엄령 전국 확대안 국무회의 의결 및 대통령의 선포 등으로 5·17을 향한 법적 모양새를 갖추었다.

1995년 12월 2일 전두환은 정치보복이란 요지의 골목성명을 내고 고향 합천으로 내려갔다가 강제 연행되어 안양교도소에 갇힌다. 이튿날인 3일 감옥소에서 '법적 모양새'에 대해 추궁을 당했다.

검사 피의자는 결국 12·12사건으로 군 지휘권을 장악하고 불과 8개월 만에 대통령직에 올랐으며, 그 준비 과정이 상당히 치밀하고 외관상 합법적인 절차를 거쳤던 점에 비추어 계획된 절차가 아니었나요?

전두환 결과적으로 제가 대통령직에 올랐기 때문에 많은 사람들로부터 그와 같은 오해를 받고 있습니다만, 대통령이 된 것은 어디까지나 최규하 대통령의 결단 때문이었으며, 다른 이유는 없습니다.

자신은 전혀 권력 의지가 없었고, 최규하가 쥐고 있던 대통령이 최규하의 결단에 의해 자기한테 굴러온 것쯤으로 장난같이 말한다. "계엄령 하에서 제가 집권할 생각이 있었다면 바로 대통령직을 빼앗을 수도 있었는데 그렇게 하지 않은 것만 보아도 그런 의도가 없었던 것이 (앞으로) 밝혀질 것"이라 호언하기도 한다.

전두환은 반란이나 내란 같은 죄의식이 비집고 들어갈 공간을 허용하지 않는다. 검찰과 법정, 인터뷰와 『회고록』, 언제 어디서든 상황의 산물이자 시대의 요청이란 방어 논리를 집어 든다. 그런 그에게 5·17내란은 없다. 『회고록』 1권(372쪽)에서 그는 "나는 정부가 붕괴되어 국가적 위기가 초래될지 모를 그러한 상황 전개를 방치할 수 없어 최규하 대통령에게 수습 방안의 하나로 계엄의 전국 확대를 건의한 것"이라며, 자신이 주도한 5·17내란을 엄호한다. 1980년 5월은 대한민국의 위기였고, '5·17 시국수습방안'은 그러므로 집권시나리오가 아니라 구국(救國)이란 억지를 쓴다.

5·17쿠데타는 사전에 모의되었다. 그 과정에서 전두환의 걸음걸이, 배후조종 또는 암행은 밤하늘의 별빛처럼 총총하다. 행적들이 또렷하다는 것이다.

1. "김대중을 감시하라"

1979년 10월 26일 김재규의 총에 박정희 대통령이 죽고 긴급조치 9호가 걷히면서 그해 12월 8일 김대중은 가택연금에서 풀려난다.

『5공전사』는 김대중을 곧잘 끌어낸다. 요소요소 필요에 따라 김대중을 배치한다. 전두환과 그의 보안사는 집에 가두어 두고도 안도할 수 없었는지 감시를 붙였다. 책 4권(1483~1487쪽)에 사찰의 기록이 있다. "학원사태가 극렬한 형태로까지 발전된 데에는 대중선동 정치가인 김대중의 영향이 크게 작용하였다. 전남 목포에서 정치적 출발을 한 그는 해방 이후 좌익 및 용공활동의 경력을 가지고 있다"고 규정하고, "1979년 11월에 이미 계엄사 정보기관은 김대중이 다음과 같은 단계별 집권투쟁전략을 수립하고 있다는 사실을 포착하였다"는 것이다.

그 '단계별 전략'은 '1단계 국민적 화해단합과 안보우선 표방으로 대정부·대국민 환심 유도, 2단계 연금해제·정치적 자유보장 촉구, 3단계 긴급조치 해제(12월 7일 해제되었음)·구속자의 사면투쟁·국민연합의 재정비로 주도체 구축, 4단계 야당 주도권 장악·장악 실패시 범국민연합의 신당 조직, 5단계 정부(최규하 대행)와 공화당 집중공세로 조기 개헌과 총선 실시 유도, 6단계 범국민적 김대중 붐을 조성하여 대통령 선거에 당선·집권목표 달성'이다.

가택연금 상태에서, 책의 말처럼 11월에 이미 '김대중의 단계별 전략'을 포착했다는 것은 그에 대한 감시의 지속 및 크기를 뜻한다.

6개월 뒤 5·17 때 김대중을 예비검속하는 데 '단계별 전략'이 얼마큼 영향을 미쳤는지 알 수 없지만, 그것이 기초가 되었고, 그 기초 위에서 '학생시위 배후조종' 등으로 발전시켜 나갔을 것이다. 전두환의 희생양으로 일찍부터 김대중을 꼽아 둔 것이란 추정은, 그래서 나온다.

『5공전사』는 '계엄사 정보기관'에서 정보를 포착한 것으로 적고 있을 뿐, 기관 명칭은 밝히지 않고 있다. 계엄사 정보기관이 전두환의 보안사로 추정되는 것은 계엄사가 계엄사령관 직속으로 합수부를 두고 있어서다. 합수부가 '전두환의 조직'이었으므로 '전두환의 보안사'로 짐작되는 것이다. 『5공전사』의 편주는 '김대중의 단계별 전략' 문건이 보안사의 정보활동 결과물임을 명확히 한다. 편주에 '보안사령부, 중요정보보고, 1979.11.'이라고 출처를 밝히고 있는 데서 확인된다.

5월 17일, 비상계엄 전국 확대 조치(17일 자정)가 내려지기 직전, 그러니까 17일 늦은 밤 김대중 국민연합(재야 정치단체) 공동의장은 전격 예비검속된다. 김대중과 김종필 공화당 총재의 경우 같은 정치인이지만, 예비검속 이유는 다르다. 김대중은 '국가 기강 문란자'로, 김종필은 '권력형 부정축재자'로 체포된 것이다. 김대중을 국기 문란, 곧 '사회 혼란 조성 및 학생·노조 소요 관련 배후 조종 혐의자'로 예비검속한 데서 짐작이 가듯, 전두환과 그의 보안사는 3김(김대중, 김영삼, 김종필) 중 김대중을 유독 경계 및 대비해왔던 것으로 여러 기록들에서 파악되고 있다. 『5공전사』 4권 '제2장 제4절 선동정치가 김대중과 그 추종자들'(1483~1495쪽)에서도 경계 및 대비의 수위를 읽을 수 있다. 전두환 보안사령관의 정치 담당 참모 한용원 중령도 그의 『한 회고록』에서 "전두환은 집권 시나리오를 추진할 때 그 1단계로 3김의 배제 작업부터 추진했다"(74쪽), "3김과 그 측근을 배제하고 언론을 조종·통제한다면 정권 장악이 가능하다고 보았다"고(71쪽) 썼다.

전두환은 그의 쿠데타를 위해 김대중에게 두 번 '기술'을 넣었다. '김대중이 배후에서 학생 시위를 조종하고 있어 나라가 위태로워졌고, 나라를 보호하기 위해 비상계엄을 전국으로 확대할 수밖에 없었다.' 이것이 전두환의 김대중 업어치기 기술이다. 전두환 자신이 기획·감독한 5·17 비상계엄 전국 확대 조치의 원인 제공자로 김대중을 낙점한 것이다. 이로써 두 사람 간에 생관계가 형성되었고, 이 관계는 금방 5·18로 건너가 '김대중내란음모조작사건'으로 진화한다. 결국, 생관계가 생사람을 두 번 잡은 셈이 되었다.

2. 직속부하 '정치 심부름' 보내

한용원은 5·17, 5·18 당시 보안사 정보처 정보1과장 겸 합수부 정보부국장을 맡고 있었다. 국회와 야당에 대한 정보를 수집·처리하는 등의 정치 분야가 주임무였던 그는 1963년 육사를 졸업한 뒤 67년 서울대 사학과로 옮겨 '역사'를 전공했다. 69년 서울대 정치학석사, 83년 서울대 정치학박사를 따낸 엘리트 군인이었다.

직속상관인 권정달 정보처장처럼 '비하나회'인 한용원은 1985년 보안사 감찰실장을 끝으로 군을 떠나 한국교원대에서 학자의 길을 갔다. 88년 11월~89년 12월까지 열린 국회 광주특위 청문회에 나가 증언했다가, 한 10년쯤 전두환그룹과 그 하수인들에게 고통과 불이익을 받았다. 그의 12·12 및 5·18사건 검찰 진술은 권정달 정보처장과 함께 전두환과 전두환그룹을 '반란' 및 '내란'으로 묶는 포승줄이 되었다.

전두환 보안사령관이 '어느 날' 한용원 과장을 부른다. '정치 심부름'을 시키기 위해서였다. 『한 회고록』(47~48쪽)에 "전두환 합동수사본부장은 정승화 계엄사령관의 지시라고 하면서 나에게 동교동 김대중 씨 자택을 방문하여 '하고 싶은 말씀은 계엄이 해제된 이후에 하고 계엄 기간에는 군의 계엄업무 수행에 적극 협조해달라'는 계엄사령관의 경고문을 읽어주고 협조서약을 의미하는 서명을 받아오'라고 주문하였다. 그래서 나는 당일 저녁 동교동으로 가서 김대중 씨에게 방문 목적을 앞서 기술한 것처럼 설명했더니 '수고가 많다'고 하면서 서명부터 해주었다"고 나와 있다. '정승화의 지시'로 기재되어 있음에서 '어느 날'은 10·26과 12·12 사이의 날일 것이다.

얼마 후 한용원은 윤보선을 찾아간다. 1960년 4·19혁명으로 대통령에 오른 윤보선은 61년 박정희의 5·16군사반란으로 대통령을 내려놓았다. 한용원은 그의 회고록(48쪽)에서 "며칠 후에는 전두환 합동수사본부장이 나를 불러 안국동 윤보선 전 대통령 자택을 방문하여 '서명은 받지 못하더라도 경고서한은 읽어주고 오라'는 지시를 하였다. (중략) 나는 안국동을 방문하여 해위(윤보선의 아호) 선생을 뵙자 엎드려 큰절을 하고 '계엄 기간 민심을 자극할 발언은 자제해 주시길 바랍니다' 하고 말씀드렸다. 그리고 '경고서한을 받으셨다는 서명을 받아가야 하겠지만, 예의가 아니라고 생각되어 그만 돌아가겠습니다'고 하자 서류를 달라고 하여 서명을 해주셨다"고 고백한다. 주의할 건 "정승화의 지시"다. 그의 지시가 있었냐는 것이다.

1980년에는 급을 높여, 처장들을 김대중에게 보낸다. 5·17 사전모의 과정에서 "그는(전두환은) 2월 26일 권정달 정보처장과 이학봉 대공처장을 김대중 국민연합 공동의장과 만나게 하여 시국안정에 협조해줄 것을 요청하기도 하였다"고 밝힌 기록물은 『실록』(221쪽)이다.

김대중의 아내 이희호는 한겨레에 연재된 '이희호 평전-고난의 길, 신념의 길'에서 "(80년) 1월 말쯤 보안사령관 전두환 쪽에서 김대중을 만나자는 연락이 왔다. '남편은 이용희 의원과 함께 보안사 안가로 쓰던 안국동 뒤쪽 내자호텔로 갔어요.' 김대중을 기다린 사람은 전두환이 아니라 대령 계급장을 단 보안사 대공처장 이학봉과 보안사 정보처장 권정달이었다. 이학봉은 김대중에게 위압적인 태도로 종이 한 장을 내밀었다. '국외로 나가지 않고 정치적으로 자중하며 정부에 협조하겠다'는 내용의 각서를 쓰면 복권을 시켜 주겠다"고 회상한다. 한겨레, 2015년 12월 13일

　'2월 26일'과 '1월 말쯤'으로 『실록』과 이희호의 시간이 다르긴 해도 두 처장과의 만남이 이루어진 건 확실한 것 같고, 전두환이 김대중의 정치활동을 억압하기 위해 '각서'까지 받으려 한 것 등은 김대중이 그만큼 무거웠기 때문일 것이다. 한겨레에 의하면, 김대중은 "내 공민권을 제한하는 것 자체가 부당한 일인데 왜 각서를 써야 하는가? 그런 일이라면 복권되지 않아도 상관없다"며, 그 자리에서 종이를 물리쳤다는 것이다.

　1980년 4월 광주 505보안부대장 이재우 대령은 보안사로부터 특별 지시를 받는다. 임무는 목포에 있었다. 검사가 "당시 실시된 예비검속 대상자에 김대중 등이 포함되어 있다는 사실을 알고 있었나요", 묻자 뜬금없는 대어가 올라왔다. 이재우가 "그런 사실은 전혀 알지 못했고 나중에 언론 보도를 통해 알았습니다. 다만 1980년 4월경 보안사 정보처장 권정달 대령으로부터 김대중 씨에

1997년 5월 대한민국재향군인회에서 발간한 『12·12 5·18 실록』. 3억원을 들여 5·18의 진실을 캐냈다.

대해 성장 과정과 사상 관계, 즉 용공성 여부를 직접 파악해 보고하라는 지시를 받았습니다. 제가 김대중 씨 고향인 목포에 직접 가서 파악해 본 결과 용공성이 없는 것으로 나타나 '용공성을 발견하지 못했다'고 정보처장에게 보고한 사실이 있습니다"라고 묻지도 않은 답을 내놓은 것이다. 1995년 1월 20일 진술 이 정도만 나가도 '시킨 사람'이 눈에 보일 것이다. 무엇이 김대중에 집착토록 한 것일까.

    1997년 5월 대한민국재향군인회(약칭 향군)가 발간한 『실록』은 초록은 한 빛일 거란 선입견 때문에 전두환과 전두환그룹을 감싸고도는 기록으로 오해할 수 있으나, 몇 장만 읽어도 그런 생각은 사라진다. 전두환의 『5공전사』에 대한 '간판 대항 기록'이라 할 만큼 서술의 기본을 객관성·공정성·사실성(史實性)에 두고 '정권찬탈 과정'을 종합 정리한다. 12·12에 맞선 장태완(당시 수경사령관)이 향군 회장으로 있을 때 책을 낸 것에서도 『실록』의 성격이 보인다.
    장태완 향군 회장은 『시사저널』과의 인터뷰(1997년 6월 26일)

에서 "검찰 기록, 사법부 판결문은 물론 국내외 250여 군데의 자료 출처로부터 공신력 있는 자료를 모두 수집했다. 편찬 과정에 소요된 1년 6개월 가운데 9개월을 감수위원 28명(대학교수 3명, 동아일보·경향신문 전 논설위원 각 1명, 예비역 장성 23명)으로부터 감수를 받는 데 보냈다. 더 이상의 새로운 내용이 나올 수 없다"고 말했다.

편찬위원장은 12·12, 5·18 당시 육군본부 군사연구실장(軍史研究室長)이던 김이균 준장이 맡았다. 그는 5·18 이태째인 1981년 5월 '군사연구실' 명의로 『소요진압과 그 교훈』(광주사태의 종합 분석)이란 정훈교육용 책자 발행 등의 경험을 살려, '새로운 진실'이 넘치는 수작을 빚어냈다. 책은 전반적으로 팩트에 충실하다는 평을 듣는다. 편찬위원은 위원장을 비롯해 5명이었고, 3억원이 투입되었다.

3. 국무회의장 등 출입하며 정권강탈 모의

1979년 김재규의 10·26으로 중정부장 자리에 이희성 육군참모차장이 '서리' 꼬리표를 달고 간다. 45일쯤 지나 전두환의 12·12가 생기면서 이희성은 돌연 육군참모총장에 올라, 계엄사령관을 겸한다. 이후 윤일균 차장이 중정부장을 대행했으나, 전두환과 그의 보안사의 통제를 받는다. 보안사의 중정 접수는 광주 505보안부대장

이재우의 검찰 진술로 듣는 것이 더 효과적이다. "10·26사태가 나고 나서 (전남)지역 중앙정보부 분실(중정 전남지부)을 인수했고, 합동수사본부가 발족되면서 지역 합동수사단(전남합동수사단)이 구성되어 지역 보안부대장이 지역 합동수사단장이 되고, 대공과장이 실무책을 맡게 되었다. 비상계엄이 선포되면서 행정·사법 업무를 군에서 장악하게 되어 보안부대에서 민간인 범법자에 대한 수사업무를 맡았다"는 것인데, 본사(보안사)의 지침을 그대로 이행했다는 것이다. 1995년 1월 20일 진술

보안사령관 겸 합수본부장 전두환이 중정부장서리로 임명된 것은 1980년 4월 14일이었다. 중앙정보부법이 중정부장은 타직(他職)을 겸임할 수 없도록 규정하고 있는데도 '서리' 논리로 법의 금지를 넘어가 편법을 쓴 점, 신현확 국무총리 등의 반대 의견이 있었다는 점 등으로 볼 때 '노리지 않았다'는 주장은 설득력이 많이 빈다.

검찰은 전두환과 그의 보안사가 그해 3월 초부터 중정부장 자리를 추진한 것으로 보고 1995년 12월 16일 신현확 국무총리를 불러 증언을 듣는다.

검사 피의자 전두환은 진술인에게 자신이 중정부장서리를 겸직하겠다는 의사를 밝혔다는데 사실인가요.

신현확 그런 사실이 있습니다.

검사 그 문제에 대해 진술인은 어떻게 생각했나요.

신현확 지는 10·26사건 이후 중정부장 자리가 장기간 공석 중에 있어 중정의 업무수행에 막대한 차질이 있다고 생각했습니다. 1980년 2월경 민간인 출신을 중정부장으로 임명하여 하루속히 중정 기능을 원상회복시켜 보안사의 정보 독점을 지양하는 것이 국정운영에 바람직하다고 최 대통령에게 건의했습니다. 최 대통령도 전적으로 동감이었습니다. 그로부터 며칠 후 전 장군이 저를 찾아와 중정부장을 겸직해 중정의 기능을 정상화시켰으면 좋겠다고 하기에, '국가의 중요 정보를 한 사람이 독점하는 것은 바람직하지 않다'면서, 최 대통령도 저와 똑같이 생각하고 있다는 사실을 알려주었습니다.

검사 그 때 진술인은 전두환이 정(승화) (육군참모)총장을 법절차까지 무시하면서 불법으로 구속하고, 심지어 대통령까지 조사하는 등 불법적인 행위를 마구 저질러, 그런 사람을 중정부장에 임명하면 신군부의 본격적인 정치개입의 발판을 만들어 주는 것이라고 생각되어 반대의사를 표명했던 것은 아닌가요.

신현확 제일 큰 이유는 정보를 한 사람이 독점하는 것이 바람직하지 않다고 생각했지만, 그런 생각도 있었던 것으로 기억합니다.

이희성 계엄사령관도 전두환의 서리를 반대했다. 1995년 12월 12일 검찰에서 "임명 하루 전날인 4월 13일 최광수 대통령 비서실장이 전두환을 중정부장에 겸직시키는 것에 대해 어떻게 생각하느냐고 의견을 묻자 한 나라의 정보기관을 한 사람이 관장하는 것은 문제가 있다고 생각하며, 임명권자가 불가피하게 임명을 하더라도 빠른 시일 내에 해제를 해야 한다"고 의견을 개진한 것이다. 다음 날 대통령한테 불려가서도 같은 대답을 했다.

　전두환을 비롯해 중정부장 겸직을 건의한 허화평 비서실장이나 허삼수 인사처장 등은 최규하 대통령의 '승인 사항'이라 강변하지만, '밀어붙여 따낸 중정부장서리'에서 피해가기 어렵다. 전두환과 그의 보안사가 그토록 서리를 소원한 이유는 뭘까. 중정부장이 부총리급이므로 국무회의 등 정부의 공식회의에 참석할 수 있고, 중정의 막대한 자금을 사용할 수 있게 된다는 점을 목적한 것일까, 본인은 아니라고 한다. 최규하 대통령의 준엄한 하명과 10·26으로 기능이 마비된 중정의 회복, 나라 사정이 겹쳐지면서 자신을 서리 자리에 올려놓았다는 것이다.

　『5공전사』 4권(1764~1765쪽)은 전두환의 서리 겸임에 대해 대통령의 '간곡한 부탁'을 저버리지 못한 '희생'으로 적는다. 대통령이 4월 초순 전두환을 불러 하는 말이 "어려운 시기에 막중한 임무를 수행하고 있지만, 전 장군이 중정부장에 취임해서 이 난국을 타개하고 중정의 기능을 정상화시켜 줄 것을 간곡히 부탁하였다"는 것이다. 전두환은 "본인이 현재 합수본부장과 보안사령관의 임무를 수행하고 있기 때문에 그러한 막중한 임무를 감당하기 어려움을 밝히며 사양했으나" 대통령이 거듭 당부했고, "대통령으로부터 수차에 걸쳐 중정부장 취임을 권고 받은 전 장군은 '내 한 몸 희생하여 국가의 난국을 극복할 수 있다면 어떤 어려움이 따르더라도 중정의 기능을 정상화시켜야 되겠다'는 결단을 내리고 수락하기에 이르렀다"고 왜곡한다.

『회고록』 1권(18~19쪽)도 『5공전사』와 어깨동무한다. "불안과 혼란이 갈수록 심화되고 있는 가운데 나에게 무거운 짐이 하나 더 얹혀졌다. 보안사령관인 내가 중앙정보부장(서리)을 겸직하게 된 것이다. 국가적 위기의 원인을 규명하고, 나라 안팎에서 밀려오는 격랑을 가라앉혀야 하는 책무가 오롯이 나의 책무가 되었다. 국내외의 체제 도전에 혼신의 힘을 다해 맞서야 했다"고 노랗게 말한다. 회고록에게 묻는다. 대통령한테 '무거운 짐' 달라고 한 사람은 누구이며, '국가적 위기의 원인' 제공자는 누구이고, '밀려오는 격랑' 누가 만들었나.

부역자들의 추천은 없었을까. 주영복 국방부 장관은 검찰 재수사에서 "전두환을 대통령에게 서리로 추천했다는데 사실이냐"는 물음에 "당시 최 대통령이나 신 총리가 본인에게 중정부장서리 후보를 추천하라고 한 적도 없고, 아무 실권도 없는 저에게 막강한 중정부장서리 후보를 추천하라고 할 이유도 없다. 만약 전두환이 그처럼 말했다면 당시 상황을 알고 있는 모든 사람들이 웃을 일이다"며 "당시 실세였던 전두환 보안사령관이 자신의 영향력으로 겸직했을 것으로 짐작한다"고 답해, 1995년 12월 12일 진술 대통령과 국방부 장관만 아는 진실이 되었다.

당시 정부의 공식회의는 헌법기관인 국무회의와 주요각료회의, 주요각료간담회 등이 있었는데, 서리가 된 전두환은 개근상을 타야 했다. 결석하면 자신의 길(쿠데타의 길)에 장애가 생길지도 모르기 때문이었다.

전두환은 서리 3일째인 4월 16일에 이어 23일 총리 공관에서 열린 주요각료회의에 참석한다. 조선일보는 17, 24일자에 학원·노사 문제를 논의하는 회의였다고 보도한다. 전두환과 그의 보안사의 관심 종목이 시국 문제임을 알게 해주는 회의 참석인 것이다. 회의는 통상 일주일에 한 번씩, 긴급한 사안인 경우 수시로 열렸다.

주영복 국방부 장관은 검찰에서 전두환 서리가 신현확 총리 주재 주요각료회의에 현안이 있을 때마다 참석했다고 그의 출결을 확인한다. 1995년 12월 12일 진술

임시국무회의가 소집된 건 5월 12일이었다. 일본 내각조사실에서 이틀 전인 10일 전두환 서리의 중정에 보내온 '북한 남침 첩보'에 대한 설명과 대책을 논의하는 자리였다. 보고는 서리가 대동한 중정 국장에게 맡겼다. 대통령(5월 10일 출국, 16일 밤 10시 30분 급거 귀국)은 중동 방문 중이어서 결석했다. 첩보의 골자는 '5월 들어 학생과 노동자 소요사태가 격화되자 북한은 한국 내 소요 사태가 최고조에 이를 것으로 예상되는 1980년 5월 15일부터 20일 사이에 남침을 강행하기로 결정하였다'는 것이다. 사실일까. 13일 미국 국무성은 성명을 내어 "미국 쪽 정보로는 북한 내에 별다른 부대이동이 확인되지 않고 있으며, 한국에 대해 어떤 종류의 공격이 절박해 있다고 믿을 만한 움직임이 없다"고 일본이 제공한 첩보를 물리친다.

첩보가 사실이든 아니든, 그것은 닷새 뒤로 예정된 5·17의 4대 프로그램 중 하나인 '비상계엄 전국 확대 조치'의 가장 큰 이유로 사용된다. 이희성 계엄사령관의 명의로 작성된 '비상계엄 선포문'에 '최근 북괴의 동태와 전국적으로 확대된 소요사태 등으로 전국 일원이 비상사태 하에 있으므로 국가안전보장과 사회질서를 유지하기 위하여 1980년 5월 17일 24:00를 기하여 비상계엄 선포 지역을 전국 일원으로 변경하여 선포한다'고 북한을 끌어들인 것이다. '일본발 첩보'를 두루뭉술한 표현으로, 아주 간결하게 처리해 국민들에게 외포심을 심어 주었다.

다음날 발표된 최규하 대통령의 '특별 담화문'에도 가만있는 '북한'을 끄집어 온다. "국내적으로는 계속되는 사회 혼란을 이용한 북한 공산집단의 대남적화 책동이 날로 격증되고 우리 사회교란을 목적으로 한 무장간첩의 계속적인 침투가 예상되고 있습니다. 그들은 우리 학원의 소요사태 등을 고무·찬양·선동함으로써 남침의 결정적 시기 조성을 획책하고 있습니다"라고 비상계엄 전국 확대 조치의 불가피성을 전한다. 남는 의문은, 담화문은 청와대가 썼을까, 이다.

임시국무회의는 그날 '남침 첩보'를 언론에 공개하지 않기로 결정한다. 민심 불안 등을 고려해 언론보도를 통제하기로 했다지만, 그건 표면적으로 내세운 이유일 것이고, 속내는 딴 데 있었을 것이다. 첩보 수준의 것을 불쑥 언론에 내놓았다가 국민감정이 '북풍공작'으로 흘러가, 곧 터뜨릴 예정인 5·17이 다치지 않을까 염려되어 제동을 걸었을 것으로 추측된다. 참석자 중 누가 '보도 금지' 같은 중대 발언을 했겠나.

5월 15일에는 주요각료간담회가 열린다. 15일자 동아일보는 "14일과 15일 전국의 대학이 일제히 가두시위에 나서자 정부는 주요각료간담회를 열고 학생 시위에 대한 대책을 논의했다. 이 회의의 내용은 일절 발표되지 않았으나, 15일 정부의 한 고위 소식통은 '정부대책회의에서는 학생 가두데모를 진정시키고 여러 현안을 해결하기 위해 정치일정을 앞당기는 문제와 학원대책에 대한 총리의 담화발표 문제 등이 논의된 것으로 안다'고 말하고 '학생들의 가두데모 진압을 경찰병력에 맡기고 군은 당분간 간여치 않는다는 방침을 세웠다'고 밝혔다"고 보도한다. 신문은 이어 "이 자리에 참석한 사람은 김종환 내무부 장관, 주영복 국방부 장관, 전두환 중앙정보부장서리, 이희성 계엄사령관, 최광수 대통령 비서실장, 서석준 행정조정실장 등으로, 이는 '정례 주요각료간담회'의 참석자 범위를 대폭 축소한 것이었다"고 전한다.

당시 국민들은 불안했다. '서울의 봄'이라지만 '안개의 나라'에 살고 있었다. 12·12를 만든 사람들이 전두환과 전두환그룹이라는 것도, 그들이 장막 뒤에 숨어 '또 다른 일'을 꾸미고 있다는 것도, 많은 국민들은 알지 못하고 있었다. 거기다 1979년 11월 6일 최규하 대통령 권한대행이 밝힌 유신헌법 개정, 조속한 대통령 및 총선 실시 등 정치일정마저 진전을 보지 못하고 있는 상황이었다.

기사는 간담회 소집자를 밝히지 않고 있으나, 참석자를 보면 소집자의 윤곽이 잡힌다. 대통령은 중동 순방 중이고, 신현확 총리는 참석자 명단에서 빠져 있고, 참석자 가운데 실력자는 누구인가.

이 간담회는 의도성이 강하다. 불안한 민심을 다독이는 전략이 바탕에 깔려 있는 '국민 안심용 간담회'란 것이다. 기사 내용의 행간에서 그 저의가 찾아진다. 이를테면, 정치일정 단축에 관한 논의를 했다거나 군은 학생 시위진압에서 당분간 빠진다는 방침을 마련한 것 등에 그 의중이 감추어져 있다. 5·17을 이틀 앞두고 각료와 국민들을 안심시킬 필요가 있다고 보고 간담회를 소집한 것으로 판단되며, 진지한 논의 끝에 군이 한 발 물러선 듯한 모습을 국민들에게 전시하기 위한 '위장 간담회'로 파악된다는 것이다. 국민들이 기사를 읽고 난 뒤 '어, 이제 군이 부대로 돌아가려나 보다'란 생각을 했다면, '15일 간담회'의 의도는 만점에 이른다.

1995년 12월 21일 12·12 및 5·18사건 수사 때 검찰은 한용원에게 어렵기로 특A급 문제 두 개를 낸다.

[문 1] 국무총리와 계엄사령관의 반대에도 불구하고, 또 겸직을 금하고 있는 법정신을 위배하면서까지 중정부장을 겸직한 실질적인 이유는 무엇이라고 생각하나요.

한용원은 내리닫이 신문기사라도 쓰듯, 말쑥하게 리드부터 뽑아낸다. "정치권 장악을 위한 겸직"으로 압축하고, "모든 정보를 장악하고 정치공작을 추진해 정권 기반을 구축하기 위한 것"이라 답한다. "집권을 위한 상황 조성에 필요한 국내외 정보를 장악하기 위한 것"이란 말도 곁들인다.

[문 2] 사건 고소·고발인들도 전두환 장군이 12·12 성공 후 4개월 가량 무대 등장에 따른 정지 작업과 등장 시기를 면밀히 검토하다 중정부장을 겸직함으로써 공개적으로 권력 장악의 첫 몸짓을 드러내 보인 것이라고 주장하고 있는데, 어떻게 생각하느냐.

"정치개입의 표면화", 한용원의 리드다. "전 장군이 중정부장을 겸직해 국가 정보기관을 완전히 장악함으로써 집권에 필요한 정보를 독점하여 정권 장악의 교두보를 확보한 것이다. 정보 장악이 큰 의미를 갖는 것은 집권에 장애가 되는 정보는 대통령에게 보고하지 않고 집권에 도움이 되는 정보만 보고함으로써 상황을 유리하게 이끌어 나갈 수 있기 때문"이라며, 정권 장악의 탄력 있는 발판을 확보한 것으로 평가한다.

전두환의 서리 겸직에 대한 한용원의 리드와 집권계획의 일환이란 검찰의 시각은 겹친다.

한용원은 그날 검사에게 이런 얘기도 들려준다. "제가 알기로는 대통령, 중정부장, 안보관계장관, 각 군 참모총장만이 참석하는 '주요회의'가 있었던 것 같다. 물론 참석자들을 이미 전두환 측 사람들로 임명해 놓았겠지만, 그래도 본인이 직접 참석해 회의를 주도할 필요성을 느꼈을 수도 있다"고 했다.

'주요회의'는 전두환과 그의 보안사가 보기에 '위험한 만남'일 수 있다. 보안사가 빠져 있는 모임이어서다. 그들만의 논의 구조인지라 언제라도 '전두환의 배'를 뒤집을 수 있는 힘의 모임체다. 자신들의 전도에 이롭지 않은 결정을 내놓지 말란 보장도 없다. 현장에 나가 있는 것, 그 자체로 예방주사다. 안달이 났을까 걱정이 컸을까. 중정부장을 꿰차야 한다는 마음이 괴어올랐을 것이다.

전두환은 중정부장서리를 겸직한 지 15일이 지난 4월 29일 첫 기자회견을 갖는다. 회견장에는 청와대 출입기자들이 나왔다. 보안사 쪽 요청이 아니고서야 청와대 출입기자들이 회견장에 나타날 리 없다는 건 언론사회 상식에 속한다.

한용원은 95년 12월 그날, 전두환이 서리를 달기도 전에 기자회견부터 준비했다고 검찰에 알려 준다. 4월 초 기자회견 예상질의 답변서를 작성해 보고하라는 지시를 받아, 그런 사실을 기억하고 있다고 했다.

4월 30일자 동아일보는 "전두환 중앙정보부장서리는 29일 본인이 중앙정보부와 보안사령부 등 양대 정보기관을 장악함으로써 정치발전에 차질을 초래할 것이라는 일부 억측은 지나친 기우에 불과하고 (중략) 군인으로서 모든 충정을 다 바쳐서 국가에 봉사하겠다는 일념뿐이라는 것을 밝혀 둔다"며, 정치권과 국민을 안도시키는 '버릇된 발언'을 꼬집는다.

오후 4시 중정회의실에서 1시간 동안 회견을 가진 그는 "중앙정보부장직을 장기간 공석으로 두는 것은 중대한 국가적 손실을 초래한다고 판단한 대통령(최규하)의 준엄한 하명으로 겸직하게 되었다"면서도, 계엄하이기 때문에 포고령이나 법에 위반하는 자를 다스리는 것을 정치 관여라고 생각지 않는다고 엄포를 놓기도 했다고 『실록』(224쪽)은 전한다.

신문의 제목들을 보면, 일개 중정부장서리가 통치권자나 되는 것처럼 나라를 걱정하고 대국민 '약속들'을 주워섬긴다. '신당설 낭설', '12·12 관련 예편된 장성 5명 근신', '12·12 이후 한미간 오해 해소', '언론자유 보장', '중정 조직 축소', '(중정 요원) 기관 출입 등 월권 시정' 등이 그런 것들이다. '학생들 정치세력에 오염 안 돼야', '정치인들은 국민 선동하는 언동 삼가야', '김재규 의사 운운 유감' 등은 겁주는 말이고, '안보가 권력 유지·반정부 도구 돼선 안 돼'라는 말도 일문일답에 남긴다.

서리 겸임은 돈 때문이었나. 권정달 보안사 정보처장은 검찰 재수사에서 서리 겸임 실질적 이유에 대해 "당시 보안사령부는 돈이 없었는데, 중정부장서리를 겸하면 예산 문제에 융통성이 있어서 그런 것 아닌가 생각한다"고 진술한다. "집권계획을 세우고 추진하는 데 돈이 필요했던 것 아니냐"는 질문엔 '대체로 인정한다'는 식으로 답한다. 1996년 1월 4일 진술 한용원도 "막대한 중정의 예산을 사용할 수 있는 이점이 있다"고 검찰의 물음에 수긍한다. 1995년 12월 21일 진술

당시 중정 예산은 800억 원 정도였다고 한다. 다른 부처와는 비교가 안 될 만큼 거대한 액수였다. 통상, 예산의 15%가 통치자금으로 사용되었다는데, 전두환은 소령 시절 중정 인사과장으로 근

무한 전력이 있어 그런 사정을 알고 있었다. 그 15%는 120억 원.

『대통령 비서실장론』, 함성득, 138~139쪽

거기, 돈이 있고, 대통령을 시해한 죄로 '역적' 취급을 받고 있었다. 사람과 정보와 돈은 성공하는 쿠데타의 3대 요건이라고 한다.

4. '시국수습방안'은 '5·17내란계획'

12·12 및 5·18사건 검찰 수사와 사법부 재판에서 '전두환의 5·17내란' 증거물 가운데 '시국수습방안'은 제1 증거로, 『5공전사』는 제2 증거로 사용되었다. 전자는 사람한테서 나온 것이므로 인적 증거라 할 수 있고, 후자는 검찰이 책을 압수한 것이므로 물적 증거가 된다. 만약, 이 두 개의 증거를 확보하지 못했다면 '5·17 및 5·18 내란 증명'은 쉽지 않았을 것이란 후일담도 나온다. 영화(榮華)가 끝나면서, 전두환으로서는 제가 만든 작품에, 제가 걸려든 셈이 되고 말았다. 자신의 직속부하에게 '시국수습방안' 문건을 작성하라고 지시했으니 자신이 만든 것이나 다를 것이 없고, 쿠데타를 미화한 승리의 기록 『5공전사』는 자신의 지시로 펴냈으니 사실상의 발행인 겸 편집인이 되는 것이다.

1996년 1월 23일 검찰은 전두환, 노태우를 포함한 5·17 및 5·18 내란행위자 16명을 기소할 때 전두환 보안사령관의 지시를 받아 보안사 정보처에서 만든 '시국수습방안'을 핵심 증거로 내놓았다.

무엇이 '시국수습방안'인가. 예비검속-비상계엄 전국 확대-국회 해산-비상기구 국보위 설치로 이어지는 4대 방안이 '시국수습방안'이다. '이어지는'이란 표현을 쓴 것은 나열한 순서대로 일이 진행된 때문이다.

'시국수습방안'은 '전두환의 정권강탈 실행계획서'로 불러야 옳다. 예비검속은 비상계엄 확대 선포(5월 17일 자정) 직전에 신속 처리한다. 국기 문란자, 학생 시위 주도자, 권력형 부정축재자 등으로 분류, 자정이 오기 전에 대량 검속을 마친다. 명색이 정권을 다시 짓겠다는 계획들이 간단하지만은 않았을 것이다. 4대 방안 외에도 이를테면, 학생 시위 대처 및 진압 지침, 국회 해산 관련 세부계획, 국보위 설치안 등을 망라한 기밀문건을 작성했을 것이란 추측이 가능하다. '시국수습방안'은 검찰 진술로만 존재하지 문건의 실체는 없다. 안타깝게도 41년째 행방불명 중이다. 폐기했든지 어둠에 묻혀 있든지, 둘 중 하나일 것이다.

『5공전사』 또한 '내란죄' 구성에 기여했다. 시국대책회의 참석자 등 검찰 수사와 사법부 판결에 도움이 되는 '결정적 진실'을 담아둔 대목들이 적지 않아 소중한 자료로 대우받았다. 책은 검찰 수사 과정에서 압수되었고, 기재된 내용들이 신뢰도가 높아 유용하게 쓰였다. 피의자 및 참고인 신문 때 검사들이 책에서 따온 질문을 다수 던져 성과를 올린 것이다. 전두환과 전두환그룹의 관점에서 '진실'을 비틀어 쓰긴 했어도, 군데군데 수사에 '이로운 사실들'을 담아 놓음으로써 그들의 유죄를 스스로 입증하는 결과를 낳았다.

검찰은 당시 "『5공전사』는 보안사에 사료로 남기겠다는 의도에서 관련자들과의 면담 결과와 각종 군 관련 서류 등 객관적 자료를 토대로 작성한 것이고, 피고인(전두환)과 증인들의 진술은 사건 발생 후 15년 이상이 경과한 뒤 형사책임 유무에 대한 판단을 전제로 이루어진 것임에 비추어 『5공전사』의 전체적인 기재 내용은 이 사건 관계자들의 진술보다 더 우월한 증명력을 보유하고 있다"고 밝혔다. 한겨레, 2017년 12월 12일

보안사 정보처장에 '쿠데타 시나리오' 주문

『5공전사』를 보면, 전두환의 5·17 결심을 '상황 판단'에 둔다. "정치·경제·사회적 혼란상태를 주시하던 합수본부장 전두환 장군은 사태가 이렇게 발전하다가는 국가가 존망의 기로에 놓이게 되리라 판단했다"는 것이다. 위기를 맞아 대통령에게 '무엇인가' 건의하는 것을 합수본부장의 임무로 생각한 전두환은 "5월 13일 당시 합수본부 정보부국장(보안사 정보처 정보1과장)으로 있던 한용원 중령에게 정세분석팀을 구성하여 정확하게 정세를 파악하여 보고하도록 지시"했으며, 지시를 받은 한용원이 "합수본부 예하에 있던 중앙정보부, 보안사 및 경찰의 정치·경제·학원 등의 담당관들을 중심으로 정세분석팀을 구성한 것"이라고 이 책 4권(1498~1499쪽)은 썼다.

보안사 정보처장 권정달의 검찰 진술은 『5공전사』와 다르다. 전

두환이 자신에게 '시국수습방안'을 마련하라고 지시했으며, 그 시기를 '5월 초순'(『5공전사』는 '5월 13일')으로 증언한다. 1996년 1월 4일 진술 "5월 초순 주무 부서장인 저에게 시국수습방안을 지시했다. 이에 따라 정보처 산하에 4~5명으로 구성된 정세분석반을 활용해 '시국수습방안'에 대한 문안 작성 작업을 시작했다"는 것이다. 『5공전사』에 소환된 한용원은 뒷날 검찰에 나가 '정세분석팀'이고 '시국수습방안'이고 당최 모르는 일이라고 주장한 바 있는데, 중요함은 누구한테 지시했느냐가 아니라, 누가 지시했느냐에 있다. 지시자가 5·17내란의 중심자가 되는 때문이다. 권정달이 1996년 검찰에서 2017년산 『전두환 회고록』에 앞서 인정해 버려 자신도 울며 겨자 먹기로 '회고록 자백'을 하고 있듯, 지시자는 전두환 보안사령관이었다. 주문 시기가 권정달 '5월 초순', 전두환 '5월 10일'로 다르나, 권정달이 '시국수습방안' 초안을 완성한 것이 지시를 받은 날로부터 2~3일 후로 기억하고 있고, 전두환에게 보고한 것이 '5월 12일경'이니까, 전두환의 '5월 10일'이 맞는 날짜인 것 같다. 이것이 2차 쿠데타 시나리오 작성 내력이다.

　권정달의 기억에 이상이 없다면 몹시 두렵고 무거운 일을 2~3일 만에 뚝딱 마친 것이 되므로, 일정 정도 사전 준비가 되어 있음을 의미한다. 그는 부인하지 않는다. 1980년 4월말에 이르러 "보안사 핵심 참모 허화평 비서실장, 허삼수 인사처장, 정도영 보안처장, 이학봉 대공처장과 저는 군부가 전면에 나서 강력히 정국을 장악하는 것이 필요하다는 데 인식을 같이했습니다. 그런 방안으로서 시국수습방안을 본격적으로 논의하게 되었다"고 검찰에 말한다. '보안사 5인방'으로 통하는 이들의 중심은 지략가형 허화평이었다 한다. 육사 14기 정도영만 제외하고 셋은 권정달의 육사 후배들이다.

권정달은 1996년 1월 4일 검찰 재수사에서 '시국수습방안' 문건 진술 외에도 모든 5·17을 털어놔, 전두환과 전두환그룹이 유죄로 가는 데 결정적 역할을 했다.

송찬엽 검사 '시국수습방안'은 신군부 세력들이 헌법기관인 국회, 내각, 대통령의 권한 행사를 사실상 불가능하게 하고 정권을 장악하기 위한 집권 시나리오로 기능했던 것으로 생각되는데, 어떻게 생각하나요.

권정달 '시국수습방안'은 수립단계부터 전두환 등 신군부가 전면에 나서서 혼란한 시국을 수습하고 정국 장악을 기도하기 위해 마련되었습니다. 때문에 전두환과 보안사 핵심 참모들, 그리고 황영시, 유학성, 차규헌, 노태우, 정호용 등 신군부 핵심 세력들이 긴밀히 협의해 이를 수립하고 그 시행을 위해 철저한 준비를 했던 것입니다.

일이 크든지 작든지, 그가 누구든 불법과 반칙에 호루라기를 불지 않으면 역사는 자라지 않는다. 권정달은 전두환과 전두환그룹의 가장 아픈 데를 직선으로 찔렀다. '휘슬 블로어(whistle-blower)'가 된 것인데, "배신자"란 고난을 겪기도 했다.

양수겸장으로 대통령 재가 받아

1980년 5월 17일은 전두환 보안사령관에겐 몹시 분주한 하루였다. 오전 9시 30분쯤 권정달 정보처장을 주영복 국방부 장관에게 보내 11시에 열릴 예정인 전군주요지휘관회의의 안건으로 '시국수습방안'을 올려 지지 결의를 이끌어내고, 그 결의를 대통령에게 건의해 달라고 심부름시킨다. 이때 권정달은 "보안사령관의 지시"라고 분명히 말한 것으로 주영복의 검찰수사기록(1995년 12월 12일 진술)에 나와 있다. 이런 중대 사항의 경우 사전에 국방부 장관이나 계엄사령관에게 보고해야 하는 데도 생략한 채 직속부하 권정달을 보낸 것에서도 전두환 권력의 무경우를 가늠할 수 있다.

전군주요지휘관회의 소집인은 국방부 장관일까, 계엄사령관일까. 검찰이 권정달한테 물어보았다. 1996년 1월 4일 진술

검사 유병현 합참의장의 진술에 따르면, 주영복 장관이 전군주요지휘관회의 시작 전 자신의 방에 들른 유병현에게 "외부 요청을 받고 회의를 개최하는 것"이라 했고, 유병현이 "외부가 어디냐"고 묻자 엄지손가락으로 보안사 쪽을 가리켰다고 합니다. 유병현의 진술과 진술인의 진술 내용을 종합하면 1980년 5월 17일 전두환이 주영복 장관에게 '시국수습방안'에 대한 지휘관들의 지지 결의를 위해 전군주요지휘관회의 소집을 요청한 것이 사실이지요.

권정달 그렇습니다.

그렇다면 전두환은 한편으로는 권정달을 시켜 국방부 장관에게 전군주요지휘관회의에서 '시국수습방안'에 대한 지지결의를 얻어

내도록 압박하고, 다른 한편으론 청와대에 자신을 보내 대통령의 재가를 받아내도록 한 것이 된다.

뒷날의 안전을 위해 대통령의 허가는 필수다. 사전 보고나 승인 같은 재가 절차를 밟아 두면 대통령에게 책임을 전가할 수 있기 때문이다.

그날 오전 10시 전두환은 이학봉 대공처장을 대동하고 청와대에 들어가 최규하 대통령에게 대통령 부재 중의 안보 상황과 국내 치안 상황을 브리핑하면서 '시국수습방안'과 '소요 배후조종 및 권력형 부정축재 혐의자 체포 조사계획'도 보고했다. 검찰이 1995년 12월 10일 안양교도소에 들어가 전두환에게 "최 대통령은 '그 같은 상황은 5·16 하나로 족하고, 특히 군의 명예를 위해서도 다시는 헌정 중단 사태가 되풀이되어서는 안 된다'며 비상계엄 전국 확대 외에 나머지 두 가지 방안(국회 해산, 비상기구 설치)은 수용하지 않았다는데 사실인가" 묻자 "이학봉 보안사 대공처장을 대동했던 것만 기억날 뿐, 그 이외의 사항은 기억나지 않는다"며, 기억의 부실에 기댄다. 하지만 18일이 오자 대통령의 말을 거역한 채 나머지 두 방안도 치고 나간다.

전두환이 5월 16일 주영복 국방부 장관에게 직접 전화로 요청한 전군주요지휘관회의는 예정대로 17일 오전 11시 44명이 참석한 가운데 국방부 제1회의실에서 열렸다. 『5공전사』 4권(1500쪽)은 "(최성택) 합동참모본부 정보국장이 합수본부 정세분석팀이 분석한 정세분석 내용을 중심으로 브리핑하는 것으로 시작되었다. 이어서 국방부 장관이 어려운 국가적 현실을 부언하여 설명하였고, 장관이 한 명씩 지적하며 의사를 타진하는 식으로 회의는 진행되었다. 주요지휘관들은 전반적으로 '참을 대로 참았다. 더 이상 혼란이 계속되다가는 국가가 망한다. 이제 군이 개입할 시기다'라는 분위기였다"고 썼다.

 회의는 길어졌다. 『5공전사』는 2시간 40분, 『실록』과 『회고록』은 3시간 30분으로 적고 있는데, 간과해서는 안 될 건 '선명한 반대'(2~3명)가 있었다 함이다. 안종훈 군수기지사령관과 윤흥정 전 교사령관의 발언 등이 '참석한 별들'을 놀라게 했다. 안종훈의 반대를 『5공전사』 4권(1501~1502쪽)은 "난동자들은 국민의 극소수 일부에 지나지 않기 때문에 전국 국민여론이 군의 개입을 원하며 국민적 합의가 있을 때에 한하여 개입해야 한다"고 짧게 쓴다.

 「전군주요지휘관회의 회의록」(『신동아』 1986년 10월호)에 안종훈의 원말이 나온다.

안종훈 군수기지사령관 (의식하는 눈초리와 고성으로 지명 없이) 군이 직접 개입한다는 것은 중요한 결과가 됩니다. 3천700만 명 모두 똑같이 생각할 수 없습니다. 학생이 몇 명이 되는가, 지금까지는 군과 경찰이 잘했다, 국민들이 절대 호응하고 있다, 군이 개입하는 것은 마지막이다, 전체 여론이 그렇게 하기를 원할 때 국민합의에 의해서 해야 합니다. 국민의 합의, 총화를 가지고 그렇게 되기를 바랍니다. 회의는 그 대책을 마련하는 방식에 있어서 미리 결

全軍 主要指揮官會議 參席者 名單

順位	職責	階級	姓名
1	長官		周永福
2	合參議長	大將	柳炳賢
3	陸軍總長	〃	李熺性
4	海軍總長	〃	金鍾坤
5	空軍總長	〃	尹子重
6	次官		曺文煥
7	聯合司 副司令官	大將	白石柱
8	2軍司令官	中將	陳鍾埰
9	空軍次長	〃	李喜根
10	戰敎司令官	〃	尹興禎
11	3軍司令官	〃	兪學聖
12	1軍司令官	〃	尹誠敏
13	艦隊司令官	〃	李鍾浩
14	合參本部長	〃	申鉉洙

전군주요지휘관회의 참석자 명단. 이 회의는 '5·17쿠데타 대통령 압박 용도'로 열렸다.

順位	職責	階級	姓名
15	陸軍次長	中將	黃永時
16	5軍團長	〃	崔泳龜
17	陸士校長	〃	車圭憲
18	海軍1次長	〃	鄭元敏
19	空軍作司 司令官	〃	金相台
20	2軍團長	〃	崔永植
21	防產次官補	〃	朴愛鎭
22	海軍2次長	〃	金正浩
23	3軍團長	〃	全成珏
24	6軍團長	〃	姜榮植
25	首都軍團長	〃	朴魯榮
26	1軍團長	〃	金潤鎬
27	軍需司令官	〃	安宗勳
28	3士校長	〃	鄭亨澤
29	統制府司令官	少將	李銀秀

順位	職責	階級	姓名
30	人力次官補	少將	田亨一
31	空軍軍需司令官	〃	全昌祿
32	空軍敎育司令官	〃	金龍洙
33	3管區司令官	〃	丘得鉉
34	2管區司令官	〃	金鍾淑
35	5管區司令官	〃	權翊儉
36	東警司令官	〃	李光魯
37	海士校長	〃	李相海
38	海兵師團長	〃	崔琪德
39	首都警備司令官	〃	盧泰愚
40	特戰司令官	〃	鄭鎬溶
41	空士校長	〃	金仁基
42	5海域司令官	〃	崔中夏
43	20師團長	〃	朴俊炳
44	700保安部隊長	大領	白(서명)

3장 전두환의 5·17내란 사전모의 행적

정해 놓고 하면 의의가 없습니다.

불쑥, 정호용 특전사령관이 일어나 안종훈을 맞받았다. 격앙된 목소리로 나무라며 전두환의 시나리오를 옹호했다.

정호용 특전사령관 국민이 원한다는 것을 어떻게 알고 그렇게 표현합니까. 각자의 소신과, 정세를 어떻게 보느냐에 달려 있습니다. 현재 보기에는 소수가 다수를 지배하는 시대입니다. 만약 이것을 더 놔두면 점점 위험해집니다. 정권욕 없이는 그대로 볼 수 없는 상태입니다. 군은 국방의 의무를 지고 있고 국방은 내우외환에 관한 것입니다. 지금은 내환의 시대입니다. 정세가 수상하게 돌아가고 있습니다. 군부가 정치에 관여 안 함으로써 사회 안정이 돌아온다면 즉시 해제할 수밖에 없지요. 칼과 전차를 갖다 대겠습니까? 무력으로 해결할 수 있습니까? 그땐 늦습니다. 소수 주장을 허용해서는 안 된다고 믿습니다. (대다수는) 비상계엄을 지지하고 있습니다. 국회가 개회되면 국가를 오도할 사례가 많아집니다. 우리나라의 장래가 극히 염려되는 시점입니다. 전 국민이 모여서 비상대책회의를 설치하여 남북 타개가 요망됩니다. 이런 주장에는 학원·정치·경제문제 등 여러 문제가 있습니다. 이대로 간다면 하루아침에 경제가 무너집니다. 어떤 일이 다가와도 달갑게 받아들일 것을 각오하고 말씀드리는 바입니다.

윤흥정은 계엄 확대에 대해 "모든 상황을 예측해야 하고 또한 기한을 고려해야 하기 때문에 상당한 연구가 필요하다"고 지적했고, 해군통제부 사령관인 이은수 제독은 "현 정부와 국회는 헌법상의 정부이며 국회이기 때문에 헌법을 지키며 문제를 해결해야 한다는 견해를 표명하기도 했다"고 『5공전사』 4권(1502쪽)은 적는다. 유병현 합참의장은 회의 시작 전 장관실에서 비상기구 설치, 국회 해산을 전군주요지휘관회의에서 논의하는 것은 부적절하다는 말을 했다고 한다. 그의 별칭은 '작전통의 지장'.

안종훈은 3개월 뒤(1980년 8월 15일) 보직 해임되었으며, 81년 1월 예편해야 했다. 전교사령관 겸 전남북계엄분소장으로 5·18 진압의 광주 현지 최고 책임자인 육군 중장 윤흥정은 전두환의 지시로 5·18 기간 중 소준열 소장에게 전교사령관 자리를 내주었다.

회의의 결론은 전두환의 요청대로 '비상계엄을 전국으로 확대해야 한다'는 것 등이었고, 참석자들은 백지에 서명했다.

전두환은 그의 회고록에 밝혔듯이 그날 회의장에 나타나지 않았다. 대신 백재구 국방부 보안부대장이 참석했다. 자유로운 의사 표현을 존중한 것이라기보다는 '압박 상태에서의 결론 도출'이라는 비난을 비껴가기 위한 의도적 불참일 거란 해석이 있다.

오후 4시 20분, 주영복 장관은 '백지 연명서'를 들고 이희성 계엄사령관과 함께 신현확 총리를 찾아가 회의에서 결의된 사항 등에 관해 건의했다. 이어 오후 5시 10분쯤 국무총리와 국방부 장관, 계엄사령관은 청와대를 방문했고, 국방부 장관이 최규하 대통령에게 보고했다. 대통령은 장고하다 오후 7시쯤 '계엄 확대'만 받아들이고, 국무총리에게 국무회의를 소집하라고 지시했다. 『실록』(229

쪽)은 전두환 보안사령관이 청와대 방문 때 동행한 것으로 적고 있으나, 회고록(348~349쪽)은 "나는 참석하지 않았다"면서, 자신은 그날 오후 6시 30분 대통령과 독대해 정식으로 전국 비상계엄 선포를 건의했다고 우기고 있다. 동행이든 독대든, 전두환이 하루에 두 번 청와대를 내왕한 것은 지울 수 없는 사실이고, 대통령에게 '건의했다'거나 '보고했다'거나 등으로 표현하고 있지만, '두 번의 만남'은 일이 잘 풀리지 않아 대통령을 '두 번 압박한 것'으로 풀이할 수 있다.

'시국수습방안'에 대한 대통령의 재가를 받기 위한 전두환의 청와대 압력과 전군주요지휘관들의 '연명서'로 대통령을 돌파하려는 명백하고도 의도된 시도가 있었다 할 것이므로 양수겸장이 된다.

한밤중, 신현확 총리 주재로 42회 임시국무회의가 열렸다. 오후 9시 42분, 중앙청이었다. 계엄군 595명이 배치된 가운데 주영복 국방부 장관이 '비상계엄 전국 확대 선포'에 대한 제안 설명을 했으나 찬반토론은 없었고, 8분 만에 의결되었다. 김옥길 문교부 장관이 반대성 질의를 했을 따름이다. 이것으로 비상계엄이 전국으로 확대되어, 5·17은 '음지의 모의'에서 나와 '실행'으로 간다.

그날 밤 국무회의장에는 참석 자격증이 없는 이희성 계엄사령관이 나와 있었다. 그가 어떻게? 전두환의 연락을 받았다는 것이다. 『실록』(231쪽)은 이희성의 등장에 대해 "(전국주요지휘관회의 결과에 대한 청와대 보고를 마치고 육본에 돌아와 있을 때) 그는(이희성) 선두환 보안사령관으로부터 국무회의에 참석케 되었다는 연락을 받고 곧바로 국무회의에 참석하였다"고 적었다. 계엄사령관이 국무회의장에 불려 나온 까닭을 대라면, 잘 봐 두세요. '시국수습방안'이 국무회의에서 통과되면 오늘 밤부터 '혁명'이 시작됩니다, 어차피 함께 가는 이 길, 알아서 잘 협력하세요쯤 될 것이다.

5. 청와대 갔다 오다 "오늘 밤 10시 전원 검거" 지시

임시국무회의에서 비상계엄 전국 확대안이 의결되면서 5월 17일 밤 난데없이 전국을 들쑤신 예비검속은 2차 쿠데타의 서막이었다. 전두환 보안사령관의 지시에 따라 이학봉 보안사 대공처장이 예비검속을 주도했으며, 김대중·김종필을 비롯한 정치인과 재야인사 26명에, 운동권 학생까지 모두 2,699명을 연행했다. 전두환의 지시는 이학봉의 검찰수사기록에 "5월 17일 오전 최규하 대통령을 만나고 보안사로 돌아오는 길에 전 사령관이 저에게 결재 서류를 넘겨주면서 '오늘(17일) 밤 10시를 전후해 전원 검거하라'고 지시한 것"으로 적혀 있다. 1996년 1월 9일 진술

이튿날 18일, 광주를 빼놓고는 전국이 분노의 숨만 쉴 뿐, 말이 없었다. 전두환에 리더를 앗기고 정치권도 학생 운동권도 바짝 몸을 숙인다. 예비검속 및 비상계엄 전국 확대 조치로 그 봄은 죽었다. '가면의 봄', '음모의 봄'이 한국의 봄을 덮친 것이다. 아무도 한

국의 봄을 도와주지 않았다. 미국도 일본도 한국의 봄이 달가운 일은 아니었다. 적당히 방치한 건 미국이었고, 뒷전에서 슬그머니 밀어준 건 일본이었다. 자국의 국익이란 가늠구멍을 통해 산술한 태도인 것이다.

6. 포고령 10호 디자이너는

이규현 정부 대변인이 5월 17일 오후 11시 40분 "5월 17일 24시를 기하여 비상계엄 선포지역을 전국 일원으로 변경한다"고 발표한데 이어, 이희성 계엄사령관은 이튿날 오전 1시 계엄포고령 10호를 대통령의 재가를 받지도 않고 발령한다.

포고령 제10호
1980년 5월 17일 시행.

1. 1979년 10월 27일에 선포한 비상계엄이 계엄법 제8조 규정에 의하여 1980년 5월 17일 24시를 기하여 그 시행지역을 대한민국 전 지역으로 변경함에 따라 현재 발효 중인 포고를 다음과 같이 변경한다.
2. 국가의 안전보장과 공공의 안녕질서를 유지하기 위하여
   가. 모든 정치 활동을 중지하며 정치 목적의 옥내외 집회 및 시위를 일체 금한다. 정치활동 목적이 아닌 옥내외 집회는 신고를

하여야 한다. 단, 관혼상제와 의례적인 비정치적 순수 종교행사의 경우는 예외로 하되 정치적 발언을 일체 불허한다.

나. 언론 출판 보도 및 방송은 사전 검열을 받아야 한다.

다. 각 대학(전문대학 포함)은 당분간 휴교 조치한다.

라. 정당한 이유 없는 직장 이탈이나 태업 및 파업행위를 일체 금한다.

마. 유언비어의 날조 및 유포를 금한다. 유언비어가 아닐지라도 ① 전·현직 국가원수를 모독 비방하는 행위 ② 북괴와 동일한 주장 및 용어를 사용 ③ 공공집회에서 목적 이외의 선동적 발언 및 질서를 문란 시키는 행위는 일체 불허한다.

바. 국민의 일상생활과 정상적 경제활동의 자유는 보장한다.

사. 외국인의 출입국과 국내 여행 등 활동의 자유는 최대한 보장한다.

본 포고를 위반한 자는 영장 없이 체포·구금·수색하며 엄중 처단한다.

1980년 5월 17일

계엄사령관 육군대장 이희성

5·17 포고령 10호는 한국의 정치를 아예 꺼버린다. 모든 정치활동 및 정치적 발언 금지, 정치 목적의 옥내외 집회·시위를 금지하는 등 정치가 서식할 수 없는 땅으로 갈아엎는다. 김대중 등 정치권 주요 인사를 예비검속한 것도, '4대 시국수습방안'에 '국회 해

산'을 집어넣은 것도 정치 제거술로, 전두환의 목표지점인 '정권강점'에 이를 때까지 정치를 닫아 놓자는 것이었다. 포고령의 준엄한 금지에 따라 18일 새벽부터 국회는 봉쇄된다. 군 1개 대대 병력이 전차와 경장갑차로 국회를 점거하고 국회의원 등의 출입을 저지한 것이다. 『실록』, 244~245쪽 그 바람에 5월 20일자로 소집된 임시국회(비상계엄 해제, 유신헌법 개정 등 논의 예정)가 무산되는 등 1980년 10월 27일로 국회의원 임기가 종료될 때까지 10대 국회는 '죽은 국회'가 되고 만다. '국회 해산'과 대등한 성적을 거둔 셈이다.

　국민들의 민주화 열망을 한 순간에 짓밟은 포고령은 계엄사령관의 명의로 발표되었으니 계엄사의 작품으로 보는 것이 질서다. 믿음이 안 가서였을까, 전두환의 보안사는 그런 질서의 원칙을 허용하지 않고 대부분 '메이드 인 보안사'를 계엄사에 넘겨주었다. '외피 위장술'인 것이다.

　계엄사령관에겐 슬픔이었을 것이다. 이희성 자신의 명의로 포고령을 내보내지만, 결재 없는 발표문인 때문이다.

　검사 계엄포고령 10호는 어떻게 발령하게 되었나요.

　이희성 권정달 보안사 정보처장이 문안을 작성해 계엄사령부로 보내와서 그 내용을 그대로 발표했습니다.

　검사 진술인은 포고령 10호를 발령하기 전에 대통령의 사전재가를 받았나요.

　이희성 제가 국방부 장관이나 대통령에게 포고령 10호에 대해 결재 받은 사실은 없습니다. 아마 계엄사 실무자가 합수부(보안사)에서 대통령 재가를 받은 것으로 생각하고 합수부에서 갖다 주는 포고령 문안을 그대로 발표한 것으로 알고 있습니다.

검사 이 포고령은 진술인의 명의로 발령되었는데 사전에 결재하지 않았다는 것이 말이 되는가요.

이희성 포고령이 제 명의로 발령된 것은 사실이나 포고령이 발령되기 전에 사전에 내가 결재한 기억은 없습니다. 그 후에도 내 명의로 계엄포고가 여러 번 나간 것으로 알고 있으나, 사전에 내가 결재한 기억은 없습니다. 1995년 12월 12일 진술

"그대로 발표했다" 등의 이희성의 진술은 '허세'와 '실세'를 명확히 구분해 준다. 보안사-계엄사의 역학적 불균형 관계가 한눈에 들어오는 사례로, 12·12 이후 매사가 그러했다.

7. 보안사가 쓴 '대통령 담화문'

5월 18일 오전 최규하 대통령은 신현확 국무총리, 최광수 대통령 비서실장과 조찬 회동을 한다. 비상계엄 전국 확대 조치에 따른 '대통령의 말'을 어떻게 만들 것인가를 놓고 고심하는 시간이었다. 『실록』(233쪽)에 따르면, 청와대는 대통령의 '특별 담화문' 작성에 필요한 자료를 보내달라고 국방부에 요청한다. 자료는 엉뚱하게도, 그날 오전 국방부가 아닌 보안사에서 온다. 청와대가 가필

과 정정의 과정을 거쳤는지는 알 수 없지만, 대통령은 그날 오후 4시 20분 서기원 청와대 대변인에게 '특별 담화문'을 발표하도록 한다. 『실록』은 '자료'라 적고 있으나, 보안사의 펜으로 '특별 담화문'을 작성해 보낸 것으로 추정된다. 5·18 당시엔 대통령을 광주에 보내 담화문을 내도록 종용한 전두환의 보안사다.

담화문에는 당시를 건너가던 사람들의 귀에 익은 소리가 들어 있어, 눈이 간다. "1979년 12월 21일자 본인의 대통령 취임사를 비롯하여 기회 있을 때마다 누차 천명한 바 있는 정치발전에는 아무런 변함이 없으며, 이를 계속해서 착실히 추진해 나갈 것"이라 명랑하게 밝혀 두고 있는 부분이다. 문제는 이 말의 주인이 누구냐는 것이다. 대통령일 수도 있고 전두환일 수도 있다. 그 실주인이 대통령이라면 그 어떤 몹쓸 상황에 처하더라도 정치발전 의지만은 굳건히 지켜나가겠다는 것이 되겠고, 전두환이라면 대국민 트릭을 쓰고 있는 것이다.

맺는말

전두환의 검찰 진술에서도 '전두환의 5·17'은 보이지 않는다. 그것만 보면 그가 정말 5·17을 안 한 것이 맞는가 보네, 그런 생각이 들 만큼 깜박 넘어갈 수 있다. 1995년 12월 안양교도소에 수감 중일 때 물음은 길고 답은 짧았다. 그런 사실 없다, 그런 내용에 대해서는 모른다, 그것은 사실이 아니다, 답변할 수 없다, 대체로 부인 일색이었다. 긴 감시 끝에 김대중, 김종필, 김영삼 등 3김을 온당한 이유도 없이 걷어 내고, 돈과 정보가 걸려 있는 중정부장(서리)을 꿰차고, 그 서리로 국무회의 등에 나가 시국을 간섭하며 장관 등 고위 관료들의 낌새를 살피고, 정권강탈 실행 프로그램인 '시국수습방안'에 대한 대통령의 재가를 졸라대고, 비상계엄을 전국으로 확대 조치하고, 계엄 포고령을 만들어 정치를 소등하고, 사실상 국회를 해산하고 등이 5·17내란 사전모의 및 내란행위의 실체로 적시되고 있는데도, 당사자는 "말도 안 되는 주장"이라며 "정권을 차지할 의도로 그런 것은 아니다"고 부인했다.

답답했는지 검사는 다소 기이한 질문을 던지고, 괴상한 답을 받는다.

검사 박정희 장군이 집권한 과정과 피의자가 집권한 과정에는 어떤 차이가 있다고 생각하는가요.

전두환 박정희 장군은 분명히 혁명을 하여 정권을 잡았고, 저는 정권을 잡을 생각이 없었는데 결과적으로 대통령이 되었을 뿐입니다. 1995년 12월 10일 진술

자기는 반란 같은 것, 내란 같은 것 안 하고, 권력 의지 없이 권력에 올랐다는 것 아닌가. 검사는 그 '유들유들'과 '능청스러움'에 외경심이 들었는지 모른다.

5·17의 4대 실행계획 가운데 셋은 목표치에 안착했고, 국보위

하나만 유보되었다. 본래는 국보위도 비상계엄 전국 확대 조치와 함께 가기로 되어 있었다. 최규하 대통령의 제동과 5·18로 그 기간만큼 출발만 늦어졌다.

전두환과 그의 보안사는 1980년 4월 말 국보위설치안을 거의 마무리 지었다. 권정달 보안사 정보처장, 이학봉 보안사 대공처장, 김영균(육사 11기) 전 육군 법무감, 이원홍 대통령 민원수석비서관, 허화평 보안사령관 비서실장, 허삼수 보안사 인사처장 등이 안가에서 작업을 했다. 노태우 수경사령관, 정호용 특전사령관, 박준병 육군 20사단장 등은 가끔 안가에 나타나 조언도 하고 자문도 했다 한다. 안을 만든 뒤에는 서울 삼청동 중앙교육연수원에 국보위 운영분과위원회를 두고 위원 인선 등 가동 준비를 했다. 이기백 소장이 운영분과위원장을, 최평욱 대령이 간사를 맡았다. 『실록』, 326~327쪽

전두환의 비상기구론은 납득이 안간다. 전두환은 검찰에서 "계엄이 선포되면 계엄사령관이 3권(입법, 사법, 행정)을 행사하게 되는데, 군사 업무만 해도 벅차기는 하지만 계엄법 정신을 살려, 대통령 직속의 국보위를 설치하되, 군과 관이 함께 행정을 이끌어가자는 것"이란 데서 구실을 찾고 있는 때문이다. 1995년 12월 10일 진술

4장

전두환의 5·18내란 행적

"광주사태에 나는 없다"던 사람 스물여섯을 4장에서 만나 보았다. 이 '26' 이 거역할 수 없는 전두환의 5·18 행적 증명서다. 이 글이 모으고, 개척한 전두환의 5·18 분신들이다. 군 기록 및 검찰, 법원 등 나라의 기관들에 의해 증명된 행적들이 대다수이므로 '광주 관여'이거나 '광주 개입'이라기보다는 '광주 지휘'란 표현이 더 적절한 표현이 될 것이다.

전두환 보안사령관이 보안사를 기초로 낚아챈 권력의 위치를 파악하지 않고는 '전두환의 5·18'에 다가갈 수 없다.

10·26은 박정희 절대자의 죽음이었고, '양아버지' 박정희가 내준 보안사령관으로 10월 27일 또 다른 권력을 만들어 낸다. 합수부 합수본부장이 그의 신권력이다. 합수부는 계엄사령관의 직속이었으나, 정승화 육참총장 겸 계엄사령관의 통제에서 대체로 비껴 있었다. 보안사란 데가 본래 대통령 외에는 신경을 쓰지 않는 곳이어서 되레 계엄사령관이 눈치를 봐야 할 처지였다.

사건 다음날 설치된 합수부는 1981년 1월 24일 비상계엄이 해제될 때까지, 사고 난 중정을 대체해 국내 모든 정보·수사기관(중정, 검찰, 경찰, 헌병 등)을 관장했다. 이름만 '합동수사본부'이지 인적 구성 등에서 보면 전두환의 보안사가 하나 더 만들어진 것이다.

전두환의 합수부가 날개 달린 호랑이처럼 비상할 수 있었던 건 보안사와 보안사 외적인 정보력 및 수사력이 합수부란 지점에서 합류했기 때문이다. 합수부란 공간이 소통과 협력의 통로로 활용되어, 전두환의 권력추구에 기여한 것이다. 12·12군사반란-5·17내란-5·18내란-최규하 대통령 쫓아내기로 이어지는 쿠데타들이 '성공한 쿠데타'로 가는 데 합수부의 역할이 작지 않았다는 얘기다. 합수부가 '악의 나무'를 키운 셈이었다.

  4·19혁명을 허물고 5·16군사반란을 일으킨 박정희 소장이 최고권력기관으로 입법권·사법권·행정권을 장악한 국가재건최고회의 의장을 장도영 중장에게 내주고 자신은 잠시 부의장에 내려앉아 있다가 장도영을 내친 것처럼 전두환은 정승화를 제거했다. 12·12 다음날엔 별 하나를 더 붙여주며 이희성을 육참총장 겸 계엄사령관에, 주영복은 국방부 장관에 갖다 놓았다.

  해를 넘겨, 미끈하게 설계된 5·17로 가장 큰 '난적' 김대중과 국회를 정지시켜 한국의 정치를 생매장하고, 5·18 기간 중엔 육해공군을 투입하는 등 국군통수권자 이상으로 5·18을 지도했다. 5월 27일 피 묻힌 손으로 국보위를 만들고, 31일 상임위원장에 올라 실질적 군정을 열었다.

  최규하는 8개월여 만인 1980년 8월 16일 대통령에서 내려오고, 전두환과 바통터치를 한다. 하야 성명에서 "국정의 최고 책임자가 국익 우선의 국가적 견지에서 임기 전에라도 스스로의 판단과 결심으로 합법적 절차에 따라 정부를 승계권자에게 이양하는 것도 확실한 정치발전의 하나라고 생각한다"고 밝혔으나, 전두환의 압박을 받았다. 그 4차로 '전두환의 쿠데타'는 마감된다. 박정희의 18년, 전두환·노태우 12년, 합쳐 30년 동안 군사정권은 한국의 민주주의에 고통을 주었다.

전두환 보안사령관에게 계급의 질서라는 건 없었고, 권력의 추구만 있었다. 국무총리 신현확은 전두환한테 "기가 막힌 적"이 있었다. 1995년 12월 16일 검찰이 오래된 변고를 불러냈다. "피의자 전두환이 1979년 12월 4일경 최규하 대통령 권한대행을 10·26사건과 관련해 조사한 사실을 아는가요?" 신현확의 기억은 "당시에는 몰랐는데, 1980년 3월경 전 장군이 총리실로 찾아와 '제가 최대통령도 10·26사건과 관련하여 조사한 사실이 있다'고 말을 하여 알게 되었다"고 답한다. "이에 대해 진술인은 어떻게 했나요?" "저는 너무도 기가 막혀서 '당신이 대통령을 조사할 권한이 있다고 생각하느냐? 대통령은 당신의 임명권자인데 무슨 권한으로 대통령을 함부로 조사하느냐'고 화를 냈다"는 것이다. 검사는 신현확의 '생각'을 질문한다. "전두환의 이야기를 듣고 무슨 생각을 했느냐." "제가 전두환에게 화를 냈음에도 불구하고 반성하는 기색도 없이 당당한 표정을 지었기 때문에, 저는 전두환이 10·26사건과 관련이 있다는 명목으로 누구든지 연행해 조사할 수도 있다고 느꼈다. 이러한 대한민국의 현실에 국무총리로서 매우 걱정스러운 마음이 들었다"고 답했다. "한편으로는 괘씸하기도 하고 다른 한편으로는 겁도 나는 사람"이라고도 했다.

5·18 당시 광주는 신현확 국무총리를 오해했다. 전두환 보안사령관과 한 줄에 서 있는 '전두환 옹호자'로 알고 있었던 거다. '전두환이 물러가라'는 구호와 함께 나온 '신현확이 물러가라'가 그 오해의 외침이었다. 시위군중 가운데는 '신현악(惡)'이라고 쓴 손 팻말을 들고 있는 사람들도 있었다. 알고 보면 신현확은 최규하 대통령과 함께 전두환의 반대편에 있던 사람이었다. 시위진압 군 투입 반대, 중정부장서리 반대, '시국수습방안' 반대 등 전두환의 폭주에 제동을 걸었다. 전두환의 5·17내란이 일어나고 5·18 3일째인 5월 20일 그는, 각료들과 함께 사임했다.

전두환 보안사령관에게 고용되어 부역자로 이용된 계엄사령관 이희성과 국방부 장관 주영복의 '신세'는 전두환의 권력을 재는 잣대다.

이희성, '계엄사령관' 맞나. 검찰 재수사 때 "그렇다면 진술인은 속칭 '바지 계엄사령관'이냐"고 묻자 "전두환의 요청에 의해 육군참모총장에 취임하고 이에 따라 계엄사령관이 되었으나, 실질적으로 전두환이 주도하는 군부에서 그의 말을 듣지 않고 제 의사대로 참모총장을 한다는 것은 원초적으로 불가능한 일"이라고 '바지'를 인정한다. 자신의 관사가 보안사에 도청을 당하지 않을까 불안해 전화도 못 걸었다고도 했다. 1995년 12월 12일 진술

전두환이 계엄사 소속 합수본부장이지만, 자신한테 결재 받은 일도 거의 없고, 군 인사 등 일반 업무는 전두환이 자신에게 직접

연락하거나 측근인 노태우 수경사령관 또는 정호용 특전사령관 등을 통해 예하부대에 지시했다는 것이다. 계엄사령관이 발령하는 포고령을 발령할 때도 자신은 전혀 관여한 사실이 없고, 전두환이 보안사 요원들을 시켜서 포고령 원안을 만들어 계엄사 담당 참모에게 건네주면 발표나 했을 뿐, 계엄사령관으로서의 권한은 거의 행사하지 못했다는 진술이다.

육본과 계엄사 '감시'가 임무인 김병두 육본보안부대장의 검찰 수사기록(1995년 12월 26일)에 따르면, 이희성은 계엄사 내에서도 골방 신세였다. 황영시 육군참모차장 겸 계엄부사령관이 거의 모든 회의를 주재했고, 계엄사와 보안사의 연결 창구도 황영시였다고 한다. 5·18 당시 (5월 21일 오후 4시쯤) 이구호 전교사 육군기갑학교장에게 전차 동원 지시를 내린 것도 그였다. 육사 10기인 황영시 중장은 전두환보다 1년 선배로, 12·12에 가담하는 등 '전두환의 군인'이었다.

주영복 국방부 장관도 이희성처럼 열악한 대접을 받았다. "전두환의 집권에 협조할 수밖에", "전두환은 당시 군부 실권자였기 때문에 그의 의사에 반하는 결재를 한다는 것은 곤란", "군 인사도 국방부 장관이나 계엄사령관에게 통보조차 하지 않은 상황에서 보안사가 좌우", "신현확 총리나 이희성 계엄사령관도 전두환의 의지를 꺾을 수 없는 꼭두각시 입장" 등의 진술에서 확인된다. 주영복과 이희성은 같은 날 검찰 조사를 받았다.

전두환은 대통령에 올라 이희성에게는 교통부 장관을, 주영복한

텐 내무부 장관을 부역 새경으로 주었다. 협력의 대가였다.
 두 부역자의 증언에 따른 이 글의 임무는 '이희성 계엄사령관'을 '전두환 계엄사령관'으로, '주영복 국방부 장관'을 '전두환 국방부 장관'으로 변경하는 일이 될 것이다.

 전두환의 5·18 문법은 간편하다. 이를테면, "광주사태에 나는 없다" 등의 '없다'와 "나는 광주사태에 관여하지 않았다" 등의 '않았다'가 전부다. 이 점, 말(언론 인터뷰)과 글(『전두환 회고록』)이 늘 성실하게 일치한다. 누가 뭐라 해도 끄떡도 않고 그의 문법을 고수한다. 2019년 3월 광주지방법원에 출두했을 때 발생한 '왜 이래 사건'은 그 상징적 풍경이다. 기자가 "발포명령 부인하십니까"라고 묻자 답이 "왜 이래"로 돌아온 거다. 파르르 성을 내며 꼬나보는 모습은 5·18을 슬프게 했다.
 '전두환의 5·18'은 눈에 잘 띄지 않는다. 계엄군이 광주 땅에서 벌인 그 모든 것에 대한 지시 및 지휘는 계엄사의 것이라는 등 위장 또는 핑계의 우산을 들고 있는 것이 가장 큰 이유다. 강경진압과 연관되는 충정훈련과 군부대 이동, 계엄군 증파, 자위권 발동, 선무요원 투입 등 '모든 5·18'에 계엄사가 놓여 있으므로 5·18 지휘본부는 당연히 계엄사라는 것이다.
 1995년 12월 10일 전두환이 안양교도소에 수감되어 있을 때 내쏘았던 답변은 그 대표작이다.
 검사 피의자 등 신군부 세력들이 최규하 정부를 무력화시키고 국민들의 강력한 정부에 대한 욕구를 불러일으켜 정권을 탈취할 목적으로 광주에 공수부대를 투입하여, 비상계엄 확대와 김대중 등 민주인사들의 연행에 항의하여 시위를 벌이는 학생, 시민 등에 대하여 진압봉 및 대검을 사용하고 발포하는 등의 도발적인 강경진압으로 무장항쟁을 유도한 다음, 진압 명목으로 무차별 발포하여 살상하는 등 내란을 범하고, 내란목적 살인을 저질렀다는 주장이 있는데, 이에 대해 피의자는 어떻게 생각하나요.

전두환 제가 답변할 성질의 질문이 아닙니다. 광주사태 문제는 기본적으로 계엄사의 문제이지, 보안사나 합수부의 업무와는 무관합니다.

계엄사는 가장 편리한 전두환의 보호자였다. 전두환과 그의 보안사가 계엄사 뒤에 그림자로 붙어 있지 않았다면야, 말이야 맞는 말이다. 그림자같이 따라다니며 계엄사를 지휘했으므로 틀린 말이라는 거다.

사후관리도 촘촘했다. 5·18 탄압은 기본이었고, 진실 감추기, 보안사의 주도로 국방부·육본 등을 동원한 군 기록 조작 및 폐기, 광주에 간 군인 등 사람 단속까지 주도면밀한 관리가 들어간 것으로 상당 부분 밝혀졌다.

'없다'고, '않았다'고 억지 쓰는 전두환은, 5·18에 많다. 연구자, 검찰 수사, 재판, 관련자 고백 등에 의해 5·18 현장 속으로 끌려온 전두환이 수두룩하다는 것이다. 또 군 문건 등 주요 공적 기록물 속에 잠자고 있는, 타인의 기억 속에 웅크리고 있는 전두환도 많이 있을 것이다.

4장에서는 전자의 전두환을 한데 모으고, 후자의 전두환을 새로 끄집어내 '전두환의 5·18'을 증명하게 된다. 지난 시간 전두환이 떠넘겨온 '계엄사의 5·18'을 벗겨 내고 그 위에 '전두환의 5·18'을 입힐 것이다.

'5·18 이전'과 '5·18 기간'으로 구분하되, 5·18 기간(5월 18~27일)의 경우 일자별로 적는다.

1. 5·18 이전

'폭동진압훈련' 최후 명령자는

『회고록』 1권(386~387쪽)은 충정훈련의 주체는 어디까지나 계엄사이며, "군의 연간계획에 포함되어 있는 평상 훈련"이라 강조한다. 이희성 계엄사령관도 1995년 1월 25일 검찰에서 충정훈련이 계엄사의 소관임을 시인한다. 자신이 "전군에다 1/4분기 이전에 폭동진압훈련을 완료하도록 지시"했다는 것인데, 그것이 1차 수사임을 헤아려야 한다. '충정훈련' 질문이 재수사 때 나왔다면 이희성은 자신의 등 뒤에 혹처럼 붙어 있는 전두환을 떼어냈을 것이다.

육군참모총장 겸 계엄사령관인 이희성의 진술은 육본이 1980년 2월 18일 공수부대와 후방 주요 부대에 충정훈련을 실시하라고 지시한 것과 일치한다.

공수부대의 경우 원래 교육과정에는 1주일에 4시간 정도의 충정훈련이 포함되어 있었지만, 이때부터는 거의 모든 교육훈련을 포기하고 충정훈련만을 집중적으로 실시했다. '광주민중항쟁-다큐멘터리 1980'. 정상용 외, 1990년. 98쪽 「국방부 과거사위 보고서」(64쪽)도 "공수부대원들은 광주로 투입되기 전에 시위진압훈련인 충정훈련을 받았는데, 훈련의 강도는 대단히 높았다. 우리 위원회의 면담조사에서 부대에서 퇴근도 못한 채 계속 충정훈련을 받았다고 증언했다"고 적는다. 「국방부 과거사위 보고서」(64쪽)엔 5·18 때 광주에 갔던 11공수여단 63대대 소속 한 하사관의 수기도 수록되어 있다. '대대 정문에 한 개 지역대는 폭도로, 또 한 개 지역대는 방어하는 부대원으로 갈라 밀고 밀리는 훈련을 수없이 반복했다'는 것이다.

전두환그룹은 대학이 개학할 무렵 충정훈련 점검에 나선다. 3월 4~6일 수경사에서 노태우 수경사령관, 정호용 특전사령관, 1·3·5·9공수여단장, 20·30·26사단장 등 훈련 참가 부대장과 작전참모 및 치안본부장(현 경찰청장), 시경국장(현 서울경찰청장) 등이 참석한 가운데 1차 충정회의를 열었다. 도출된 결론은 '다중의 집단이 사회 법질서를 파괴할 목적으로 폭도화할 경우 군과 경찰이 공세적으로 진압, 시위를 와해하고, 재집결을 불허토록 분쇄 및 주모자를 체포한다'는 것이었다. 또 부분적인 저항운동이 예상되며, 군의 투입을 요하는 사태 발생시 강경한 응징 조치가 요망된다는 것이 회의의 소견이었다.

전두환 보안사령관은 충정훈련을 지시할 입장에 있지 않았으므로 자신과는 무관하다고 하지만, 『죽음을 넘어 시대의 어둠을 넘어』(약칭 『넘어 넘어』, 이재의 외, 2017년) 33쪽엔 "(충정)훈련계획은 전두환 보안사령관의 지시에 따라 보안사 참모들이 작성하여 육군본부에 넘긴 것"으로 기록된다.

이학봉 보안사 대공처장이 1996년 1월 9일 검찰에서 아무 생각도 없이, "충정훈련은 보안처에서 입안해 실시했을 것으로 판단되나, 저는 관여한 바 없어 모르겠다"고 답하지는 않았을 것이다.

'충정훈련'의 다른 말은 '폭동진압훈련'. '훈련'은 '작전'이 되어 광주를 때렸다. 군인들은 학습한대로 강경했다.

군부대 이동 명령, 계엄사령관 맞나

군부대의 이동은 3단계로 구분할 수 있다. 1980년 5월 3~16일까지가 1단계라면, 5월 17일은 2단계, 3단계는 5·18 과정에서 이루어졌다.

검찰이 1차 수사에서 파악한 1단계 군부대 이동은 다음과 같다. 5월 3일에는 9공수여단을 수도군단에 배속하고, 5월 8일엔 13공수여단을 3공수여단 주둔지로 이동시켰다. 5월 10일에는 11공수여단을 1공수여단 주둔지로 옮기고, 5월 14일엔 3공수여단을 국립묘지에 진주시켰다. 5월 15일에는 20사단 61·62연대를 잠실체육관·효창운동장으로, 5월 16일엔 20사단 60연대를 태릉으로 옮기도록 했다.

2단계로 5월 17일 오후 5시 황영시 육군참모차장 겸 계엄부사령관이 전국 92개 대학과 국회를 포함한 136개 보안목표에 계엄군 투입을 지시한데 이어, 오후 7시 김재명 육본 작전참모부장이 각 부대에 출동명령을 하달했다. 서울, 광주 등 대규모 시위가 예상되는 지역에는 공수부대를 넣었다. 광주에 투입된 부대는 전북 금마에 주둔하고 있던 7공수여단 33대대·35대대 688명으로, 전남대·조선대·광주교육대 등 각 대학 정문에 다다른 시각은 17일 0시 5분 전이었다.

3단계는 광주 증파로, 7공수여단에 이어 11공수여단, 3공수여단, 20사단이 차례로 나타났고, 전교사와 광주 31사단까지 합치면 모두 20,000명 가량이 광주를 짓밟았다. 3개 공수부대는 31사단 (사단장 정웅)에 배속되었고, 현지 최고 지휘관은 전남북계엄분소장 겸 전교사령관 윤흥정이었다.

전두환 보안사령관은 유학성, 황영시 육군참모차장, 차규헌, 노태우 수경사령관, 정호용 특전사령관 등과 보안사 참모 5인방을 불러다 놓고 효율적인 군부대 이동 등에 관해 긴밀한 협의를 해왔다. 권정달, 1996년 1월 4일 검찰 진술 그중 참모차장 황영시 중장은 '전장군 대리인'이란 별칭을 들을 만큼 병력 운용 책임자로 긴요하게 쓰였다. 5·18 첫날인 18일 오전 '합수부'의 증파 요청을 받고 이희성 계엄사령관에게 공수부대 1개 여단을 광주에 보내겠다고 전한 군인도 황영시 참모차장이었다. 이희성, 1996년 5월 6일 7차 공판 진술 황영시는 굳이 왜, 증파 요청자를 '합수부'라 했을까. 별거 아닌

거 같으나 상당히 중요하다. '합수부'를 요청자로 하면 '보안사'가 아니라 '계엄사'로 책임이 넘어간다. 합수부가 계엄사의 한 기구인 까닭이다. 이게 전두환 보안사령관과 그의 보안사가 책임으로부터 멀어지는 '솜씨'다.

이희성은 그날 공판에서 현지 지휘관인 31사단장이나 전교사령관의 증파 요청을 받은 사실이 없다고 증언함으로써 증파가 보안사(전두환)·황영시·김재명·정호용 등과 협의해 결정된 것임을 실토한다.

5·18 당시 계엄군의 공식 지휘라인은 이희성 계엄사령관-진종채 2군사령관-윤흥정 전교사령관(5월 22일 오전 10시 이전)-소준열 전교사령관(5월 22일 오전 10시 이후)-정웅 31사단장-7·11·3공수여단장이었다. 그러나 이 공식 라인은 제대로 작동되지 않았다. 비공식 지휘체계의 '무단 침투'가 수시로 이루어진 때문이었다. 전두환-황영시 육군참모차장 겸 계엄부사령관-정호용 특전사령관-7·11·3공수여단장이 실제라인에 올라 있지만, 다들 아니라고 부정한다.

이희성이 들으면 부아가 끓어오를 소리 하나 있다. 『회고록』 1권 389쪽이다. "계엄령 하에서 병력을 출동시킬 권한은 지역계엄의 경우나 전국계엄 때나 계엄사령관이 갖고 있기 때문에 1980년 5월 계엄령의 전국 확대 조치를 전후해서 이희성 계엄사령관이 계엄군을 출동시킨 것은 계엄사령관의 정당한 권한 행사였다"는 것이다. 유념할 건, 형식상의 '명령'만 계엄사령관의 명의로 내렸을 뿐이다.

5·18 때 육군만 광주 땅에 상륙한 건 아니었다. "5·18은 육해공군 합동작전"이란 조사 결과가 나온 건 2018년 2월이었다. '5·18 민주화운동 헬기 사격 및 전투기 출격 대기 관련 국방부 특별조사위원회'(약칭 국방부 특조위)가 "해군과 공군도 육군과 상호 연계하여 작전을 수행한 것으로 확인되었다"고 발표한 것이다. 이쯤이라면, 전두환 보안사령관이 최규하 대통령을 제치고 군통수권자의 위치에 오른 것이 된다.

2. 5·18 기간

5월 18일

1980년 5월 18일 일요일. 박두진의 「청산도」 같은 아침이 빛나고 있었다. 금빛 기름진 햇살은 내려오고, 밝은 하늘이었다.

전남일보(광주일보 전신, 사옥은 금남로1가 1번지 현 '전일빌딩245') 4년차 기자 나의갑이 조동수 사회부장의 취재 지시를 받고 김동현 사진기자, 김성 수습기자와 함께 취재 차량 포니로 조선대, 광주교육대를 거쳐 전남대 정문 앞에 이른 것은 오전 8시 30분쯤이었다. '정부 조치로 휴교령이 내려졌으니 가정학습을 바란다'는 총장 명의의 공고문이 정문 앞에 게시되어 있었다. 정문 안팎으로 군인들 20~30명이 등허리에 M16 소총을 어슷하게 메고 방석망

이 붙은 헬멧을 쓴 채 진압봉과 방패를 들고 도열해 있었다. 정문 수위실(단층) 지붕 위에 거치된 LMG(경기관총)는 위압적이었고, 30~40명의 학생들이 정문으로부터 30미터쯤 떨어진 용봉교에서 웅성거렸다. 더러는 군인들을 향해 도서관에 가게 해달라며 큰소리를 치기도 했다.

나의갑이 정문 앞으로 다가가 기자임을 알리고 교문 안에 있는 소령에게 말했다.

"나는 대학을 출입하는 기자인데 기자는 학교에 무슨 일이 생겼는지 알아봐야 할 것 아닌가요? 그러니 나도 들여보내 주고, 공부하러 온 학생들도 보내주세요."

"공고문도 안 봤어요? 교수고 학생이고 아무것도 못 들어갑니다. 돌아가세요."

오전 9시쯤, 소령이 핸드 마이크를 들고 정문 앞으로 나와 "휴교령이 내려졌으니 학생들은 집으로 돌아가라"고 경고했다. 학생들이 꿈쩍도 않자 소령이 돌격명령을 내렸다. 군인들은 진압봉을 머리 위로 휏휏 내돌리며 학생들을 150미터 가량 쫓아갔다. 7공수여단의 1차 공격이다. 다친 학생들은 없었다. 정문으로 돌아가던 군인들이 용봉교에 이르러 애먼 데에 화풀이를 했다. 다급한 김에 미처 못 끌고 간 자전거 여남은 대를 번쩍번쩍 들어올려 용봉천에 던져버렸다.

오전 9시 40분이 지나면서 학생들은 100명쯤으로 늘어났고, 60~70미터를 사이에 두고 군과 실랑이를 벌였다. "지금 당장 귀가하지 않으면 강제 해산시키겠다"는 핸드 마이크의 경고가 떨어지기 무섭게 군인들이 흡사 대부사리같이 달려들었다. 이 2차 공격 때 나의갑은 내빼다가 관광버스 곁에 몰려 있는 어른들 속으로 풍당 뛰어들었다.

"저는 전남일보 기잡니다. 군인들 좀 막아주세요."

뒤쫓아 온 군인들이 어른들에게 나의갑을 내놓으라고 했다.

"이 사람은 기자요, 기자. 데모하는 기자 봤소?"

사냥감이라도 놓친 듯한 표정을 지으며 이내 학생들 쪽으로 뛰어갔다.

군인들은 학생들을 500미터쯤 추격했다. 뒤처져 달아나던 학생들 가운데 2명이 진압봉에 머리를 맞아 피를 흘리며 쓰러졌다. 골목을 택한 학생들도 있었으나, 끝까지 쫓아갔다. 15분쯤 지나 군인들은 정문으로 복귀했고, 나의갑은 골목으로 갔다. 토끼처럼 놀란 주민들이 수군거리고 있었다. 군인들이 가정집과 독서실로 뛰어 들어간 학생들까지 잡아내 때렸다고 했다.

성난 학생들은 그제야 자신들이 '빈손'임을 알았던 모양이다. 손에 '도구'가 쥐어져 있었다. 건축 공사가 한창인 정문 쪽 길가에는 돌이나 벽돌이 군데군데 쌓여 있었다.

나의갑은 공중전화를 걸었다.

"부장님, 지금 전남댄데요. 유혈사태가 발생했습니다. 편집국 기자들한테 비상을 걸어 호외 대비를 해야 될 거 같습니다."

시간은 오전 10시를 넘고 있었고, 학생들은 170명 정도. 용봉교에 다다라 일제히 들고 간 돌멩이를 쏘아댔다. 군인들은 학생들의 투석을 피하지도 않고 무덤 앞의 망주처럼 부동자세로 서 있다가 3차 공격을 가했다. 800미터쯤 떨어진 살레시오고 옆길까지 쫓아 나와, 학생들이 피했을 법한 데를 일일이 뒤지고 다녔다.

군인들이 원위치하자 골목으로 피한 학생들도 살레시오고 옆길로 나왔다. 누군가 외쳤다.

"도청으로 갑시다. 거기 가서 싸웁시다."

"그래요. 도청입니다. 도청."

다들 큰소리로 "도청, 도청" 했다.

나의갑도 프레스카드(1972년 1월 문화공보부가 언론 통제용으로 발급한 '보도증')을 내보이며 거들었다.

"그럽시다. 도청으로 갑시다. 박관현 (전남대) 총학생회장이 휴교령이 발동되면 도청 앞에서 만나자고 했잖아요."

박관현은 이틀 전(5월 16일) 열린 광주지역 대학연합 마지막 날 민족민주화대성회(14·15·16일)에서 횃불시위를 마치고 전남도청 앞 광장의 분수대(연단으로 사용)에 올라 "낮 10시 학교가 아니면, 낮 12시 도청 앞에서 모이자"고 광고했었다.

학생들이 '비상계엄 해제하라', '전두환이 물러가라'는 등 구호를 외치며 광주역을 거쳐 금남로3가 광주은행 본점 앞에 진출한 것은 오전 10시 30분쯤이었다. 그 수는 대략 300명. 광주의 불은 처음, 그렇게 시작되었다. 5·18 도화선은 전남대 정문 앞 충돌이었다.

참고로, 이 정문 앞 충돌에서 5·18 팩트 조작 1호가 나왔다.

"5월 18일 오전 9시경 전남대생 200여 명이 대학 정문에서 계엄군에게 도서관 출입을 요구하다가 포고령에 의거, 거절당하자 사전에 은닉·지참한 돌을 책가방에서 꺼내어 투석·대치함으로써 광주사태는 시작되었다." 『계엄사(戒嚴史)』, 육본, 1982년. 134쪽.

"광주사태의 발생 원인은 무엇이라고 생각하나요?"

1995년 12월 12일 검사가 주영복 국방부 장관에게 물었다.

"보고 받은 바에 의하면 1980년 5월 18일 아침 전남대 앞에서 학생 200여 명이 학교 출입을 요구하다 계엄군에 의해 거절당하자 책가방 속에 준비해 온 돌을 던져 투석전을 전개한 것이 시발이었습니다."

『회고록』1권(390쪽)도 어디서 베낀 거 같은 주장을 쓴다.

"전남대 교문에는 이날 새벽 진주한 7공수여단의 경비병들이 학생들의 출입을 통제하고 있었다. 그런데 학교 출입을 제지당한 학생들이 한순간 경비병들을 향해 돌을 던지며 공격하기 시작했다. 주변에 돌을 주울 만한 곳이 없었던 점에 비추어 학생들은 돌을 미리 가방에 담아 왔던 것이다."

7공수여단의 2차 공격으로 공수부대가 먼저 진압봉에 피를 묻히자 학생들이 돌을 던진 것인데, 팩트를 거꾸로 바꾼 것이다. 광주 학생들이 미리 준비한 '무기'를 던져 계엄군을 자극했다는 것이다. 그 많은 팩트 조작이 대체로 이런 식이다.

오찬모임, 낮밥만 먹었을까

공수부대가 18일 오후 4시 금남로 등 광주 시내에 투입되기 전까지는 경찰이 시위 진압을 도맡았다. 경찰은 변해 있었다. 민족민주화대성회 때와는 달리 몹시 사나웠다. 낮 12시쯤 시위대가 2,000명쯤으로 불어나고, 도청 앞 광장에 쳐둔 경찰 저지선과 공방전이 잇달았다. 최루 가스도 독했다. 금남로 일대가 눈을 뜨지 못할 정도로 고약했다. 학생들이 가스를 피해 금남로를 탈출하면서 충장, 동산, 산수, 지산, 대인 등 6개 파출소 유리창을 깨뜨렸다. 그 무렵 금남로1~5가에서 유동3거리로 이어지는 보도는 시민들로 꽉 차 있었다.

18일 오전 10시쯤, 진종채 육군 2군사령관이 '전남대 정문 앞 충돌' 보고를 받고 현지 확인 및 작전지도차 전교사에 온다. 경상도·전라도·충청도를 방어하는 2군사령부는 대구에 본부를 둔 육군 제2작전사령부의 전신이다. 학생들이 시내 중심지로 이동했다는 보고가 들어오자 진종채 2군사령관은 윤흥정 전교사령관한테 이희성 계엄사령관에게 보고하도록 지시한다. 『실록』, 257쪽

이 보고에 이어 오후 1시 군 수뇌부 오찬모임이 국방부 육군회관에서 열린다. 참석자는 주영복 국방부 장관, 이희성 계엄사령관, 황영시 계엄부사령관, 유병현 합참의장, 해·공군참모총장, 전두환 보안사령관, 노태우 수경사령관, 정호용 특전사령관 등이었다. 검사가 오찬모임 참석자들을 열거하며 "피고인(전두환)은 (그들과) 광주에서 발생한 시위에 대한 대책을 논의한 사실이 있다"며 "그

관계자들의 진술에 의하면 그 당시에 그러한 시위에 대한 대책을 논의한 결과 광주에서의 시위를 방치하면, 그대로 좌시하면, 계엄 확대의 의미가 없어진다고 판단하고 공수부대를 광주 시내에 투입해서 조속히 시위를 진압함으로써 다른 지역으로 시위가 확산되는 것을 방지할 필요가 있다는 결론에 이르렀다는 데 사실이냐"고 다그쳤다. 답은 길지만, 끄트머리만 본다. "그것(광주 상황)을 심각하게 생각하고 모여 앉아서 점심 먹고 회의를 하고 그런 일은 없었다. 점심 먹고 바로 헤어졌다"는 것이다. 1996년 5월 6일 7차 공판 진술

5·18에서 계엄군 쪽 '결정'과 '지시'는 한 곳에서 나온 것이 아니었다. 대부분 '결정 따로', '지시 따로'였다. '지시하는 쪽'은 '결정하는 쪽'을 혹처럼 등에 달고 있었는데, 공식 지휘체계로 위장하기 위함이었다. 그날도 이희성 계엄사령관은 합수부(보안사)의 '결정'을 '지시'로 이행한다. "윤흥정 전교사령관에게 다른 지역에는 시위가 없는데 광주에서만 시위가 있으므로, 공수부대의 시내 투입과 증원(증파)으로 이를 조속히 진압하라고 지시하였다"고 『실록』(257쪽)은 적었다. 당시 31사단장이나 전교사령관 등 광주 현지에선 아무런 요청을 하지 않았었다. 그 '결정'과 '지시'는 광주 땅에서 참극으로 빚어진다. 18일 오후 4시 정각 금남로 등지에 7공수여단을 풀어놓고 광주를 때리고, 18일 오후 5시 50분에 이어 19일까지 이틀간에 걸쳐 11공수여단을 쏟아 놓는다.

'공수부대 시내 투입 및 증파 결정'은 오찬모임 전에 이루어진 것 같다. 1996년 8월 26일 법원의 1심 판결문에 '5월 18일 오전 10시

40분경 대학생들이 전남대 정문 앞에서 광주 금남로로 진출하자마자 (기다렸다는 듯) 합수부(보안사) 측이 황영시 계엄부사령관에게 조속 진압 및 증파 요청을 한 것'으로 나온다. 그러니 밥만 먹고 헤어졌다는 말은 틀리지 않을 수 있다. 그렇지만 합수부도 전두환의 합수부이고, 보안사도 전두환의 보안사이므로 '결심'의 책임은 전두환에 걸린다. 전두환의 광주 첫날 풍경은 이랬다.

공수부대의 광주 폭행, 부마의 추억인가

물론, 충정훈련도 광주를 과잉 폭행한 요인 중 하나가 될 것이다. 그러나 그것만으로 공수부대의 광주폭력을 다 설명하지는 못한다. 광주와 시간의 거리가 7개월밖에 안 되는 부마항쟁에 대한 학습이 요청되는 건 그래서다.

"12시 20분경 보안사령관 전두환 장군이 (부산지구) 계엄사령부를 방문해서 계엄사령관, 제3공수특전여단장 최세창 장군, 501보안부대장 권정달 대령, 계엄사 작전처장 조정채 대령이 동석한 자리에서 사태배경 및 진행사항, 데모 진압작전 계획 등을 검토한 바 소요사태 수습은 초기 데모 진압작전이 가장 중요하며, 군이 개입한 이상 데모자에게 강력한 수단을 사용, 데모 재발을 방지하고, 차량시위 작전을 전개하여 군의 위세를 과시하며 조기 사회질서 회복과 계엄기간 단축을 위한 최선의 노력을 하여 타 지방으로 데모 확산을 방지한다는 데 의견을 같이한 후 각 기관 및 제3공수특전여단을 방문하여 계엄 장병을 격려한 후 상경하였다."

한겨레 2019년 7월 3일자는 이어 "어느 도시에서 벌이진 일일까? 얼핏 보면 1980년 5월 광주 상황일 것 같다. 그러나 실제로는 1979년 10월 18일 부산에서 벌어진 일이다. 육군 군수사령부가 1981년 6월 30일 펴낸 「군수사사」 1집을 보면, 부마항쟁 진압과 관련해 전두환 당시 보안사령관이 등장한다"고 전한다.

「군수사사」에 전두환의 부마 행적이 올라 있는 건 당시 군수사령관이 부산지구 계엄사령관(박찬긍 중장)을 겸한 때문이다.

부산지구 계엄사령부는 전두환이 주재한 회의가 끝나자 바로 행동에 들어갔다. 오후 1시 30분 공수부대와 해병대 등 3,401명이 군용트럭 203대에 나누어 타고 부산 시내를 돌며 무력시위를 했다. 또 오후 5시 30분엔 부산 시내 중심지와 교통 요충지에 병력을 배치하기도 했다. 「군수사사」에 기록된 논의 사항이 그대로 실행된 것이다.

부마항쟁 직후 전두환의 보안사는 「부마지역 학생소요사태 교훈」이란 문건을 만들었다. 당시 실무자 2명과 함께 부마를 탐사한 한용원 방산처 과장이 작성했다. 「국방부 과거사위 보고서」, 64쪽 문건은 '강경진압'을 '강경하게' 교훈한다. "초동단계에 신속 진압", "군이 진압을 위해 투입되면 인명을 상하지 않는 범위 내에서 과감하고 무자비할 정도로 타격, 데모대원의 간담을 서늘하게 함으로써 군대만 보면 겁이 나서 데모의 의지를 상실토록 위력을 보여야 함" 등으로 초강경이다.

부마의 진압 방식이 광주에서 재현된 건 '부마의 추억'에서 온 것일까. 부마 당시 부산 501보안부대장이었던 권정달은 10·26 때 부활된 보안사 정보처장으로 발령받아 전두환그룹에 합류했다. 그의 검찰 진술(1996년 1월 4일)은 공수부대의 '과잉진압'을 부마에서 찾는다. "부마사태 진압작전에 대한 평가 과정에서 시위의 대규모 확산을 미연에 방지하기 위해서는 초동단계부터 공수부대 등을 투입해 강경진압을 하는 것이 효율적이라는 반성론이 제기된 바 있다"며 "이 교훈이 신군부 핵심세력에 적지 않은 영향을 준 것"이라고 파급효과를 얘기한다.

12·12 및 5·18사건 1심은 보안사령관과 계엄사령관, 국방부 장관을 강경진압 공모자로 판결한다. "전두환, 이희성, 주영복은 광주에서의 시위와 시민들의 무장 상황을 보고받고 '시국수습방안'에 따라 정국을 장악하기 위해서는 강경진압이 불가피하다고 판단"했다는 것이다. 1심 판결문이 강경진압 책임자로 전두환을 맨 앞에 세운 건 왜일까.

미국에 '광주' 일일정보 제공

5·18 당시 미국은 광주에 무엇이었나. 박만규 전남대 교수는 「신군부의 광주항쟁 진압작전과 미국 정부의 개입」이란 글에서 미국의 속내를 보여 준다. 그는 "미국 정부는 신군부의 권력 장악을 사실상 지원했다"고 주장한다. "미국의 대한(對韓) 정책은 누가 정권을 장악하든지 미국의 이익이 침해받지 않는 것이고, 정국이 불안정한 것은 원하는 바가 아니다"며 "신군부가 12·12쿠데타를 통

해 신속하게 정권을 장악한 것을 미국이 적극적으로 환영할 수는 없었지만, 나쁠 것 또한 없었을 것"이라 진단한다. 전두환그룹으로 그들의 정책을 관철시키면 되기 때문이다. 12·12 이후 둘의 관계는 이랬다. 하지만 전폭 지지는 아껴두었다.

그런 상태에서 광주가 일어섰다. "미국은 신군부가 조기에, 강경하게 시위를 진압하는 데 동의했다. 시위는 수그러들지 않고 더 커졌다. 백악관정책검토위원회는 대규모의 인명이 살상되는 최악의 상황을 검토한 뒤, 광주를 완전히 제압할 것을 결정했다"며, 5월 26일 미국 등 광주 거주 외국인을 빼낸 것도, 미 항공모함을 한국 해역에 배치한 것도 백악관정책검토위의 결심과 무관하지 않다는 것이다.

광주를 주저앉힌 뒤, 전두환그룹은 한미연합군사령부에 "작전이 성공했다"고 알린다.

둘 사이가 나쁘지 않음은 '일일정보 제공'에서도 확인된다. 보안사 정보1과장 한용원은 『한 회고록』(99쪽)에서 "1980년 광주민중항쟁이 발생했을 때 광주사태와 관련된 일일정보를 허화평(보안사령관 비서)실장은 브레드너(미국8군사령관 보좌관)에게, 나는 허화평 실장의 지시를 받아 돌프(미국8군사령부 군사정보대) 소령에게 각각 제공했다"고 밝힌다. 법적이든 도의적이든 전두환의 보안사가 한 일은 보안사령관 자신이 한 것과 같은 크기로 받아들여야 한다. 미국 예일대와 하버드대학원 출신인 브레드너는 군 정보통으로, 1960년대 한국 여자농구의 전설 박신자와 결혼했다.

5·18은 전두환과 전두환그룹만 한 게 아니다. 그 뒤에, 혹은 곁에 미국이 있었다. 미국의 책임에 미국은 책임을 다하지 않고 있다. 그것이 문제다.

5월 19일

5·18 첫날 오후 4시, 금남로 등지에 첫 투입된 공수부대가 광주를 난타하는 과정에서 '대학생들 행동'은 '젊은이들 행동'으로 세를 불리고 19일에 이르러선 '시민행동'으로 타오른다. 출처를 알 수 없는 유언비어가 광주를 흔들고, 아침 일찍부터 금남로 등 거리 곳곳에 분노의 물결이 출렁거린다. 공수부대의 물리력은 어제보다 더 고약해졌다.

'보안사 광주분실' 만들다

1996년 5월 6일 전두환은 피고인 자격으로 법정에 선다. 12·12 및 5·18사건 7차 공판 때로, 채동욱 검사의 신문을 받는다.

"피고인은 5월 19일 최예섭 보안사 기획조정실장, 홍성률 1군단 보안부대장, 최경조 보안사 대령, 박정희 중앙정보부 과장 등을 광주에 파견한 사실이 있지요?"

"있습니다. (5월)18일 상황에 대해 19일 아침 참모회의에서 보고받았는데, 그 자리에서 최 기조실장에게 주의를 주고 광주 상황을 즉시즉시 보고토록 지시했습니다. 또한 광주의 505보안부대에 지원할 것이 있으면 지원하라고 지시했습니다. 그때 최 실장이 광주의 보고가 잘 안되니 직접 내려가 파악해 보고하겠다고 자원했습니다. 최 실장이 광주의 상황이 서울서 생각하는 것보다 훨씬 심각하고, 505보안대원 10명 중 행정병과 환자들을 빼면 실제 요원이 적다고 보고하기에 수사 요원들, 전문가들을 저녁(5월 19일)에 보내도록 조치했습니다."

좀체 안 그러던 그, 그날은 굵다란 말을 내보낸다. 자신의 지시로 그 '4명'이 광주에 내려갔다면 '보안사 광주분실'을 현지에서 운영한 것이 되고, '전문가들'을 광주에 보냈다면 그 전문가들이 광주에서 '어떤 전문적인 일'을 했느냐 하는 것에 대한 의문을 불러오게 되므로 기밀급 진술을 한 셈이다. 각자의 몫으로 배당되었을 '4명'의 광주 임무와 전문가들의 '전공'은 5·18 곳곳에 도사린 계엄군 쪽 공작의 흔적들과 아무 상관이 없는 것은 아닐 것이다.

준장 최예섭은 주로 전교사령관 겸 전남북계엄분소장 겸 광주 현지 총지휘자인 윤흥정 중장 곁에서 '작전 조언'이란 미명 하에 전두환 보안사령관의 '신호'(지시)를 출납한 것으로 파악된다. 5월 19일 오후 4시쯤 송정 비행장에 도착한 최예섭은 19일 밤부터 5월 27일 새벽 광주가 무너질 때까지 전교사 김기석 부사령관 부속실과 505보안부대장실 옆 사무실에 머물면서 진압작전 상황을 파악하고 주요 회의에 참석했으며, 전두환 보안사령관에게 광주 상황을 보고한 것으로 『넘어 넘어』(126쪽)는 적는다.

이재우 505보안부대장은 1차 검찰 수사(1995년 1월 20일)에서 도와주러 왔다는 사람이 "실제로는 전교사령관 부속실에 있으면서 상황실에 들어오는 상황을 파악하고 그에 대해 전교사령관과 상의하고 보안사에 보고하는 임무를 수행했다"고 진술한다. 진압작전에 관한 상황 정보 등 중요 사항은 최예섭이 직접 보고하고, 자신은 일반적인 사항만 올렸다는 것이다.

최예섭은 또 전남북계엄분소 작전회의에 참석하거나 시민협상대표를 직접 만나는 등 주요 사안을 조율하거나 지휘했다.『넘어 넘어』, 126쪽 검찰은 재수사 당시 최예섭의 건의로 5월 20일 보안사 조사 요원 40명이 광주에 지원된 것으로 파악했다.

대령 홍성률(육사 18기, 광주에서 고교 졸업)은 대공 분야 1인자로, 10·26 때 전두환의 '급보'를 노태우 9사단장한테 전달한 사람이다. "10·26사건이 나던 밤 전 장군은 제일 먼저 그 소식을 노태우 장군에게 알렸다." 그 서신에서 전 사령관은 "대통령 각하께서 운명하신 것 같다. 더 이상의 것은 추후에 연락하겠다. 이 내용은 보안 조치하고 서신은 없애버렸으면 좋겠다"고 쓴 것으로『5공전사』3권(921~922쪽)은 전한다.

홍성률은 5월 19일 오후 3시쯤 권정달 보안사 정보처장한테서 파견 명령을 받고 20일쯤 광주에 왔으며, 광주 시내로 잠입, 정보 수집 및 특수활동을 벌였다고「국방부 과거사위 보고서」(112쪽)는 밝힌다. '잠입'은 왜 했으며, '특수활동'이란 건 또 무엇인가.

보안사 감찰실장 최경조 대령은 전남합수단 국장을 맡아 사실상 전남합수단을 총괄 지휘하면서 5·18과 김대중의 연결고리를 만드는 데 주력했다. 이학봉이 그를 천거했다. 같이 보안사에 있었고,

공작과장도 하고 대공수사 경험이 있다는 이유에서였다.

중정 박정희(고인) 과장은 전남지부를 관장하면서 전두환과 보안사에 광주를 보고했다.

전두환 보안사령관이 직접 그 '4명'한테 주문한 것이 있다면 무엇일까. '4명'의 기억 속에 광주의 진실이 저장되어 있을 텐데 최경조만 빼고 세 사람은 죽고 없다.

매 격일 국방부회의, 누가 주도했나

이 또한 얼른 수긍이 안 간다. 숨겨 두어야 할 '보안사령관'을 대책 없이 내놓고 있어서다. 『5공전사』에선 그런 무모함이 종종 발견된다.

『5공전사』 4권(1645쪽)은 '제3장 광주사태'에서 '3. 계엄 당국의 적극 대응'이란 소제목을 달고 "계엄사령부는 우선 전북에 위치한 35사단에 지시하여 전북과 전남간의 도로를 통제함으로써 광주소요의 영향이 북상하는 것을 방지토록 하였다"고 『계엄사』를 지시의 주체로 세운 것까지는 잘한 것이 되지만, 이어지는 문장에서 참석자에 '보안사령관'을 집어넣는 실측을 한다. "그리고 (5월)19일부터 전례 없이 매(每) 격일마다 국방장관을 비롯한 합참의장, (한미)연합사부사령관, 육·해·공군 참모총장, (전두환) 보안사령관, 수경사령관, 특전사령관 등 군 수뇌가 국방부 회의실에 모여 2군사령부와 광주의 전투교육사령부로부터 올라오는 매일의 상황보고에 따라 (광주)사태에 대한 대책을 논의·결정하였다"며, 빼놓고 가야 할 '전두환'을 담고 간 것이다. 『5공전사』가 검찰에 넘어가고, 그것이 또 기자들한테 넘어가 전두환은 『5공전사』의 '필화'를 입는다.

주목할 건 '전례 없이', '매 격일마다'라는 표현으로, 이희성 계엄사령관의 '동정일지'에 나오는 '세 차례의 만남'보다 두 차례가 더 많다는 것이며, 5월 18일의 '오찬모임'은 언급하지 않은 채 '19일부터 매 격일마다'로 쓰고 있음에서 '격일'이 아니라 '매일같이' 대책회의를 열지 않았느냐는 의혹을 불러일으킨다.

전두환 그가 빠진 회의라면 소용 가치가 떨어지는 회의가 될 수 있다. 결심 및 결정의 출구가 그이기 때문이다. 그렇다면 그는 5·18 중심의 자리에 있는 것이 된다. "보안사령관은 육군의 지휘계통에 있지 않은 사람이므로 지휘 문제에 관여할 수 없다"는 그의 자격론은 어떻게 해석해야 하는 것일까.

"이들의 논의는 신중하면서도 진지한 것이었다"는 『5공전사』의 평가가 암시하듯, 이 모임이 계엄군의 광주작전을 주도했다면 모임의 이름표를 '광주사태 최고사령부'로 달아 주어야 할 것이다.

"계엄사가 선무공작했어요"

이 19일부터 선무공작이 처방된다. 『5공전사』 4권 '편주 76'에서 '선무공작'이란 용어를 쓰고 있음은 '공작된 선무'의 좋은 증거가 된다.

채동욱 검사가 '선무공작'에 대해 물었다. "80년 5월 19일 정래혁, 문형태 등 광주 출신 유력 인사 8명이 선무활동을 위해 광주를 방문한 사실을 알고 있나요." 알고 있다는 전두환에게 "피고인의 요청으로 정래혁 등이 광주를 방문한 것이지요"라고 자신을 지목하자, 이것 또한 계엄사에 둘러씌운다. "계엄사의 요청으로 예비역 장성들이 방문한 것으로 알고 있습니다." 신형식, 고재필, 박경원, 전부일, 박철, 김남중이 그 8명으로, 선무활동의 대가도 받았다. 1996년 5월 6일, 1심 7차 공판

중정 전남지부장 정석환 직무대리의 검찰 진술(1995년 12월 27일)이 그 진위를 가른다. 19일 오후 5시 전두환 중정부장서리가 정석환한테 전화를 걸어온다. 정석환은 "당시 전 부장(서리)이 '광주가 심상찮게 돌아가는 거 같아 특별민심순화활동이 필요하다고 생각되어 재경 전남 출신 유력인사 8명이 헬기편으로 오늘 저녁 7시에 광주비행장에 도착할 예정이다. 이들을 급히 내려 보내느라 여비도 못 줬으니 전남지부 예산에서 활동비를 마련해 지급하라' 했다"며 "그날 밤 10시경 전남도청 도지사실로 가서 선무활동 인사들의 명단을 주고 현금 50만 원씩이 든 돈봉투를 전두환 중앙정보부장 명의로 각자에게 전달했다"고 증언했다.

『5공전사』 4권(1667쪽)은 선무활동을 펴게 된 배경에 대해 "소수 반정부 극렬분자들의 조직적인 획책, 지역감정을 자극하고 계엄군에 대한 적의를 자아내게 하는 각종 악성 유언비어 난무, 불량배·건달·깡패·전과자들의 편승 등"이라 진단하고 "이러한 진단에 따라 호남 출신의 정계 인사들과 장군들이 자진해서 광주 시민들에 대한 선무 활동에 나섰다"고 적고 있으나, '자진해서'라는 말 속의

'자진'은 얼마쯤 '자진'일까.

선무공작용 인력은 연고 위주로 골라냈다. 『계엄사』는 「광주사태」(155~156쪽) 편에서 "대민 설득을 위하여 해(該) 지역 출신 국회의원, 고급 장교, 정부 각 부처별 일반직 공무원, 병과학교 피교육장교 등이 현지(광주)에서 설득 작전을 전개하였다"고 적고 있고, 『소요진압과 그 교훈』(육본, 1981년)이란 군 정훈교육용 책자도 60쪽에서 "대국민 설득의 전개: 지역감정 해소책의 일환으로 해 지역 출신의 저명인사(국회의원), 고급 장교(50명), 일반직 공무원(각 부처별), 병과학교 피교육장교(2000명) 등을 현지에 파견하여 지인을 통한 설득을 전개토록 하였다"고 쓴 데서 알 수 있다.

하나씩 뜯어본다. 전교사에서 1980년 9월에 작성한 『광주소요사태 분석』(102쪽)을 보면, 5월 21일자 2군사령부의 기록에 '광주 출신 군 간부 상무대 도착(육본, 3군)'이라 나와 있는데, 전남일보가 2017년 8월 30일 1면 기사로 "5월 21일~22일엔 계엄사가 '호남 출신 장교단' 62명을 광주로 보내 보고서를 작성하도록 했다"고 보도한 것과 전교사 등의 기록은 비슷하다. 장교단은 '광주가 폭도에 의해 무법천지가 되었으며, 이에 시민들이 군의 진압작전을 요구하고 있다'는 보고서를 냈다.

전두환은 1996년 5월 6일 1심 7차 공판 때 주영복 국방부 장관과 함께 최규하 대통령에게 '광주 방문 담화문 발표'를 요청하는 자리에서 "본인이 고급 장교 61명을 광주 현지로 파견해 계엄 업무를

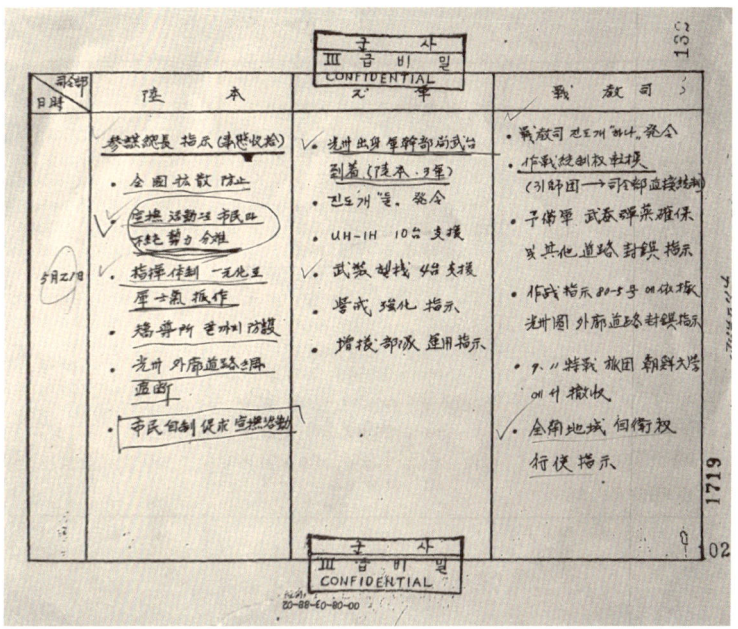

광주 전투병과교육사령부에서 5·18 직후 펴낸 『광주소요사태 분석』에는 선무활동에 동원된 '광주 출신 군 간부들'에 대한 기록이 나와 있다.

보조하게 했다"고 말해, 스스로 선동공작 주관자임을 노출시켰다.

5월 20일 신현확은 물러가고 국무총리서리로 임명된 박충훈이 취임 4시간 만인 22일 광주로 내려간다. 박충훈은 '자진해서' 광주에 간 것일까. 서리가 오후 7시 20분 공·민영 TV와 라디오 방송을 통해 하는 말이란 "생각건대 현지 사람이 아닌 자들이 광주에 내려가 관공서를 습격, 방화하고, 무기를 탈취하여 군인에게 발포하여 희생자가 났다. 그래도 군은 정부 명령이 있는 까닭에 발포도 하지 못했다"는 거였다. 국무총리라는 사람이 국민들에게 '폭동의 광주'를 공식 확인해 준 셈이었다. 다 놔두고 21일 오후 1시 전남도청 앞 광장의 계엄군 집단사격으로 도청 주변에서 사망한 사람만 44명에 이르는데, 박충훈은 "발포도 하지 못했다"고 국민들을 속였다. 박충훈이 서리 명의로 '광주 상황'을 심히 왜곡시켜 발표한 담화이므로 '정부발 유언비어'로 분류된다.

  5·18에서 '5월 21일'은 욕된 획을 긋는 날이다. 그날로 광주에 불도장이 찍힌 때문이다. 언론을 통해 사람은 '폭도'로, 도시는 '폭동'으로 전국에 선전된다. '폭도들의 폭동'으로 광주를 매달아 놓은 계엄사의 첫 공식 발표문에 이어 계엄사령관의 특별담화문을, 언론에 물려 놓은 재갈을 풀면서 고이 받아쓰도록 '5월 21일자'부터 강압한 것이다. 공작된 발표문과 담화문, 베껴 쓰는 언론. 절묘한 융합의 공작이었다. 이 사업 또한 겉으로만 보면 계엄사가 조처한 것 같지만, 계엄사에 붙어 있는 그림자를 볼 일이다.

  5월 23일에는 재경호남동우회의 이름으로 광주에 호소 전단이 뿌려진다. '광주 시민에게 드리는 호소문'과 '친애하는 광주 시민, 학생 여러분'이란 전단에는 '난동'이란 용어도 보이고, "3천700만 전 국민이 원하지 않는 비합법적인 방법은 중지되어야", "조그마한 소란에도 북괴 집단의 반응을 살피려는 전체 국민들의 우려의 표정이 보이지 않느냐"는 등 원망을 담아 놓았다.

  정래혁, 문형태 등 전남 출신 국회의원들이 광주 KBS TV에 나타난 건 23일 밤인데, 『5공전사』 4권(1668쪽)은 "지역감정을 자극하는 유언비어가 사태악화의 주요 원인임을 지적함으로써 광주시민들이 이성을 가지고 국내외적으로 난국에 처한 이 시기에 국민적 화합에 참여해 줄 것을 호소하였다"고 적는다. 1군사령관 윤성민에 대해서는 "북괴 김일성에게 기회를 제공해 주고 있는 결과밖에" 등의 호소가 간곡했다고 특기한다. 『5공전사』 4권, 1668~1669쪽

전두환과 그의 보안사는 왜, 그토록, 선무공작에 공력을 들였던 것일까. 독한 군홧발로 짓이겨도 세차게 일어서는 광주, 빨리 끝장을 봐야 할 텐데 속이 타들어 갔을 것이다. 좋은 말로 해 광주를 가라앉히려고 총력을 다했지만, 광주가 도무지 말을 안 듣고 나라를 위기로 몰아가고 있는 것으로 국민여론을 호도하기 위해 '선무'를 공작했을 거란 분석이 나온다. 선무공작 또한 5·17쿠데타 세력을 위한 '광주 사용'이었다.

5월 20일

20일 점심때를 지나면서 밤새 내리던 비가 그친다. 그날 밤을 지나 새벽이 오고 21일치 해가 떠도 시위는 끊어지지 않고 날과 날의 경계를 허문다. 그날은 광주의 날들 가운데 '제일 길었던 날'로 기록된다. 금남로에 어둠이 깔리고 오후 7시 10분쯤 '택시부대'가 폭발하면서 항쟁 파고는 더욱 거세지고, 한밤중을 쏜 광주역 앞 첫 집단사격으로 도시의 밤이 길게 뒤척인다. 더 많은 사람들이 거리로 달려 나가 어제의 '시민행동'이 '민중행동'으로 솟아오른다.

"조기 진압, 조기 진압" 외운 사람은

공수부대를 광주에 출가시켜 놓고 안 잊혀서인지 딸네 집을 자주 들락거린 정호용 특전사령관일까, 전두환 보안사령관이 맡겨 놓고 팔아먹는 이희성 계엄사령관일까. 둘 말고 또 있을까. "조기 진압"이란 주문이 입에 열린 군인들을 지금 탐문하고 있는 거다.

광주는 무장 더 커 가고, 초조했는지 불안했는지, 전두환은 5월 20일 오후 4시 45분쯤 육본으로 이희성을 찾아간다. "빨리 좀 진압하시라니까요." 재촉 방문이었다. 검찰은 1996년 1월 9일 5·18 당시 보안사 대공처장 이학봉을 불러 "전 장군이 계엄사령관한테 광주를 빨리 진압하라고 지시한 사실을 알고 있느냐"고 추궁하다. 그답게 "모르는 사항"이라 했다. 이학봉은 자신과 전두환 쪽에 부담이 될 것 같으면 대부분 "모른다"고 잡아뗐다. 김대중 구속, 김종필 연행, 김영삼 정계 은퇴 등의 일을 맡아 처리한 그는, 보안사 5인방 중 수훈갑이란 평을 듣는다.

이학봉의 보호막은 무용했다. 전두환·노태우·유학성·황영시·이학봉·이희성·주영복·차규헌 등 8명에 대한 검찰의 1심 공소장(1996년 1월 23일)에 이희성과 전두환이 조기 진압을 '외운 사람'으로 적히기 때문이다. 18일에는 이희성이 윤흥정 전교사령관한테 "계엄군을 투입해 조속히 시위를 진압하라"고 지시하고, 19일엔 전두환이 이희성에게 "시위의 조속한 진압을 요구"했다는 것이다.

전두환의 소원대로 광주는 '조기'에 끝내지 않았다.

작은 별, 큰 별을 치다

　윤흥정 전교사령관 겸 전남북계엄분소장은 5·18 진압작전 광주 현지 총책임자로, 공식 지휘체계로 보면 5·18 진압을 포함해 전남 북지역 작전 최고 지휘관이었다.

　그는 1980년 5월 17일 전두환 보안사령관의 요청으로 열린 전군 주요지휘관회의 때 소수 의견을 내어 전두환의 심기를 언짢게 했다. 『5공전사』 4권(1502쪽)도 "비상계엄 전국 확대에 대한 상당한 연구가 필요하다"는 그의 발언을 지적하며 "부정적 견해"라 썼다. 5·18 진압 과정에서는 공수부대 투입과 강경진압을 밀어붙이는 전두환그룹을 넘지 못했는데, 이를 황영시 계엄부사령관 등이 '소극적 태도'로 변형시켜 전두환에게 건의하자 전두환은 이희성 계엄사령관에게 교체하도록 요구했다. 이희성이 전두환의 지시를 받아 윤흥정을 친 것이다.

　그 다음 절차는 황영시가 주도했다. "황영시는 전두환과 상의해 이희성에게 그 후임으로 소준열 육군종합행정학교장을 추천하고 5월 20일 오후 6시경 소준열한테 내정 사실을 통보해 주면서 광주사태가 수습되면 중장으로 진급시켜 주겠다고 약속했다. 황영시는 또 5월 21일 오후 4시 30분경 소준열을 미리 전교사로 보낸 뒤 5월 22일 오전 10시 전교사령관으로 취임하도록 했다." 5·18사건 공소장, 1996년 1월 23일

　전남 출신인 소준열은 1980년 5월 중 전역 예정자에 포함되어 있었고, 윤흥정은 군에서 아웃(예편)되었다. 국민의 눈을 의식해서

인지 윤흥정을 체신부 장관에 올려놓고 5개월도 안 가 재아웃시켰다. 윤흥정이나 전두환이나 별(3개, 중장)은 같지만, 윤흥정이 5년 더 오래된 별이다.

12·12군사반란 당시 육본 쪽, 말하자면 정부군으로 출동한 9공수여단장 윤흥기 준장은 윤흥정의 동생으로, 그 또한 12·12 이후 여단장에서 내려왔다. 형제가 전두환 재앙을 입은 것이다.

5월 21일

21일은 '부처님 오신 날'. 광주엔 부처님이 오지 않았다. 총탄이 빗발치고 함성이 깃발처럼 펄럭였을 뿐이다. 차를 타고 시가지를 누비는 '투어데모'가 오전부터 봇물을 이루고 공수부대의 집단사격으로 도청 앞 광장은 피로 물든다. 무장한 '시민군'이 등장하면서 오후 5시 공수부대 등 계엄군은 광주 외곽(7개 지점)으로 이동, 배치된다. '기획 퇴각'이었다. 물러나 광주를 가두어 놓고 '역정보' 또는 '역선전'을 침투시켜 '폭도'와 '비폭도' 사이에 위화감을 조성, 떼어놓기 위한 '비정규전적(非正規戰的) 선전전(宣傳戰)'에 골몰한다. 『실록』, 289쪽 그 퇴각으로 무력 진압의 명분을 축적시킨다. 한편으론 광주가 폭동하고 있다는 선전에도 열을 올린다. 전두환의 보안사에 눌려 주눅이 든 언론을 겁박해 21일부터 신문에, 방송에 '폭동'을 내보낸다. 가장 많은 희생자가 나온 날이다. 사망자만 62명.

자위권 발동 '중심자'는

 공수부대는 광주를 쏘았다. 그건 조작 불가의 팩트다. 전두환은 자신이 '명령자'가 아니라고 탈탈 턴다. 『회고록』 1권(471쪽)에 그런 모습이 담긴다. "서울의 사무실에 있던 내가 광주의 작전 현장에 나타나 장병들에게 '쏴라' '말라' 하며 발포명령을 내릴 수 있었겠는가." 자신이 광주를 쏜 것이 아님을 명백히 하고 있음이다.

 광주, 누가 쏘았나. '자위권'인가, 자위권 발동에 발을 담근 전두환 보안사령관인가. 의혹의 가지에 걸려 있는 5·18은 많다. '자위권 발동' 문제 또한 지금에 이르도록 해독이 미흡한 상태다.

 『5공전사』 등 군 기록, 『넘어 넘어』, 「국방부 과거사위 보고서」, 『실록』 등을 종합하면, 전두환그룹은 6단계를 밟아 자위권을 발동한 것으로 정리된다. ① 5월 21일 새벽 4시 30분: 계엄사령관실: 이희성 계엄사령관, 황영시 계엄부사령관 등 계엄사 고위 관계자 참석: 전두환 보안사령관이 광주역 앞 첫 집단사격을 사후에 합리화하기 위해 황영시에게 자위권 발동 계획을 세워 보라고 요구해 긴급회의가 열린 것임 ② 21일 이른 오전 추정: 계엄사령관실: 진종채 2군사령관이 이희성에게 자위권 발동 건의 ③ 21일 오후 2시 35분: 국방부 장관실: 주영복 국방부 장관, 유병현 합참의장, 전두환, 노태우 수경사령관, 차규헌 육사 교장, 정호용 특전사령관이 먼저 와 이희성과 진종채를 기다리고 있었음: 자위권 발동 확정 ④ 21일 오후 4시 35분: 국방부 장관실: 주영복, 이희성, 각 군 참모총장, 유병현, 백석주 (한미)연합사 부사령관, 진종채, 정도영 보안사 보안처장 등 참석: 자위권 발동 및 계엄군 광주 외곽 배치 등 구체적 실행 방안 결정 ⑤ 21일 오후 7시 30분: 육본 기밀실에서 이희성이 생방송(TV, 라디오)으로 '자위권 보유를 천명하는 담화문' 발표 ⑥ 21일 8시 30분: 윤흥정 전교사령관이 3개 공수여단과 20사단 등에 자위권 행사 지시.

전두환 보안사령관은 자위권 발동과 관련해 세 번의 흔적을 남긴다. 황영시한테는 그 새벽에 전화로 지시했을 것이고, 세 번째 논의 때는 먼저 가 있었으며, 네 번째 모임에는 정도영이 대신 나갔으므로 사실상 세 번인 것이다. 자위권 발동 논의 및 결정 과정에 "없다"는 전두환 보안사령관이 '들어 있다'는 얘기다.

가증스럽게 중요한 사실은 '계엄군과 광주의 생명을 한 접시에 담아 놓은 자위권 발동'을 호도의 수단으로 교묘하게 이용한 데 있다. 자위권을 어떻게 이용했다는 것인지, 그건 '수상한 시간'에서 관찰된다. 전 국민에게 자위권 보유에 대해 천명한 시각이 '21일 오후 7시 30분'이라는 것이다.

20일 밤 11시의 광주역 앞 집단사격도 그렇고, 자위권 발동 논의 과정에서 발생한 21일 오후 1시의 도청 앞 집단사격도 그렇고, 무엇 때문에 일이 끝난 뒤 자위권을 발동했느냐, 그 점이 수상함의 요체다.

5월 21일 오후 2시 35분의 세 번째 논의에서 나온 이희성의 발언은 자위권 발동의 결정타가 된다.『5공전사』4권 1653~1654쪽이 그의 사위권론을 적는다. "도청이건 어디든 군인이 가서 보초를 서는 데 총기를 뺏거나 생명을 위협할 때는 군인복무규율에 의하면 초병이 정당방위로 자위권을 자동적으로 행사할 수 있다. 만약 광주의 상황이 그러한 정도라면 위의 경우가 적용되기 때문에 여기서 자위권 행사에 대해서 특별히 논의할 필요가 없다고 발언하고 거기 있는 모두가 그 말에 동의하였다"고 썼다. '각자가 알아서 하는 것이 자위권'이므로 논의의 대상이 되지 않는다는 것이다. 책은 이어 "그리하여 계엄군의 자위권 행사 문제는 그 회의에서 자동적으로 결정되었다"고 무용담처럼 전한다.

자위권 얘기가 나오면 전두환그룹 쪽이 두고 쓰는 말을 정리하면, 총을 쏘지 않으면 자기가 먼저 죽게 생겼으니까 총을 쏘는 거지. 그게 자위권이야. 그거 누가 주고 말고 하는 거 아니라고. 광주역이고 도청 앞이고 자기들이 판단해서 쏜 것이지, 누가 시켰겠어, 이다.

일은 속전속결로 해놓고 발표는 왜 늦춘 걸까. 광주역 및 도청 앞 집단사격에 대한 책임을 비껴가기 위한 것, 훗날 누가 따지고 들면 "현장이 알아서 쏜 것"이란 말로 받아치기 위한 것이란 추궁 앞에 그들, 당당할 수 있음일까. 자위권 이용 논리를 개발하고, 거기에 '6단계 프로그램'을 꿰맞추었다는 시각도 있으나, 전두환 및 전두환그룹의 기억과 입을 통하지 않고서는 자위권에 얽힌 의문들은, 여전히 의문으로 남을 것이다.

광주에 투입된 공수부대가 자위권 발동을 사실상 사격명령으로 받아들였다는 검찰의 판단은 중요하다. 자위권 발동이 '광주 지휘 책임'의 높은 비중을 차지하는 이유다. 그것의 한복판에 있는 자, 누구인가. 낄 자리가 아닌데 끼어 있는 자, 유력한 답일 수 있다.

자위권 보유 담화문도 보안사 작품

이희성 계엄사령관이 육본 기밀실에서 읽어 내려간 '자위권 보유 담화문'은 계엄사에서 작성한 것이 아니고, 전두환의 보안사가 만들었다.

이희성은 검찰 재수사(1996년 1월 6일)에서 "(5월)21일 오후 4시경 국방장관실에서 (보안사) 보안처장 정도영이 자위권 천명 담화문 문안을 건네주면서 '담화문 발표를 텔레비전과 라디오 등 언론을 동원해 생중계하도록 하자'고 했다. 그때부터 담화문 초안을 검토했다. 그때 유병현 합참의장 등이 '일부 표현이 잘못되었다'고 정정한 다음 담화문을 나에게 건네줘 받아들고 육본으로 돌아왔다. 그리고 저녁 7시 30분 고친 문안대로 육본 기밀실에서 전 언론매체가 생중계하는 가운데 담화문을 발표했다"고 진술한다. 이름 빌려주고, '읽은 죄'밖에 없다는 하소연으로 들릴 것이다.

"전 각하, 자위권 발동 강조"

'각하'는 특정한 고급 관료에 대한 경칭으로, 박정희 때는 자신에게만 이 존칭이 허용되었다. 은밀하게는 국무총리나 중앙정보부장 등에게도 '각하' 호칭을 붙이기도 했다.

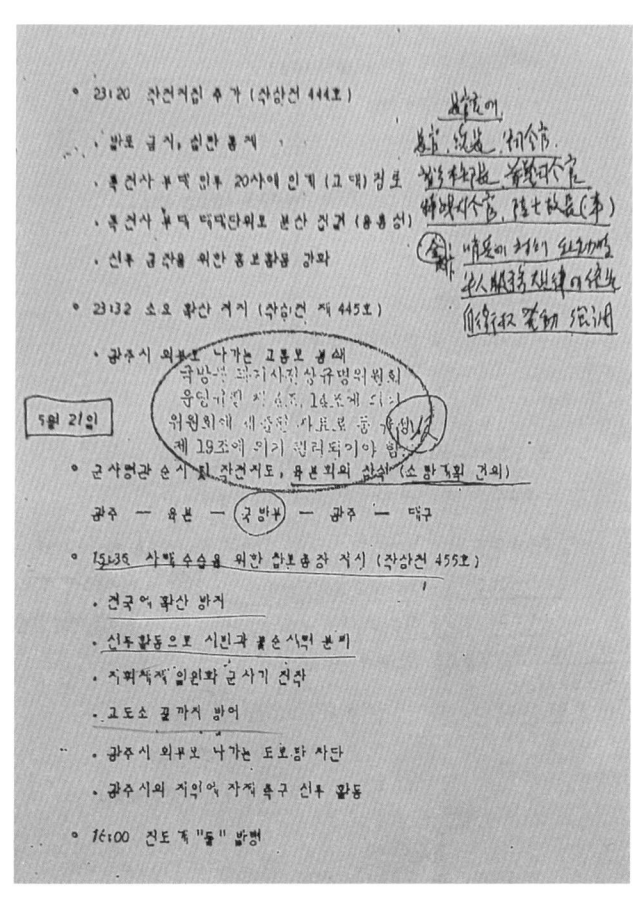

2군사령부의 '광주권 충정작전간 군 지시 및 조치사항'에 '전(全) 각하(閣下) : 초병에 대해 난동 시에 군인복무규율에 의거 자위권 발동 강조'라고 수기되어 있다.

그 '각하'가 군 기록 속에서 잠자다 2007년 7월 24일 국방부 과거사위에 호출된다. 과거사위가 조사 당시 진종채 2군사령관의 행적과 작전지침 등을 담은 군 문서를 입수했는데, 5월 21일자 기록 오른쪽 여백에 수기(手記)로 '각하'란 호칭과 함께 자위권 발동 관련 내용이 적혀 있다. 2군사령부에서 5·18 이후 작성한 것이고, 문서 이름은 2군사령부의 '광주권 충정작전간 군 지시 및 조치 사항'이다. 5·18 당시 계엄군의 자위권 발동을 결정한 장소 및 참석자를 '장관실에, 장관, (육군참모)총장, 군사령관, 합수본부장(전두환), 수경사령관, 특전사령관, 육사 교장(차)'라고 적었다. 참석자가 『5공전사』(1653쪽)에 나오는 이름과 일치하고 있어 '오후 2시 35분의 세 번째 논의'에 대한 수기임이 확실하다.

참석자 밑으로는 '全 閣下(전 각하): 초병에 대해 난동 시 군인복무규율에 의거 자위권 발동 강조'라고 명기 되어 있다. '全 각하'는 '全두환'으로 추정되며, 참석자 중 '全'에만 특별히 '각하'를 붙이고 있는 데서 확인되는 건 그 '全'이 군 서열 1위라는 것이다.

그 '全'이 "자위권 발동을 강조"했다는 것은 5·18 유혈진압의 직접 당사자를 '全'으로 지목하는 결정적 증거가 된다. 전두환은 『회고록』서문(27쪽)에 "광주에서 양민에 대한 국군의 의도적이고 무차별적인 살상 행위는 일어나지 않았고, 무엇보다도 '발포 명령'이란 것은 아예 존재하지 않았다는 것으로 밝혀졌다"고 썼다.

'全'은 어쩌다 수기의 주인공이 되었을까. 당시 현장에 있었던 2군사령부의 누군가가 '全'의 자위권 관련 발언을 '치적'으로 생각해

문건 귀퉁이에 써놓은 것이 아니냐는 해석이 나온다.

5월 22일

계엄군의 보루인 전남도청이 시민군의 수중에 떨어지고 아침부터 사람들이 도청으로 몰려든다. '시민군 지휘소'로 바뀐 도청에는 '상황실'이 들어서 시민군 조직을 체계화하고, 계엄군의 반격에 대비해 7개 외곽 지점에 시민군 초소를 설치하는 등 경계를 단단히 한다. 주요 관공서와 신문사, 방송국, 기업체 등에도 시민군을 고정 배치하고, 끌고나온 각종 차량을 등록시켜 구호·연락·수송·보급·취재 지원·전투 등으로 업무를 분장한다. 수습대책위원회를 만들어 전남북계엄분소 쪽과 협상도 하고, 도청 앞 상무관에 시신을 안치하는 등 바삐 돌아간 하루였다.

언론사 대표들에 「광주사태」 특강하며 겁박

광주가 끝나고 두 달이 덜 된 1980년 7월 20일, 일본에서 『한국 1980년 5월, 광주민중의 결기』란 책자(A용지 크기로 94쪽)가 간행된다. 일본의 국제연대 계간 정보지인 『세계에서』 편집위원회와 일한(日韓)조사운동 단체가 공동으로 편집한 이 책자(62쪽)는 '자료'란 문패를 달고 전두환의 특별 행적을 폭로한다.

이 '자료'의 제목은 '전두환 CIA 부장서리의 발언–5월 22일 각 언론기관장과의 간담'. 전두환 중정부장서리는 그날 오후 서울 신라호텔에 서울지역 신문·방송사 대표들을 3시간 가량 주저앉혀 놓

전두환 중앙정보부장서리의 '광주사태 발언 요지'. 일본에서 발간된 『한국 1980년 5월, 광주민중의 결기』란 책자에 실려 있다.

資料

金斗煥が報道機関の代表にたいしておこなった光州事態の説明（五月二三日）

光州は包囲し、大浦などからの流入を遮断した。光州空港とは無線連絡がついている。

困難はつづいており、奪取された武器は報道されているより多い。市内の金物屋も略奪対象になっている。群衆や高校生がM1銃をもって派出所に入ると、警官は銃をなげすてて逃げるケースが多い。これ以後、武器を奪取された者は軍法会議にかける。軍の装甲車（アジア自動車出庫分もふくむ）二〇台が奪取された。

空挺部隊の服装をした怪漢がトラック一〇台に分乗し、無等山にのぼりながら、「ついに湖南の人びとは起ち上がり、慶尚道の軍人たちを殺そうと起ち上がった」と扇動した。これらの連中が沿岸沿いに北に越境を企てる可能性があり、海軍が海上封鎖中。米空母は五月二三日にやってくる。軍は市街戦を覚悟した一大作戦を準備中である。軍には高度な訓練をうけた兵力が充分におり、作戦にさいしては二時間以内に鎮圧する自信がある。しかしこの作戦を展開する場合、良民が人質となる可能性がある。

光州では暴徒たちが、奪取した車輛で家々をまわり、合勢を強要し、班長などを脅迫している。市民も暴動の正体を知って戦々恐々となっている。光州市行政は麻痺し、深刻な食糧不足が広がっている。「持てる者をやっつけろ、つかまえろ」というスローガンまで登場した。

金大中関係ヤクザ組織四派がデモ隊に合流して活躍中である。

二〇日、軍が撤退するとき、全南大屋上で機関銃が乱射され、四名が犠牲になった。武装暴徒はここを攻撃中である。全南大関係ヤクザ組織は占領されていない。武装暴徒はここを攻撃中である（相当数の思想犯がいる）。統一革命党の刑務所爆破の指令が無線できいた結果、統一革命党の刑務所爆破の指令がつづいて打電されている。高度に訓練された空挺部隊を投入し、刑務所を防衛している。

地域住民は地域感情に誘発されて多く応じた。政治発展については八ッキリ約束してこんどの事態が鎮圧されたあと、火の気が拡がらねば、内閣があきらかにした政治日程を絶対忠実にまもる。言論の協調をたのむ。

言論問題については現地記者たちの事態報道を許可する。光州市民はKBS光州放送をきいて、この事態が全国に拡がっていないことを理解している。いまはKBS光州放送をきいて、この事態が全国に拡がっていないことを確認している。正確な事実を知る必要がある。

五月二三日午後からは、個性ある報道をすることを許す。しかし検閲は形式上やらなければならない。最近の言論の実態はよく知っている。誰がどういう風にふるまっているのかもよく知っている。経営者が経営権を行使しえないのもよく知っている。これは重要な問題である。この事態が終わってもこのようなことを続けるなら、調査したところに従って逮捕も辞さない。しかしそうしたことがないよう内部的に努力してくれ。経営陣にまかせる。

（翻訳・本編集部）

고 '광주사태'를 설명했다. A4 용지 한 장에 '광주사태' 발언 요지 20개를 미리 만들어 왔다.

머리말은 황당하지 않다. "군이 광주 외곽을 포위하고 고립화함으로써 목포 등지의 유입 인원을 차단하고 있고, 광주비행장에 무전연락실을 설치하여 현지 상황을 수시로 보고 받아 파악하고 있다"는 것인데, 그 다음부터가 문제다. 조작의 진열장 같아서다. '간담' 시점이 22일로 전남도청 앞 집단사격 다음날이란 점, 광주 설명의 대부분이 '폭동' 또는 북쪽에 기대어 있다는 데서 그 의도가 살펴진다.

전두환 서리는 "혼란은 계속되고 있으며, 무기탈취는 보도 내용보다 많다", "광주 시내 철물상회도 주요 약탈 대상이었다", "고교생이 M1 총을 들고 파출소에 들어가면 순경이 총을 버리고 달아나는 일들이 많았다", "앞으로 무기탈취를 당한 자는 군법회의에 회부할 방침이다", "공수단 복장을 한 괴한들이 트럭 10대에 분승해 무등산을 올라가면서 '드디어 호남 군인들 일어나 경상도 군인들 죽이려 궐기했다'고 선동했다", "이들이 해안을 통해 월북 기도할 가능성이 있어 해군이 해상을 봉쇄 중"이라고 광주를 왜곡 선전한다.

그는 또 "김대중 깡패조직 4개 파가 데모대에 합세해 활약 중이다", "무장폭도들이 광주교도소를 공격 중이나 아직 점령은 안 되었다", "광주교도소에는 상당수의 사상범들이 수감 중이다", "무전감청 결과 통혁당 지령으로 '교도소 폭파시켜라'는 내용이 계속 타전되고 있다" 등으로 공작된 광주를 말한다.

광주를 내부의 대결 구도로 몰아가는 발언도 한다. "광주에는 폭도들이 탈취한 차량으로 가가호호 방문하여 합세를 강요하고, 통반장들을 협박하고 있다", "시민들도 폭도의 정체를 알고 안전을 위해 전전긍긍하고 있다", "'있는 놈 때려잡자'는 구호까지 등장했다"는 것 등이 전두환의 광주 교란이다.

"미국 항공모함이 5월 23일 (한국) 진입한다", "군은 시가전 각오한 일대 작전을 준비 중이다. 작전할 경우 2시간 내에 진압할 자신이 있다"며, 자신이 진압 책임자 위치에 있음을 과시하는 듯한 말도 내보낸다.

'정치발전' 문제도 언급한다. "명백히 다짐한다. 이번 사태 진정되고 진압된 후 불길이 더 번지지 않겠다고 판단되면 최(규하) 내각이 밝힌 정치일정을 절대로 충실히 지키겠다. 언론의 협조를 당부한다"고 또다시 '국민 안도용' 약속을 한다.

전두환의 보안사는 5월 20일까지 전국의 모든 펜을 묶어 놓았다. 단 한 줄의 광주도 허용하지 않았다. 그러다 21일부터 풀었다. 전두환은 그날 '협조 당부'에 이어 "현지 기자들의 (광주)사태 보도도 허용하겠다"고 선심 쓰듯 말한다. 그의 이 발언은 자신이 한국 언론의 대표 관리자임을 드러내 보인 것이라 하겠다.

당시 전두환의 겁박을 들으며 오금을 저리지 않은 언론사 대표들이 있었을 것인가. "최근의 언론의 실태를 잘 알고 있다. 경영자가 경영권을 제대로 행사하지 못하고 있다는 것도 알고 있다. 이것은 중요한 문제다. 이 (광주)사태가 끝나더라도 이와 같은 일이 없도록 내부적으로 노력해 주기 바라며 경영진에 맡기겠다." 에둘러 표현했지만 가시가 박혀 있었다. 나중에 영금 안 보려면 알아서 하라는 압박인 것이다.

전두환 서리의 그날 발언 내용은 사실과 멀리 있어 유언비어급에 해당하며, 국민들을 상대로 기사를 상품화하는 언론사 대표들한테 들려준 것이므로 국민들에게 유언비어를 날린 것이나 다름없다. 전두환과 그의 보안사의 언론공작은 5장에서 깊게 만난다.

집단사격 공수부대장에 격려금 100만 원

정석환 중정 전남지부장 직무대리가 검찰에 불려간 건 1995년 12월 27일이다. 5·18 5일째인 22일 오전 9시 그는 허문도 중정 비서실장의 전화를 받는다. 전두환 부장이라고 했다.

채동욱 검사의 물음에 정석환은 "전두환 서리가 1980년 5월 22일 전화로 '최웅 장군의 소재가 파악되지 않고 있으니 전 조직을 동원해 최 장군의 소재를 파악하고, 사기가 극도로 저하되어 있을 테니 용기를 잃지 말고 분발하라'고 전해 달라면서 격려금으로 100만 원을 주어라고 말했다"고 진술한다.

정석환은 소식을 듣고 1시간 뒤 전남지부로 찾아온 최웅 11공수여단장을 지부장실에서 만나 100만 원을 전달했다. 전화를 최웅에게 바꾸어 주자 전두환한테 "심려를 끼쳐드려 죄송하다"고 말했다는 것이다. 최웅의 11공수여단은 5월 21일 오후 1시 전남도청 앞 광장에서 시위대를 집단사격했던 부대다.

1996년 5월 5일 1심 7차 공판에서 채동욱 검사가 "격려금을 하사한 사실이 있지요"라고 물었고, 전두환은 언제나처럼 "없다"고 부인한다. 보안사나 중정이나 군 지휘계통이 아닌데 전두환은 무슨 자격으로 거액을 준 것일까.

이철승한테 "전북 지켜 달라"

한용원은 전두환 보안사령관의 심부름을 이따금씩 했다. 주로 '부탁 심부름'이었고, 대상은 유명 정치인이었다. 정보1과장으로 정치 파트를 맡고 있는 터여서 심부름은 임무 수행과도 같았다. 이번에는 이철승에게 갔다 오라고 했다. 『한 회고록』(50쪽)에 "전두환 보안사령관이 나에게 방배동 이철승 전 신민당 당수 자택을 방문하여 광주의 소요사태가 전라북도로 번지지 않도록 애써 주십사 하는 부탁을 드리라는 지시를 하였다"며 "나는 방배동으로 가면서 그동안 이철승 씨가 반탁·반공학생운동의 지도자로서 역할을 해왔기 때문에 소요사태의 확산 방지에 공감대를 형성할 수 있을 것으로 생각했다"는 것이다. "이철승 씨를 뵙자 '북한이 재침을 노리고 있는 이때 국가적으로 불행한 사태가 광주에서 발생하여 주변으로 확산될 우려가 큰 상황이 전개되고 있는데, 이러한 때에 당수님께서 나서 주시기를 저의 사령관은 갈망합니다'라고 말했더니, 그는 '그렇지 않아도 전주에 이미 비서실장(김태식)을 보냈네' 하고 즉답했다"고 적었다.

밝혀 둔다. 『한 회고록』에 날짜는 없다. 군인들을 도시 외곽으로 뺀 것은 광주가 전북이나 서울 등 외지로 번지면 5·17쿠데타의 완성에 심대한 타격을 받게 될 것이란 우려에서 나온 것이라 할 것이므로, 퇴각 다음날에 심부름을 보냈지 않겠나 싶어 '5월 22일'에다 이 심부름을 넣었다.

5월 23일

공수부대 없는 광주는 활기가 넘쳐난다. 학생들은 아침 일찍이 금남로 등에 나와 거리 청소부터 한다. 같이 싸우기 위해 같이 주먹밥을 먹고, 함께 이기기 위해 함께 헌혈하는 항쟁공동체정신이 절정에 오른다. 계엄군이 배치된 외곽에선 총소리가 끊이지 않고, 전남도청 앞 분수대는 물 대신 '포효'를 뿜어낸다. 분수대를 연단으로 1차 민주수호범시민궐기대회가 열리고, 궐기대회는 26일까지 다섯 차례 진행된다. 전두환그룹은 그날도 광주를 최종 처리하기 위한 만남을 이어갔다.

각하께서 2군사 진압계획 "Good idea"

'각하(閣下)께서' 어딘가에 나가 "굿 아이디어(Good idea)"라 칭찬했던 모양이다. 2군사령부의 '숫 각하: 자위권 발동 강조'란 수기가 들어 있는 문건에서 2019년 5월 15일 경향신문이 '각하의 칭찬'을 발굴, 보도했다.

'칭찬'은 2군사령부가 작성한 '광주권 충정작전간 군 지시 및 조

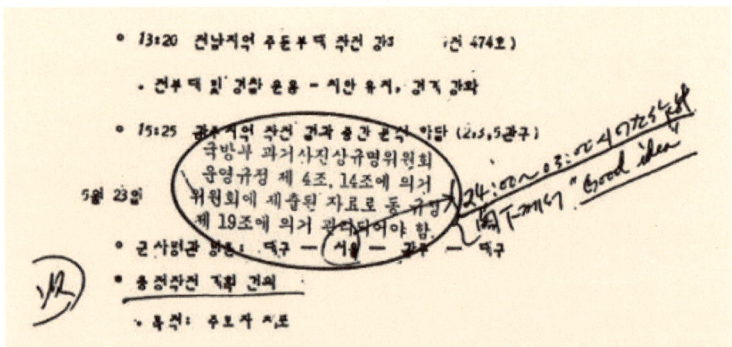

5월23일 2군사령관이 계엄사령관실에서 광주재진입작전을 보고한 기록 옆에 누군가 '閣下(각하)께서 "Good idea"라고 써두었다.

치 사항' 5월 23일자 문서의 오른쪽 여백에 '閣下께서 Good idea'라고 수기되어 있다.

무엇이 'Good idea'란 것인가. 5·18 공식 지휘체계상 2인자인 진종채 2군사령관은 23일 아침 김준봉 작전참모와 함께 2군사령부가 마련한 광주재진입작전계획인 '충정작전'을 들고 대구에서 육본(서울)으로 올라가 이희성 계엄사령관한테 건의한다. 이희성도 1996년 5월 6일 1심 7차 공판에서 그 건의가 있었음을 시인한다.

그날 오전 11~12시 사이 이희성은 진종채와 함께 주영복 국방부장관을 찾아가 '충정작전'에 대해 보고한다. 이 작전계획은 30~40개의 주요 중대 단위 목표를 선정, 정예 기동 및 소탕조를 운용하는 방안이었다. 『5공전사』 4권(1677쪽)에 의하면, 편의대를 투입, '제파식(梯波植) 공격(특정 공격 정면에 공격제대를 연속적으로 투입해 공격하는 군대 전술로 파상공세라고도 한다)'을 한다는 것이

특징이다.

2군사령부는 5월 21일 오후 5시 계엄군이 외곽으로 이동, 배치된 직후부터 작전계획을 수립했다. 1995년 검찰수사기록에 따르면, 진종채 2군사령관이 '충정작전'을 보고하는 자리에 전두환 보안사령관도 나와 있었다. 2군사령부의 작전계획을 직접, 현장에서 보지 않고서는 '칭찬'이 나올 수 없다 함이 사리라 할 것이므로, 그가 보고의 자리에 나온 것이 된다. 재진입작전계획 보고 현장에 '각하'가 초장부터 출석하고 있었음을 확인해 주는 물증인 것이다.

진종채의 '충정작전'은 황영시 계엄부사령관의 반대로 채택되지 않았고, 이종구 육본 작전처장의 것으로 낙점되었는데, 육사 14기 동기인 정도영 보안사 보안처장의 측면 지원을 받았다. 『5공전사』 4권, 1680~1688쪽

이 수기의 글씨체가 '全 각하: 자위권 발동 강조' 수기와 똑같은 것으로 보아 5·18 이후 작성된 2군사령부의 문건에 누군가 '각하'의 발언이나 반응을 써둔 것으로 보인다.

친필 메모 '공수부대 사기 죽이지 마'

5·18 당시 전교사 교육훈련부장 임현표 준장은 상관이 읽고 있는 페이퍼를 살짝 훔쳐본 것이 훗날 역사가 될 줄 몰랐을 것이다.

임현표 부장은 5월 23일 낮 12시쯤 광주비행장에서 전교사로 비행하던 UH-1H 헬기 안에서 문제의 메모를 보았다. 함께 탄 정호용 특전사령관이 전교사로 가는 도중 주머니에서 메모지를 꺼내

읽고 있어 옆에서 곁눈질했다. 전두환 보안사령관의 친필 메모였다. 메모에는 '무리가 따르더라도 조기에 광주사태를 수습하여 달라'고 쓰여 있었다. 전 사령관의 사인도 기억한다고 했다. 임현표의 1996년 7월 15일 1심 법정 증언이다.

윤흥정의 후임 전교사령관 소준열은 1996년 7월 11일 1심 공판에서 "메모지는 받았으나 '공수부대의 사기를 죽이지 말라'는 내용만 기억나고 나머지는 생각이 나지 않는다"면서, '무리가 따르더라도' 대목은 검찰 조사 과정에서 알게 되었다며 메모를 인정했다. 메모는 메모로 중요한 구실을 한다. 광주학살의 한 증표가 되기 때문이다.

5월 24일

총을 들고 있을 것인가, 놔 버릴 것인가, 광주의 고민이 깊어진다. 10만 군중이 분수대 주변에 몰린 가운데 2차 궐기대회가 열리고, 청년운동권이 중심이 되어 새 항쟁지도부를 만들기 위한 밑그림을 그린다. 계엄군의 땅 외곽에선 광주가 여전히 피를 흘리고, 전두환그룹의 어법을 따르자면 그들은, '광주 수복 작전'을 체크한다.

대통령은 투입되었나

5월 24일, 그들은 명랑해졌다. 보안사 보안처장 정도영과 전두환 보안사령관이 그들이다. 『5공전사』(1671쪽)가 스케치한 그들을 본다. "최(규하) 대통령의 대(對) 광주 시민 방송이 필요하다는 결론에 도달한 합수부 안전처장 정도영 장군은 (5월)24일 주영복 국방 장관 및 각 군 참모총장과 광주사태에 관한 회의에 참석하고 있는 합수본부장 전두환 장군께 보고하기 위하여 국방부로 갔다. 이미 회의가 끝나고 육군회관으로 옮겨 오찬 중이었다. 시일이 촉박한 것인지라 정 장군은 메모를 넣었다. 조금 있다 전 장군이 나오는데 안색이 별로 좋지 않았다. 회의 결과가 별로 좋지 않은 것으로 정 장군은 느꼈다. 정 장군이 합수본부장에게 최 대통령의 광주 선무활동이 시급히 필요하다는 건의를 하자 '그것 참 좋은 생각이다'며 희색을 띠면서 들어가 식사를 빨리 마치고 국방 장관에게 최 대통령의 광주 선무활동을 건의했고, 국방 장관은 그길로 청와대로 직행, 대통령에게 건의하였다"는 것이다.

'대통령 광주 투입' 구상은 정도영 보안처장 겸 합수부 안전처장이 했고, 실행은 주영복 국방부 장관이 한 셈인데, 전두환 보안사령관은?

"본인은 (청와대에) 같이 수행한 적이 없습니다." 전두환은 1996년 5월 6일 1심 7차 공판에서 "없다"고 말하지만, 이희성 계엄사령관은 같이 갔다고 진술한다. 임성덕 검사가 "(5월)25일 오후 2시 30분경 전두환, 주영복 피고인 등과 함께 청와대로 가서 대통령에게 상무충정작전계획을 보고하면서 대통령이 직접 광주에 내려가 시위대를 설득하는 것이 좋겠다고 건의, 대통령도 승낙했지요"라고 묻자, 이희성은 전두환도 함께 갔다고 실토한다.

25일 오후 최규하 대통령은 광주 근교에서 "그 원인이야 어쨌든

이러한 사태가 계속되어야 되겠습니까. 이것이 오래 계속되면 누가 잘잘못이라는 것을 가를 겨를도 없이 우리 대한민국의 국가안위에 관련되는 중대사태가 될 위험성마저 있는 것이 사실"이란 등의 라디오 방송 녹음을 하고 서울로 돌아왔다. 『5공전사』, 1672쪽 대통령은 담화에서 슬며시 광주에 '북쪽' 물을 대며 나라의 안위를 걱정했다.

그들의 명랑은 어디서 오는 것일까. '광주마감작전'을 이틀 앞두고 대통령이 광주를 설득하는 모양새를 갖추게 되면 '무력 진압'을 하는 데 또 하나의 명분으로 쓰임새가 있겠다 싶어 희색이 돌았을 것이다. 이를테면, 봐라, 저것들, 대통령이 광주까지 내려가서 자중하라고 호소해도 끄떡도 않고 있지 않느냐. 그러니 어쩌겠어, 광주를 그대로 놔둘 수도 없고, 이런 머리 회전이 있었을 거란 분석이 있다.

채동욱 검사는 1심 7차 공판 때 상무충정작전을 하기 전에 대통령을 광주에 보내 한번 더 광주를 설득하는 것이 모양이 좋겠다는 의견을 냈느냐고 물었다가 핀잔 같은 진술을 듣는다. 전두환은 끝내 "모양이 좋다는 등 불량한 의미가 아니라 당시 광주소요사태를 평화적으로 해결할 수 있도록 논의하고 노력했던 것뿐"이라며, '모양새'를 부정한다. '건의'고 '설득'이고 간에, 당사자에겐 옹색스런 행차가 수모 겸 압박으로 몰려왔을 것이다.

별 셋, 보안사령관실의 은밀한 만남

은밀한 만남이었던 것 같다. 정호용, 황영시, 전두환 셋. 사실상의 광주 지휘체계로 지목되는 그들 가운데 정호용과 황영시는 '전두환의 대리인'이란 표현이 어울릴 수 있다. 대리인 같은 '분량'으로 광주에 간여한 때문이다. 특전사령관 정호용은 광주에 많이 왔다갔다했으므로 '현장 대리인'이라 할 수 있고, 육군참모차장 겸 계엄부사령관 황영시는 계엄사-보안사의 소통 창구 기능에 능했으므로 '계엄사 대리인'이란 것이다.

보안사 대공처장 이학봉의 검찰수사기록(1996년 1월 9일)에 셋의 행적이 찍힌다. 검찰이 1980년 5월 25일 그 전날(24일) 정호용 특전사령관과 황영시 육군참모차장, 전두환 보안사령관이 보안사령관실에 모여 상무충정작전에 대해 논의한 사실을 알고 있는 누군가의 진술을 토대로 이학봉에게 알고 있느냐고 물었던 것인데, 그게 수사기록에 올라 있다. 이학봉은 습관처럼 "저는 모르는 일입니다"라고 부인했다.

검찰이 파악한 5월 25일은 광주마감에 사용될 작전계획을 확정 짓는 날이었다. 그 중대 결정에 앞서 셋만 만났다. 그것도 보안사령관실에서, 무슨 얘기를 나누었을까. 추측만 할뿐 드러난 것은 없다. 분명 셋에서 입을 맞춘 작전계획 같은 것이 있을 텐데, 그게 뭘까.

5월 25일

25일, 18일에 이어 다시 일요일이 왔다. 광주엔 일요일은 오지 않았다. 그날 오전 전남도청에서 독침사건이 일어나고, 오후엔 최규하 대통령이 광주에 온다. 밤 9시 시민수습위원회가 전남북계엄분소(전교사)를 찾아 협상을 벌였으나 무위로 끝나고, 밤 10시쯤 항쟁파를 중심으로 새 항쟁지도부 '학생시민투쟁위원회'가 태어난다. 전두환과 전두환그룹은 상무충정작전계획 등 광주 끝내기 절차를 마무리 짓고 '유혈진압'의 명령서를 광주 현지 지휘부로 넘긴다.

광주 최후의 날 '폭도소탕작전' 결정자는

광주 최후의 날 '27일 새벽'을 공격하는 공식 작전명은 '상무충정작전'이었고, 『5공전사』 등 군 기록은 '폭도소탕작전'이라고도 적는다. 작전계획은 25일 오후 최종 결정되었으며, 전두환과 전두환그룹은 이 일로 하루에 세 번 움직인다. '결정' 한 번, '보고' 두 번인데, 보고야 국방부 장관에게는 이희성 계엄사령관이, 대통령한텐 국방부 장관이 하면 되는 것인데도 보안사령관이 왜, 꼭 '보고'를 따라다니며 '허가증'을 받아낼 것일까. 나중에 무슨 일이 생기면 '국방 장관하고 대통령한테 다 보고하고 한 일'로 빙자의 증거를 예비하기 위함이었을 것이다. 『회고록』에서도 윗사람에게 떠넘기는 전두환을 상당수 볼 수 있다.

그 첫 회동은 25일 오전 11시쯤 육본 계엄사령관실에서 이루어진다. 이희성 계엄사령관, 황영시 계엄부사령관, 김재명 육본 작전 참모부장, 전두환, 노태우 수경사령관 등이 모여 육본에서 만든 상무충정작전계획을 점검한 뒤 작전 개시일을 5월 27일 00:01 이후 전교사령관(소준열) 책임 하에 실시하기로 결정한다. 1996년 5월 6일, 1심 7차 공판, 이희성 진술

 이희성을 앞세워 황영시, 김재명, 전두환 등이 주영복 국방부 장관에게 보고하러 간 건 그날 낮 12시 15분. 국방부 내 육군회관에서 작전계획이 최종 확정된다. 1996년 1월 23일, 검찰 공소사실

 오후 2시 30분 전두환은 주영복, 이희성 등과 함께 대통령을 만났다. 작전계획을 보고하면서 광주에 한번 갔다 오시라는 건의도 했다. 1996년 5월 6일, 1심 7차 공판, 이희성 진술

 전두환 보안사령관의 25일의 행적과 이희성 계엄사령관의 '동정일지'는 정확히 일치한다.

 전두환의 5·18 관련 모임이나 회의 출석은 말없이 앉아만 있어도, 필요할 때 한 마디만 던져도 그 자체로 지시이고 결정일 수 있으며, 조정이고 통제일 수 있다는 인식은 '전두환 바로 알기'의 주요한 요소다.

 최종 작전계획은 곧 현지에 전해진다. 『실록』(301쪽)은 "황영시 육군참모차장은 5월 25일 오후 김재명 육본 작전참모부장과 같이 광주에 내려가서 소준열 전교사령관에게 '작전지도지침'을 직접 전달하였다. 이때 정호용 특전사령관이 소준열 전교사령관에게 재진

입 지점별로 각 공수여단의 특공조 운용계획을 직접 통보함으로써 '상무충전작전계획'이 완성되었으며, 5월 26일 오전 10시 30분에 소준열 전교사령관은 사령관실에서 20사단장, 31사단장, 3·7·11공수여단장, 전교사 예하 보병학교장 등이 참석한 가운데 '진압작전 지휘관회의'를 개최하였다. 이 회의에서는 공수여단별로 특공조를 편성하여 전남도청 등 목표를 점령한 뒤 20사단에 인계하도록 지시했으며, 작전개시시간은 보안상 추후 하달하기로 결정하였다. 동일(5월 26일) 오후 4시경 소준열 전교사령관은 광주비행장에 주둔 중인 3·7·11공수여단을 방문하여 공수여단장들에게 5월 27일 00:01을 기하여 작전을 개시하도록 지시하고 돌아갔다"고 썼다.

『회고록』 1권(446쪽)도 "광주를 수복하기 위한 상무충정작전의 최종 실행계획은 26일 (오전) 10시 30분 전교사령관실에서 열린 작전회의에서 결정"한 것으로 쓴다. '수복'이란 표현에선 5·18에 대한 전두환의 태도를 읽어낼 수 있다. 아무 생각 없이 쓴 말이 아니란 것이다. 폭동의 광주를 건져냈다는 구원의 의미를 담은 공작의 말이다.

미국 비밀전문 "육군 실력자, 군사행동 결론"

5·18 당시 미국 국무부에서 생산한 2급 비밀문건 2건은 최종 진압작전 책임자로 전두환 보안사령관을 지목한다. 그가 계엄군 진압작전을 최종 결정하는 위치에 있었음을 뒷받침하는 문건이다. 이 전문은 둘 다 '한국감시단 상황보고'란 문패를 달고 있다.

'한국감시단 상황보고 제7호'는 미국 국무부에서 5월 25일 오후 10시 현재 한국 상황을 작성한 것으로, 머스키 미 국무부 장관이 자신의 명의로 한·중·일 대사관 등에 보낸 것이다. "육군 실력자 전두환은 자신이 광주의 과격세력에게 속았다면서 이제 군사행동이 필요하다고 결론지었다 함. (중략) 도시를 재장악하기 위한 군사작전이 아마도 24~36시간 내에 실시될 것이라 함"이라 타전한다. "한국 합참의장(유병현)은 군사작전에 들어가기 전 우리에게 통보하겠다고 약속했음"이란 말도 덧붙인다.

'한국감시단 상황보고 제8호'는 5월 26일 오후 8시 현재 한국 상황에 대한 미 국무부의 상황보고다. 송수신자는 25일과 같지만, 25일 것보다 진전된 정보가 들어 있다. "언론보도에 따르면, 시민대표들과 군부 사이에 3차 회담이 월요일(26일)에 시작되었다 함. 합의를 보려는 이전의 두 차례 시도는 실패로 돌아갔음"이란 전언과 함께 "전두환 장군에 따르면, 그는 현재(특정되지 않은 Source로부터의 정보임) 교착상태를 종료하고 시내로 진입해야 한다는 극심한 압박감에 시달리고 있다 함. 한국 합참의장 유(병현) 장군은 한국군이 월요일 밤(동부시각 월요일 11:00) 야음을 틈타 광주로 진입할 것이라고 주한미군사령관 위컴 장군에게 통보하였음"이라고 알린다. "많은 사상자가 발생할 가능성이 상당히 증가할 것"이란 분석도 한다.

5월 26일

26일 새벽 화정동 국군광주통합병원 앞길을 틀어막고 있던 계엄군이 농성동 한국전력 광주지점 앞길로 전진 배치되면서 전남도청에서 밤새워 회의를 하던 시민수습위원들은 그날 오전 시민들과 함께 '죽음의 행진'을 결행한다. 계엄군의 공격이 임박해 있음을 감지한 광주는 이례적으로 궐기대회를 두 차례 연다. 결기를 단단히 하기 위해서였다.

오후 5시, 항쟁지도부는 도청 별관에서 윤상원 대변인의 주재로 외신기자 10여 명과 기자회견을 갖는다. 거리에 어둠이 내리고 핸드마이크가 비장하게 소리친다. "광주 시민 여러분, 조국의 민주화를 위해 기꺼이 죽어도 좋다는 사람만 남고 나머지는 돌아가십시오. 오늘 밤 공수부대가 쳐들어오면 우리는 끝까지 싸울 것입니다." 무심의 밤은 깊어 가고 항쟁지도부는 "우리가 왜 마지막까지 싸울 수밖에 없었는지 살아서 다른 사람들에게 꼭 말해 달라"며, 여성들과 나이 어린 사람들은 집으로 돌려보낸다.

그리고 최후 항쟁의 깃발을 올린다. 기동타격대를 재배치하고, 전남도청, 전일빌딩(전남일보·VOC 사옥), 광주YMCA·YWCA, 광주관광호텔, 전남대병원 옥상, 학동 방면, 광주공원, 계림국민학교, 서방시장, 유동삼거리 등에 시민군을 배치한다. 도청에선 최소 300명 이상이 총을 든다. 죽음이 어른거리는 총이었다.

무력진압 하루 전 계엄군에 6300만 원·소 7마리

그것도 박정희한테서 배운 것일까. 부산 국제신문이 2019년 10월 2일 단독 입수한 부마항쟁 당시 보안사의 '상황 보고(10월 21일)' 문서 속 '육본 조치 사항'에 박정희 대통령이 계엄군(3공수여단, 5공수여단)에게 하사금 1억5000만 원(계엄업무 수행 장병 증식비)'을 전달했다고 기록되어 있어, '박정희 학습'이 끌려 나온 것이다. 부마 때나 광주 때나 보안사령관은 전두환이었고, 대통령의 거액 하사에 대한 기억이 강하게 저장된 때문이란 해석을 해볼 수 있다. 며칠 뒤 터진 10·26 그날 밤, '5·16혁명 연구'건으로 한용원 과장을 허화평 비서실장에게 보낸 이가 전두환이다.

전두환도 박정희처럼 계엄군을 격려했다. 광주재진입작전을 하루 앞둔 5월 26일 "송정리비행장(광주비행장)과 전교사에 대기 중인 사병들에게 6300만 원의 금액과 중식용 소 7마리가 내려졌다." 「국방부 과거사위 보고서」, 122쪽 각주에서 이 보고서는 "대통령 3000만 원, 육군참모총장(이희성) 3000만 원, 보안사령관(전두환) 300만 원"이라 밝힌다. 무관하다던 사람이 돈은 왜 내, '300만 원'만큼만 유관하다는 것인지. 액수에는 그래도, '질서'가 보인다. 이 돈과 고기는 과거사위가 광주 505보안부대에서 작성한 문건을 찾아냄으로써 밝혀졌다.

감청활동 강화, 역쿠데타 두려웠나

국군보안부대를 구성하는 부대 가운데 '소리'를 전문으로 엿듣는

데가 있다. 보안사의 지휘를 받는 통신보안부대가 그 '소리감청부대'다. 이 부대를 어렵게 말하면, 전군의 통신보안을 관장하고 방첩(防諜) 관련 방탐(方探) 및 방수(防守) 기능을 수행하는 군 조직이다. 방탐은 유무선 통신이 이루어지는 위치를 찾아내는 기술로, 교신 내용까지 감청할 수 있다.

간첩 잡는 데 쓰라고 나라가 챙겨준, 귀한 방탐 장비를 들고 5·18 당시 광주를 탐방한 부대가 515통신보안부대였다. 광주 505보안부대가 생산한 문건으로, 「광주소요사태 관련철」 48쪽에 이 부대의 광주 이동 내용이 적혀 있다고 「국방부 과거사위 보고서」(122쪽)는 밝힌다. "보안사의 515(통신)보안부대는 감청활동을 강화하기 위해 5.26.19:00에 광주지역으로 이동했다." 각주에는 "출동 인원은 장교 2명, 병사 15명 총 17명이었고, 관련 장비 3대를 휴대했다"고 적는다.

국방부 장관의 명을 받아 모든 국군보안부대의 업무를 통할하고 예속 또는 배속된 부대를 지휘·감독하는 군인이 보안사령관이다. 515통신보안부대의 광주 이동을 관성적으로 "본인은 모르는 일"이라 하면 직무유기가 된다.

감청활동은 왜 강화했을까. 시민군의 소리를 더 깊이 엿들은 것인지, 소리 체크로 반동(反動) 검증을 한 것인지, 밝혀진 건 없다.

후자에 무게를 두게 하는 '주장'과 '움직임'이 있다. 2019년 5월 9일 연합뉴스는 딥 스로트(Deep Throat)를 "보안사 내부 사정에 정통한 관계자"라 밝히면서, "12·12 이후 전(두환) 씨가 가장 우려했던 건 군 내부의 반대세력이었다"며 "전 씨는 최측근인 정호용 특전사령관까지 방탐할 정도로 누구도 믿지 않았다"고 보도한다. 딥 스로트가 말하는 반대세력은 미국의 비밀문서에도 나타난다. "공군, 해군 및 일부 육군 내부에서 그(전두환)에 대한 광범위하지만 조용한 반대의 목소리가 나오고 있다", "수도권지역 대대장급 이상 지휘관 전부가 전두환에게 충성하는 것은 아니다", "전 육군 참모총장 정승화 장군과 가까웠던 장교들은 누구나 특별한 의심을 받으면서 감시를 당하고 있을 것이라고 (출처가) 말했다", "그(전두환)가 중앙정보부장서리(1980년 4월 14일 임명됨)를 맡기 전에도 공군과 해군 내부에서 거의 모든 사람들이 전두환에 대한 반감을 갖고 있었고, 이젠 그러한 움직임이 더 공고해질 것", "특히 최근 퇴역한 장성들 사이에서도 공개적이진 않지만, 전두환에 대한 상당한 반감이 존재한다"고 1980년 4월 21일 주한미국대사관이 미국국방정보국(DIA)에 타전한 데서 알 수 있다.

역쿠데타 움직임도 있었다. 마크 피터슨 전 브리검영대 한국학 교수의 논문 「미국과 광주사건」에 따르면, "존 위컴(한미연합군사령관)은 어느 시점에선가 역쿠데타에 대한 지원을 요청하며 미국 쪽에 접근해온 세력이 있긴 했다고 말한 바 있다"며 "그러나 그때 미국은 그들을 받아들이지 않았다. 그들이 역쿠데타를 성공시키는 데 필요한 군부 내 지지를 확보하지 못했다고 보았기 때문"이란 미국의 '계산'을 지적한다.

5월 27일

27일 새벽 3시 30분쯤, 울부짖는 듯한 여자의 목소리가 광주의 새벽을 깨운다. "지금 계엄군이 쳐들어오고 있습니다. 우리들을 도와주십시오. 우리 모두 일어나 계엄군과 끝까지 싸웁시다." 그 간절한 부름은 광주의 마지막 외침이 되었다.

그날 01:00, 7·11·3공수여단 특공조 381명이 여단별로 도심을 향해 거리를 좁혀갔다. 목표 지점은 전남도청, 전일빌딩, 광주관광호텔, 광주YMCA·YWCA, 광주공원 등으로, 04:00 다들 목표 지점 근처에 도착했다. 특공조는 05:21 도청 및 YWCA와의 교전을 끝으로 임무를 마쳤다. 광주를 쏘아, 광주를 떨어뜨렸다.

점령군처럼 왔다

따지고 보면 '전두환의 5·18 계엄군'은 '정부군'이 아니다. '내란군'이란 표현이 맞다. 그들의 광주 공격으로, 광주를 '폭동적으로 때려', 나라의 법이 내란의 판정을 내린 까닭에서다.

27일 오전 10시, 죽은 광주에 헬기들이 몰려온다. 요란했다. 주영복 국방부 장관, 황영시 육군참모차장 겸 계엄부사령관, 최성택 합참정보본부장 등이 전교사를 방문한데 이어, 전남도청을 찾았다. 당당하고 씩씩한 것이 점령군 같았다.

무관하다던 전두환의 보안사도 광주에 왔다. 보안사 남웅종 참모장, 이학봉 대공처장 겸 합수부 수사단장이 광주 505보안부대와 전교사에 들러 "상황을 보고받고, 사후수습책을 논의한 뒤 수습지침(연행자처리지침)을 시달하고 돌아갔다"고 『실록』(312쪽)은 적는다.

5·18 이후 광주는 5·18과 함께 닫힌다. 5월 27일을 기점으로 한국사회로부터 더 철저히 갇히게 되는 것이다.

피 흘리는 광주 틈타 국보위 설치

'비상계엄'이란 구실을 내세운 국보위는 초헌법적 기구였다. 최규하 내각을 조종·통제하는 또 하나의 내각이 출현한 것인데, 차라리 '전두환 내각'이란 이름자가 적절하다. 국보위의 등장은 전두환 보안사령관이 실질적으로 정권을 장악한 것임을 의미한다. 전두환 자신은 국보위 상임위원장을 겸했고, 주로 현역 군인들을 상임위 분과위원장 자리에 앉혀 놓고 나라를 주물렀다. 국보위는 박정희의 유품이었다. 국가재건최고회의를 본떴기 때문이다.

권정달 보안사 정보처장의 검찰 진술(1996년 1월 4일)을 보면, "전두환 (보안)사령관의 지시에 따라 5월 19일쯤 최광수 대통령 비서실장을 찾아가 '군 주요지휘관들의 의견이 하나같이 계엄확대에 따른 시국에 대처하기 위해 대통령 긴급조치권을 발동해 비상기구를 설치하는 것이 바람직하다'면서 대통령의 결심을 받아 달라고 요청했으나, 거절당했다. 전두환 사령관에게 이 사실을 보고했으며, 그 후 사령관이 최광수 비서실장에게 직접 전화를 해 군의 일치된 의견이니 대통령께 국가보위비상기구 설치를 건의해 달라고 재차 요청했다"며, 비서실장을 만난 것이 5·18 이튿날인 '5월 19일'이며, 그 지시자가 '전두환'임을 분명히 한다. 『실록』(325쪽)의 기록은 다르다. 전두환 보안사령관이 직접 비서실장을 만나 대통령의 의중을 타진했고, 비서실장은 대통령의 긴급조치권 발동은 불가하니 현행 법규의 테두리 안에서 가능한 방안을 찾아보라고 말했다는 것이다. 부하가 거절당하자 전두환이 직접 나선 것으로 추측된다.

더는 늦출 수 없었고, 늦출 이유도 없었다. 내일 아침이면 광주도 조용해질 것이고, '때'가 된 것으로 무릎을 쳤는지도 모른다. 전두환 보안사령관은 5월 26일 오전 11시 권정달 정보처장과 이학봉 대공처장을 흡사 쌍권총처럼 차고 청와대에 들어갔다. 『실록』(325쪽)은 그 '26일'을 '전두환의 호기 포착'으로 읽는다. 광주의 저항은 더 강으로 가고 있고, 계엄군이 그 도시를 무력으로 '수복'하기 위해 군화 끈을 조여 매던 "바로 그때 서울의 핵심 주도세력들은 정권찬탈의 호기임을 포착하고 빈틈없는 공작을 진행한 것"으로 본 것이다.

전두환이 대통령에게 국보위설치안을 극구 설명했지만, 곧바로 재가가 나온 건 아니었다. 그래도 하루는 넘겼다. 광주가 끝난 27일, 대통령은 '기존 법령의 범위 내에서 설치하라'는 단서를 달아 국보위를 인가했다. 허들은 또 있었다. 국무위원들이었다. 설득 외에 도리 없었다. 그 과정에서 박동진 외무부 장관이 뻐세게 나왔다. 노태우 수경사령관이 그를 보안사로 불렀다. 그날 열린 국무회의는 '토론 없이' 국보위를 통과시켰다. 5월 31일 의장인 최규하 대통령의 주재로 1차 회의가 열렸다. 당연직 위원 16명과 임명직 위원 10명으로 구성된 국보위는 청와대 2명, 각료 8명, 군 장성이 14명이었다. 6월 5일 출발한 국보위 상임위는 전두환 보안사령관이 상임위원장을 겸했고, 위원은 임명직 16명, 당연직 14명.

국보위설치안이 국무회의를 통과하자 전두환 보안사령관은 12·12 '경복궁 멤버 회의'를 소집해 국보위 인선 등을 논의한다. 보안사 참모회의가 '정책 집행기구'라면, '경복궁 멤버 회의'는 '비공식 의결기구' 같은 역할을 했다. 『실록』, 327쪽 전두환은 이 양대 받침돌로 '기다란 쿠데타'를 거침없이 끌고 갔던 것이다.

무게가 나가는 인사들을 국보위로 끌어들이기 위해 고심한 흔적들도 보인다. 거절이 더 많았을까, 아이고, 고맙습니다 하고 얼른 받아먹은 사람이 더 많았을까.

보안사 정보처 한용원 정보1과장의 1996년 2월 5일 검찰수사기록이다.

임성덕 검사 조순 씨와 손제석 씨를 만나서 국보위에서 일하여 달라고 요청한 경위 및 접촉 결과는 어떠했나요.

한용원 당시 조순 씨는 서울대 경제학과 교수이고, 손제석 씨는 정치학과 교수였는데, 제가 서울대에서 위탁교육을 받아 손제석 교수님에게 직접 강의를 들은 적이 있어 그러한 사실을 알았는지 1980년 5·17 직전 허화평 비서실장이 저를 불러서 '이 시국을 안정시키려면 비상대책기구(국보위)를 만들어야 하는데 경제 분야에 조순 씨와 정치 분야에 손제석 씨를 접촉하여 참여 의향을 확인하여 달라'고 지시해 제가 직접 서울대를 방문했으나, 부재중이어서 메모를 남겨두고 돌아왔더니 그 후 전화가 왔다. 조순 씨는 그런 기구에 가서 일할 생각이 없다고 하면서 거절했고, 손제석 씨는 승낙하므로 이를 허화평 실장에게 알려주었으며, 손제석 씨는 국보위 자문위원으로 일하다가 1980년 9월 1일 전두환이 대통령으로 취임하면서 청와대 교문수석비서관으로 들어간 것으로 기억합니다.

"내가 알기로는 그 당시 허화평 실장이 나를 포함하여 각 처장, 과장 등에게 임무를 분담시켜 여러 교수들을 접촉하도록 지시한 것으로 알고 있으며, 현재 경남대 극동문제연구소장으로 있는 곽태환 교수도 당시 권정달 정보처장으로부터 국보위에서 일할 것을 권유받았으나, 거절했다고 말하는 것을 들었다"고 했다. 한용원이 곁들인 진술이다.

국보위 출발 준비를 거의 마무리한 전두환과 그의 보안사가 5·18 기간 동안 잠시 국보위를 잡아 놓은 건 왜일까. '난리통 국보위 설치'라는 국민여론을 의식하는 한편, 각료 등 저항의 최소화를 위해 광주 함락 때까지 참고 기다린 것으로 봐야 한다는 해석이 나온다. 5·17을 완결하는 데 5·18을 전략으로 활용했다는 것이다.

맺는말
그러므로 '5·18 총사령관'은 '전두환 보안사령관'

전두환의 어법은 낯설지 않다. 검찰 진술이나 법정 증언이, 언론 인터뷰나 『회고록』이, 듣는 귀가 약간 불쾌를 느끼는 '본인'이란 문어체 사용까지 1크리크도 다름이 없어서다. 특히 자신의 몸에서 5·18을 떼어내 팽개치는 데는 기법으로서의 어법인 듯 아주 발달해 있다.

1996년 5월 6일 1심 7차 공판에서 그 예를 따온다.

채동욱 검사 시위가 격화되는 상황에서 그 진압책임자(윤흥정 전 남북계엄분소장)를 교체하는 것은 적절한 조치가 아니지 않은가요.

전두환 계엄분소장이 미온적인지, 강온적인지는 서울에서 판단하기 어려운 것이고, 모든 결정은 계엄사령관이 한 것입니다.

이재순 검사 피고인이 황영시 피고인을 통해 자위권 발동 방침이 세워지도록 한 것이 아닌가요.

전두환 피고인 정보기관장인 본인이 무슨 권한으로 계엄사의 일에 관여할 수 있겠습니까. 참고로 4월 14일 날 본인이 중정부장서리에 임명될 당시에 국방장관이 '서열상 정보기관장이 장관보다 위에 있으니까 특별한 일이 없으면 국방부 등에 자주 드나들지 말라'고 요청해 그 후로는 자주 드나들지 않았습니다.

채동욱 검사 당시 황영시(육군참모차장 겸 계엄부사령관)도 소준

5·18 당시 모든 결정의 중심에 있던 군 수뇌들의 모임을 간략하게 정리한 문건이다. 이희성 계엄사령관의 비서실에서 작성한 것으로 추정되며, 문건은 전두환이 좌장임을 은연중 보여 준다.

열 전교사령관에게 전화, 희생이 따르더라도 사태를 조기에 수습해달라고 요구했는데 알고 있나요.

전두환 피고인 전혀 모르는 사실입니다.

「증언 참고자료」는 희귀종으로 분류되는 군 문건이다. 2005~2007년 국방부 과거사위에 제출된 이 문건은 5·18 직후 이희성 육군참모총장 겸 계엄사령관 비서실에서 작성한 것으로 보인다. 5·18 당시 모든 결정의 중심에 있던 군 수뇌들이 했던 일에 대해 적어놓은 문건으로, '광주사건시 각종 조치 및 결심에 이르기까지는'이란 제목이 붙어 있다. 전두환이 만약 이 기록을 본다면 어떤 반응일 것인가.

제목 밑에는 고정 참석자를 적어 두었다. "국방 장관, 합참의장, 해·공군총장, 연합사부사령관, 보안사령관(당시 전두환 장군), 수경사령관" 식으로 직위만 써놓았는데, 전두환의 경우 괄호 치고 이름을 밝히고 있다. 참석자 중 좌장을 떠오르게 하는 '괄호 속 이름'이다.

그들은 모여 뭘 했나. "수차의 회의를 통하여 충분한 사태 및 상황 분석과 가용 방책 등을 '진지하게' 검토했음"이라 밝히고 있는데서 이 모임은 '5·18 막후 사령탑'으로 인정할 만한 근거가 된다. 참석자나 장소, 회의 성격 등으로 보아 이 모임과 논의 구조가 닮은 모임은 '매 격일로 열린 국방부회의'라 할 것인데, 참석자가 우선, 국방 장관, 합참의장, 연합부사령관, 육·해·공군 참모총장, 보안사령관, 수경사령관, 특전사령관으로 매우 비슷하다. 두 모임에 국방부 장관이 참석하고 있으므로 장소도 국방부일 것이고, 무엇보다 논의 태도가 진지하다는 점에서다. 『5공전사』(1645쪽)가 '매 격일로 열린 국방부회의'에 대해 "이들의 논의는 신중하면서도 진지한 것이었다"고 적은 것처럼 '진지함'도 유사하다. 닮은 것이 아니라 국방부회의와 동일체란 분석도 할 수 있겠다.

전두환 보안사령관 겸 중정부장서리는 음지에서 일하는 사람답게 5·18을 내밀하게 걸어갔다. '투명인간'이랄까, 지시나 결정은 하되, 온 데 간 데 없이 빠지고 공식 지휘라인을 '실 실행자'로 등장시키는 수법을 썼다. 전두환은 자신의 기록에도 신경을 썼던 모양이다. 보안사가 펴낸 비밀책자 『5공전사』가 될 수 있는 대로 그를 피해 가고 있는 것만 봐도 알 수 있다. 『5공전사』는 꼭 필요한 대목이 아니면 그의 행적을 적지 않고 건너뛴다. 후환 때문이었을 것이다.

5·18은 전두환 보안사령관의 의사와는 상관없이 결과적으로 보면 그의 3차 쿠데타, 내란으로 귀결되었다. 한국의 법이 그에게 쿠데타 하나를 더 얹어준 것이다. 정권강탈의 종착역을 눈앞에 두고 '광주'라는 강적을 만난 그의 심리학에 '조기 진압' 말고 더 보배로운 답은 없었을 것이다. 까딱하다가는 다 잡은 '승리'를 놓치고 말 것이란 불안감에 뒤척이면서 '수단'을 강구했을 것이다. 어떻게든

빨리, 광주만 가라앉히면 세이프인데, 보안사령관의 비밀스런 행보는 거기에 있는 것 같다.

전두환의 '5·18 행적들'은 다음의 4가지로 구분된다. ① 가림막 설치: '계엄사령관 이희성'은 그의 1순위 가림막이었다. ② 보안사 참모들에 대한 임무 부여: 처장급 참모 5인방은 전두환의 쿠데타 설계팀이자 실행팀이었다. ③ 12·12 '경복궁 멤버' 운용 ④ 계엄사 브리지 설치: 황영시 육군참모차장 겸 계엄부사령관이 저돌적 가교 역할을 했다. ⑤ 전두환의 직접 행동은 사전승인 받아내기와 '건의'란 이름의 '압박' 등으로, 주 대상은 대통령 하나였다. 이를테면, 5월 25일 오후 확정된 '상무충정작전계획'을 사전에 최규하 대통령에게 보고한 건 대통령의 재가를 받았으니 그 책임은 대통령 당신한테 있다는 것일 테고, 그날 오후 대통령을 광주에 내려 보낼 때 압박을 사용했다는 검찰의 포착이 있었다는 것이다.

"광주사태에 나는 없다"던 사람 스물여섯을 4장에서 만나 보았다. 이 '26'이 거역할 수 없는 전두환의 5·18 행적 증명서다. 이 글이 모으고, 개척한 전두환의 5·18 분신들이다. 군 기록 및 검찰, 법원 등 나라의 기관들에 의해 증명된 행적들이 대다수이므로 '광주 관여'이거나 '광주 개입'이라기보다는 '광주 지휘'란 표현이 더 적절한 표현이 될 것이다. 그 분신의 언어들이 광주로 흘러들어 광주는 피에 젖었다.

육군참모총장 겸 계엄사령관 이희성 대장과 보안사령관 겸 합수본부장 겸 중정부장서리인 전두환 중장의 권력관계는 반(反)계급적이다. 중장의 지배-대장의 복종 관계가 성립되기 때문이다. 이희성의 수모는 12·12가 낳은 사생아다. 이희성의 '바지'는 반계급적의 상징으로, 5·18이 끝난 뒤 그 '바지'로 교통부 장관을 얻었다.

보안사령관이 최후의 결정권자이자 지시 이행 주문자라면, 계엄사령관은 결정 및 주문 이행 지시자라는 구도를 형성했다. 보안사령관-계엄사령관 사이에서 드러나는 사실상의 지휘체계는 지휘-실무 수행으로 정리된다. 실질적으로 계엄사령관 위에 보안사령관, 그런 상하관계를 이루었다는 것이다.

3개의 공식 수장에, '비공식 계엄사령관'을 보태 4개의 수장을 한 꿰미에 꿰어 찬 전두환의 머리 위로는 아무도 존재하지 않았다. 5·18 첫날, 7공수여단을 금남로 등 시위현장에 투입하면서 계엄사령관과 대통령의 사전재가도 없이 조치한 것에서도 그의 네 번째 직함은 입증된다.

공식 지휘체계로 따진다면야 계엄사령관 이희성이 '5·18 총사령관'인 것은 자명하지만, 계엄사령관이란 직함을 전두환 보안사령관에게 내주는 것으로 이희성은 그의 야욕에 부역했다. 가령, 이희성이 제 몫을 다했더라면 그가 5·18내란의 수괴로 단죄되었을 것이다. 전두환이 이희성의 모자를 눌러쓰고 있었으므로 사법부가 그 전두환을 '5·18 총사령관'으로 지목했고, '수괴'라는 죄목을 씌워 무기징역을 선고했다. '보안사령관 전두환'이 '5·18 총사령관'이

되는 이유다. 설령, 법의 결정이 없었다고 하더라도 26개의 행적이 '총사령관'을 떠받친다.

전두환에게 내주는 '5·18 총사령관'이란 직함은 5·18에 대한 그의 죗값을 극대화하는 데 효과가 있을 것이다. 그 직함을 듣기만 해도, 또는 보기만 해도 전두환 보안사령관이 5·18을 다 했구만, 하고 직통으로 알게 될 것이니까.

전두환을 시렁 위에 안치해 두고는 '전두환의 5·18'을 완성시킬 수 없다. 그를 시렁에서 내려와, 더 크고, 더 많은 '전두환의 5·18'이 추적되어야 한다. 사실, '전두환학(學)'은 가난하다. 공부의 초점을 '전두환과 5·18'에 맞추지 않은 때문이다.

이 글은 말한다. 제1의 제안이다. 혹, 전두환이 생각나거나 그를 불러낼 일이 생긴다면 나라의 민주 발전을 위해 '전두환=5·18 총사령관'이란 등식을 사용하자는 것이다. 나라의 역사 발전을 위해 그 등식의 전두환을 오래 기억하자는 제의다.

5장

무엇이 '광주폭동'인가

1980년 5월의 광주에는 '5·18민주화운동'이란 이름자가 붙어 있다. 나라가 지어 준 이 이름은 광주의 행위를 중심에 둔 '저항'을 반영한 것이므로 본명으로 놔두고, 5·18 가해 중심자를 이름의 중심에 앉히는 별칭이 요청된다는 것이다. 5·18 과정에서 전두환 보안사령관의 한 마디 한 마디가 사실상 '최종 명령'이나 다름없었다는 분석이 나온 건 오래전 일이고, 이 글도 그를 중심자로 논증했다. 광주가 폭동한 것이 아니라 전두환이 광주에서 폭동한 것임을 부각시키기 위한 기능성으로 '전두환의 광주폭동'만 한 별칭은 없을 것이다. 5·18을 글로 쓸 때 '5·18민주화운동'이라 본명을 적은 뒤 괄호를 치고 '전두환의 광주폭동'이라 쓰면 5·18의 생김새를 한눈에 알아볼 수 있어서다.

'소요'와 '난동'과 '폭동'에는 공통적으로 '폭력'이 살고 있다. 세 낱말의 폭력성을 최고 3점에 두고 세어 보라고 하면 소요에는 폭력 한 마리를, 폭동에는 폭력 세 마리를 그릴 것이다. 셋 중 폭력성이 아주 강한 것이 폭동이다. 국립국어원 표준국어대사전은 폭동을 '내란에까지 이르지 아니하였으나 집단적 폭력 행위를 일으켜 사회의 안녕과 질서를 어지럽게 하는 일'이라 푼다. 데모나 시위의 경계를 1센티만 초과해도 사회는 행위자를 흘겨본다. 행위자의 사정이야 어떠하든, 사회가 고장 날까 봐 그럴 거다. 그것이 폭동에 이른다면 행위자는 폭동자가 되고, 사회는 폭동자에 민감해지며 관용을 거둔다. 가치판단을 배제하고 폭력현상만 들먹인다. 폭동자는 그래서, 사회의 파괴자란 손가락질을 받으며 무시당하게 된다. 손가락질은 명이 길어, 시간이란 약도 별 효험이 없다. 그 집게손가락은 폭동자에게 면목이 없는 수치이자 떨림이 있는 능멸이다. 심하게는 폭동자의 품질로 변이되어 오래 저장된다.

 폭동은 정치적 활용 가치가 높은 폭력 구조를 갖고 있다. 폭동 지휘자가 있고(없을 경우 권력은 사회적 가치를 지닌 지휘자를 찾아냄), 살상과 파괴, 습격에 약탈, 방화까지 여러 폭력행위가 혼합되어 있는 행동이기 때문에 코걸이로도 제조할 수 있고, 귀걸이로도 가공할 수 있다. 동서고금을 막론하고 못된 권력자들은 있어, 권력의 못된 행위에 폭동을 갖다 붙이는 기민성을 보여 왔다. 권력의 행위를 정당화하는 도구로 폭동을 끌어 쓰는 데 익숙했다는 것이다. 적절한 논리로 포장해 겁박과 회유로 순치된 언론에 맡겨 놓으면 금세 홍보 효과가 나타났다.

 어떤 특정한 현상이 의(義)가 아닌 것에 대한 자연법적 저항권의 행진으로 표출되었고, 수세에 처한 자위권의 발동이었으며, 현재의 부당한 침해가 존재하는 등 정당방위의 성립 요건을 갖추고 있음에도, 고의적으로 폭동이란 프레임을 씌워 날조했다면 그건 '만들어진 폭동'이 된다.

 5·18은 '특수한 폭동'이다. 1개의 폭동 및 4개의 폭동공작이 하나의 시간과 공간에 공존한다. 5장은 '폭동적 광주폭력'과 함께 전두환그룹이 5·18에 놓은 '폭동의 덫'에 대한 역설의 해석이다. '거꾸로 된 5·18'을 옳게 되돌려 놓을 것이다.

1. 시위진압의 '폭동성'

대법원 "공수부대가 폭동했다" 판결

5·18에 원래, 폭동은 없었다. 없는 걸 누군가 '있게' 했다. 인공의 기교가 거기 도사리고 있다. 폭동을 제조한 이유는 두 가지로 정리된다. 첫째, 계엄군의 광주폭력을 광주에 전가하기 위해 '있지도 않은 폭동'을 지어냈다. 폭동은 광주가 했고, 공수부대는 그 폭동을 가라앉히는 임무를 수행했을 따름이란 덮어씌우기 술책이다. 훗날 광주폭력이 문제로 떠오를 것에 미리 대비한 것이다. 둘째, 5·17 비상계엄 전국 확대 조치 등에 대한 국민들의 곱지 않은 시선을 다른 데로 분산시키면서 정당성을 얻어내기 위해 폭동의 광주를 꾸며냈다. '광주가 폭동을 일으켜 사회의, 국가의 안녕과 질서를 깨고 있다. 저거 그냥 놔두면 우리 모두가 위험에 빠진다.' 5·18 당시 전두환의 보안사가 언론이란 통로를 통해 국민들 머리 위로 폭동의 조명탄을 참말같이 쏘아 올려, 다들 광주가 폭동한 줄 알았다.

24년 전, 사법부는 전두환그룹 쪽에 "폭동은 너의 것"이라 판시한다. 1997년 4월 17일, 폭동으로부터 광주를 꺼내준 것이다. 폭동적으로 시위를 진압했으므로 폭동자는 계엄군이란 판결이었다. 한국의 현대사에서 정권의 느낌에 따라 '폭동적 진압'으로 처리된 시위 및 사건은 적지 않다. 1947년 제주 3·1시위, 1960년 마산

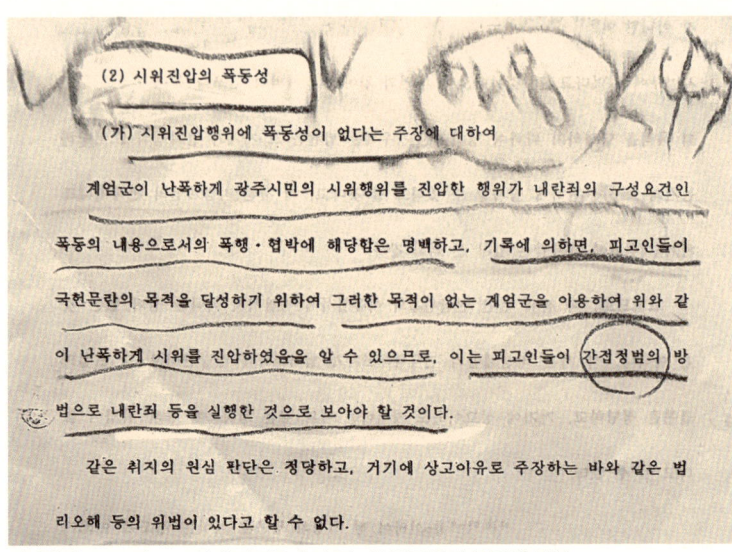

대법원의 12·12 및 5·18사건 판결문에 나오는 '시위진압의 폭동성' 부분.

3·15의거, 1960년 4·19혁명, 1979년 8월 서울 YH여공사건, 1979년 10월 부마항쟁, 1980년 4월 21일 사북항쟁 등이 그 상징 사례로, 그 많은 시위 가운데 '폭동적 시위진압(Police Brutality)'이란 용어를 적용한 사례는 5·18 재판이 처음이다. 이 땅에선 전례를 찾아볼 수 없는 판단으로, 판례가 되었다.

대법원은 그날, 12·12 및 5·18사건 판결 선고에서 '시위진압의 폭동성─시위진압행위에 폭동성이 없다는 주장'에 대해 다음과 같은 결정을 내린다.

'계엄군이 난폭하게 광주 시민의 시위행위를 진압한 행위가 내란죄의 구성요건인 폭동의 내용으로서의 폭행·협박에 해당함은 명백하고, 기록에 의하면 피고인들(전두환, 전두환그룹)이 국헌문란의 목적을 달성하기 위하여 그러한 목적이 없는 계엄군을 이용하여 위와 같이 난폭하게 시위를 진압하였음을 알 수 있으므로, 이는 피고인들이 간접정범의 방법으로 내란죄 등을 실행한 것으로 보아야 할 것이다. 같은 취지의 원심 판단은 정당하고, 거기에 상고 이유로 주장하는 바와 같은 법리 오해 등의 위법이 있다고 할 수 없다.'

대법원의 이 판시는 전두환과 전두환그룹이 광주에 공수부대를 풀어놓고 폭동적으로 시위를 진압했다는 것이며, 그 의미는 공수부대가 광주에서 광주폭동을 일으킨 것으로 확장된다.

5·18에서 '폭동'은 중대한 문제다. '광주폭동'으로 비방하거나 매도하고, 폄하 또는 폄훼하는 세력이 상존하고 있어서다. 인터넷엔 '광주폭동'이 모여 살고 있고, 언제, 어디서, 누가 튀어나와 '광주폭동'을 외칠지 모른다. 그 폭동으로 광주가 다치고, 역사가 다친다.

몸이 '폭동'을 기록하다

'폭동적 진압'은 실지로 '폭동적'이었나. 공수부대의 광주폭력을 편의상 계엄군의 외곽 이동 배치를 기준 삼아 5월 18~21일, 5월 22~27일 둘로 나누어 살핀다.

먼저, 18~21일의 시내 폭행.

마크 피터슨은 그의 논문 「미국과 광주사건」에서 마치 자신이 '공수부대 광주폭동 현장'에 나와 있는 것처럼 묘사한다. "5월 18

일 일요일 오후 3시경(공수부대의 첫 시위 진압 투입은 오후 4시였음), 공수부대가 진입, 소규모로 모여 있는 시위군중들을 해산시키고, 거리를 돌아다니며 시위군중들이 가까이 있는 건물로 달아나면 뒤쫓아 들어가 거기 있는 사람들을 시위 여부와 상관없이 모조리 진압봉으로 치고 때렸다. 그들의 무차별 폭력은 그렇지 않아도 달아올라 있던 학생들의 가슴에 불을 당겼다"며, 항쟁공동체의 생성 배경을 적는다. "일반 시민들조차 학생들의 분노에 공감하게" 된 것은 부마항쟁과는 달리 '공수부대의 강경진압'이 실패했다는 것을 의미하며, "더욱 중요한 것"이라 덧붙인다. "그래서 시위는 다음날(19일)에도 계속되었다. 월요일이 되자 시위진압에 실패했음을 깨달은 공수부대원들은 폭력을 가일층 난폭하게 휘둘렀다"는 것이다. 그는 "학생·시민들에게 무차별 폭력을 가해 아예 거리를 싹 쓸어버릴 듯이 덤벼들었다. 화요일(20일), 폭력은 점점 더 심해졌다"면서 "어느 면에서 그들 공수부대원들은 그 지역 경찰들마저 따돌리고 있었다"는 사실을 들어, 진압의 잔혹성을 묘사한다.

총을 든 군인들은 사람을 짐승처럼, 사냥했었다. '인간사냥'이란 것이 역사에도 있고, 현실에도 있다고는 하지만, 정확히 18일 오후 4시부터 '광주사냥'이 시작되었다. 사진도 영상도 현장의 눈보다 나을 것이 없다. 취재수첩에 적을 것도 없었다. 눈이 기억했다. 펜이 무슨 소용인가. 나의갑은 시위대와 같이 쫓겨 다니고 함께 소리쳤다. 공수부대는 하나라도 사냥감을 놓칠세라 이리 뛰고 저리

뛰고, 메뚜기 떼들 같았다. 체포 중심이었고, 주무기는 진압봉과 M16 소총, 총 끝에 달린 대검, 훈련된 군홧발이었다. 끝까지 뒤쫓아가 진압봉과 개머리판으로 두들겨 팬 뒤, 팬티만 남긴 채 옷을 벗겨 군용 트럭에 싣고 휭 가버렸다. 공수부대가 덮칠 때마다 금남로 등 연도에 나와 있던 시민들은 숨을 곳을 찾아 내빼느라 소동을 빚었다.

표적은 거리의 젊은이들만이 아니었다. 지나가는 시내버스와 택시도 세워놓고 대학생 같다 싶으면 진압봉으로 매타작을 하면서 끌어내려 군홧발로 짓밟았으며, 시외버스공용버스터미널에도 뛰어들어 난장판을 만들었다. 또 광주제일고에 들이닥쳐 수업 중인 방송통신고생들에게 진압봉을 휘두르며 어디론가 끌고 갔다. 도망치는 젊은이들을 잡는다고 가정집에 침입하는 것도 서슴지 않았다. 부엌과 방안, 장롱까지 뒤지고, 화장실과 변소 문도 열어 보았다. 사냥에 실패하면 어디다 숨겨 놨냐며 애먼 집주인을 족치기도 했다. 공수부대는 아침이 되면 집집을 뒤지고 다녔다. 금남로1~5가, 그 인근 건물을 수색해 젊은이들을 잡아갔다.

금남로의 창에는 눈들이 달려 있었다. 하던 일을 멈추고 우르르 창가로 몰려가 아, 저럴 수가, 금남로의 폭력에 분개했던 것이다. 나의갑은 귀로 취재했다. 공수부대는 보는 눈도 때렸다. "야, 이 새끼들아, 문 안 닫아. 한번만 더 내다보면 올라가서 다 죽여 버린다. 빨리 창문 가리고 일이나 해, 자식들아." 금남로1가 1번지 전일빌딩의 맞은편 인도에 있던 공수부대원 2~3명이 창가의 눈을 진압봉으로 탁탁 치는 시늉을 하면서 소리를 질렀다. 눈들이 창에서 사라지고 블라인드가 쳐졌다. 블라인드 몇 개 내린다고 광주가 가려지나, 창 안의 눈들 생각일 것이다. 광주는 이미 거대한 파도였다.

금남로1가에서 시위하던 학생 10여 명이 다급한 김에 전일빌딩 뒤 광주YWCA로 피했다. 쫓아 들어간 공수부대가 신용협동조합 직원들을 거리로 끌어내 현관 앞에 원산폭격을 시켜 진열해 놓았다. 그때 맞은편 무등고시학원 4층에서 수강생들이 야유를 보내며 매를 말렸다. "야, 너무한다, 너무해. 그만 좀 해라." 학원은 순식간에 쑥대밭이 되었고, 수강생들은 모조리 밖으로 끌려나왔다. 30여 명을 길바닥에 엎어 놓고 발로 밟고 개머리판으로 내리족치고, 진압봉은 머리를 가격했다.

택시와 시내버스 운전자들은 부상자 등을 실어 날랐다는 이유로 수난을 당했다. 몇몇 운전자가 공수부대한테 맞아 죽었다는 소문이 나돌기도 했다. 경찰 간부를 혼낸 일도 있었다. 전남도경 작전과장은 금남로1가 광주관광호텔 앞에서 공수부대가 넘겨준 부상자 20여 명을 놓아주려다 들통이 나 지휘봉이 동강나는 벌을 받았다.

공수부대가 갖고 나온 물건은 다 폭력이 되었다. 찌른 건 대검이었고, 쏜 건 총이었다. 총보다 더 끔찍스런 공포감을 주는 칼(대검), 그 칼에 광주는 11번 찔렸다. 고3 여고생도 몸에 저장된 대검의 기억이 있다. 전남도청에 지휘소를 둔 공수부대가 21일 오후 5시 외곽으로 빠지기 전엔 총은 주로 '시위'를 쏘았고, 도청 주변에선 저격수를 운용했다. 도청 앞 광장에서만 집단사격이 있었던 건 아니란 주장은 중요하다. 20일 밤 11시 광주역 앞, 21일 정오쯤 전남대 정문 앞, 21일 오후 1시 도청 앞 광장 등 최소 세 차례라는 것이다.

22~27일의 외곽 폭력.
외곽으로 이동해서는 엉뚱하게도 총구를 민간인한테 돌렸다. 주남마을과 효천역, 광주교도소, 국군광주통합병원 인근 등에서 시위와는 전혀 상관이 없는 민간인들이 다수 희생되었다.
전남도청 본관에 차린 시민군 상황실에서 '보도' 완장을 발급받은 나의갑은 5월 23일 외곽 상황을 취재하기 위해 시민군 쪽이 마련한 군용 지프(보도 차량)를 타고 화순 너릿재 바로 앞 교동다리에 이르렀을 때 숲속에 매복해 있던 공수부대의 집중사격을 받았는데, 접근하면 무수히 총을 쏘아댄 것으로 보아, 민간인 학살이 더 있을 것이란 추측이다.

27일 새벽의 총은 최후의 항쟁지 전남도청을 수중에 넣어, 광주를 마감시켰다. 3개 공수부대에서 엄선한 특공조가 광주를 덮쳐, 광주를 종결한 것이다.
'폭동적 시위진압'의 참혹한 풍경은 사라지고 없으나, 그 흔적들은 오롯이 저장되어 있다. 무덤의, 몸의 기억들이다. 국립5·18민주묘지는 그 자체로 거대한 기억의 창고인 것이며, 각자의 상처 또한 몸에 기록된 기억인 것이다. 역사는 기억들에서 에너지를 얻는다. 기억의 기록이 역사다.

2. 활자의 폭동-언론공작

 시위진압의 강도에 대한 법의 판단인 '폭동적 진압'이 전두환과 전두환그룹의 제1 폭동이라면, 언론공작은 제2 폭동이다. 5·18 당시 서울지역 등 전국의 언론은 내란군 쪽 깃발을 들고 광주를 '활자'로, '소리와 그림'으로 폭행했다. 광주가 폭동을 일으켰다며 전국에 실황 중계라도 하듯 열심으로 퍼 날랐다. 언론 사용법에 능한 전두환의 보안사가 공작한 '활자의 폭동'을 본다.

보도검열단에 끼어들어 수장 노릇

 보안사령관 전두환의 마당은 비상계엄이 깔아주었다. 10·26으로 계엄이 선포되자 잽싸게 합수본부장 자리를 거머쥐었고, 12·12도 계엄 상황이 비상구를 열어준 셈이었다. 대통령을 졸라대 중정부장서리를 따낸 것도 무싯날이라면 원천적으로 불가했으며, 1980년 5·17은 계엄 국면을 최대로 활용한 반역이었다. 군의 언론 사전검열도 계엄 상황이 아니라면 쳐다보지도 못할 나무였다. 계엄이 그의 야욕의 자양분 겸 뒷배가 된 것인데, 1980년 9월 1일 대통령에 올라서도 걱정이 되었는지 이듬해 1월 24일에야 계엄을 해제했다.

보안사에게 언론을 관리하는 임무가 주어진 것도 아니고, 언론 검열이 요구되는 상황도 아닌데 기사를 통제하는 보도검열단에 숟가락을 올린다. 저의가 의심되는, 전혀 합당치 않은 처사로, 보안사의 일탈적 행보 가운데 중요 지점이다. 보안사의 첫 언론공작으로 볼 수 있어서다.

10·26 이튿날 새벽, 제주도를 제외한 전국에 비상계엄령이 선포됨과 동시에 계엄사가 설치된다. 계엄사는 4개 처로 나누어 계엄 업무를 처리했다. 언론 사전검열을 담당하는 보도처(검열과, 홍보과), 치안처(정보과, 공안과, 수사과, 기획과), 법무처(법무과, 검찰과), 행정처가 그 4개 처다. 계엄사령관 직속의 합수부와 3개 처는 업무상 연결이 되지만, 보도처와는 아무런 연고가 닿지 않는다. 보도처장 또는 검열과장이 수장이 되어 검열과에서 사전검열 업무를 처리하면 그만이었다. 근데 그 사업장에 군손님이 날아들어 검열판을 좌지우지했다. 계엄사가 꾸린 보도검열단에 보안사에서 파견한 '조정관'이 보도검열단장 노릇을 한 것이다. 사고가 난 중정에 최예섭 보안사 기획조정실장을 파견한 데에서 힌트를 얻은 것인지, 누구의 자문을 받은 것인지, 그건 알 수 없다.

10·26 다음날 발표된 계엄포고령에 대학 언론을 포함한 모든 언론·출판·보도는 계엄사 보도검열단의 사전검열을 받도록 되어 있어 검열판을 열었지만, 기계적이란 비판에서 자유로울 수 없다. 무슨 전쟁이 난 것도 아니고 보도검열을 해야 할 상황이 아니었기 때

문이다. 당시 국무회의에서 충분한 논의가 이루어졌어야 마땅했다. 더 문제는 비상계엄 선포다. 대통령 하나 죽었다고 계엄 발동 요건이 되느냐, 하는 것이다. 계엄감으로 필요충분조건이 약하다는 시각이 있다.

보도검열단은 서울의 경우 서울시청에, 지방에선 시·도청에 자리를 잡았다. 전남북계엄분소는 전남도청(광주 소재) 별관 2층에 보도검열단을 두었다. 당시 광주에는 전남일보, 전남매일신문 2개의 신문사와 KBS, MBC, CBS, VOC(전일방송, 전남일보사가 겸영한 민간상업방송) 등 4개의 방송국이 있었다.

이민규 중앙대 미디어커뮤니케이션학부 교수는 한국언론진흥재단의 월간지 『신문과방송』 2020년 4·5월호 '신군부와 언론검열'에서 1979년 10월 27~81년 1월 24일까지의 계엄 기간 456일 동안의 언론 사전검열에 대해 서울지역 언론사를 중심으로 소상하게 분석한다.

그의 논문에 따르면, 당시 서울에선 경향신문, 동아일보, 서울신문, 신아일보, 조선일보, 중앙일보, 한국일보 등 7개 종합신문과 매일경제, 서울경제, 현대경제 등 3개 특수신문이 매일 8면을 발행하고 있었으며, 통신은 합동통신과 동양통신(연합통신으로 통폐합되어 현재 연합뉴스로 명칭을 바꿈), 방송은 기독교방송(CBS), 동아방송(DBS, KBS에 흡수 통폐합됨), 동양방송(TBC, KBS에 흡수 통폐합됨), 문화방송(MBC), 한국방송공사(KBS) 등 5개 방송국이 있었는데, 검열단은 이들 언론사가 생산한 기사를 검열지침에 따라 통제했다.

51명으로 구성된 검열단은 정훈 병과 위주로 육해공군에서 차출되었다. 경제나 문화, 외신 같은 전문 분야 검열의 경우 경제기획원, 문화공보부, 서울시청 등에서 파견 나온 공무원들이 도왔다.

전남도청의 검열단도 수장은 505보안부대 정보과 소속 준위 또는 상사였고, 전교사와 31사단 정훈 장교 5~6명이 검열에 동원되었다.

검열의 목적은 8대 검열지침에 녹아 있다. (계엄사 등) 발표문 이외 게재 금지, 비상계엄에 관계해 목적을 부당하게 왜곡·비방·선동하는 내용, 국민여론 및 감정을 자극하는 사항, 치안 확보에 유해로운 사항, 군의 사기를 저하시키는 사항, 군 기밀에 저촉되는 사항, 공식 발표하지 않은 일체의 계엄사무 사항, 기타 국가이익에 반하는 사항 등으로, 언론은 계엄사와 군이 하는 일에서 눈을 떼라는 압박에 다름 아니었다.

군인들은 신문·방송 기사를 무 자르듯 동강냈다. 계엄이 길기도 했지만, 27만7906건의 기사 가운데 1만1033건(4%)을 전면 삭제했고, 1만6025건(5.8%)은 부분 삭제했다. 1만 건 이상의 기사가 군의 펜에 잘려 나간 것이다.

검열의 교활함도 지혜일 것이다. 이민규는 논문에서 "1980년 4월 1일 '서울의 봄'으로 학생들의 민주화 요구 데모가 한창이었던 시기, 보도처 보도검열단에서 발행한 '검열세부지침'에 의하면 공

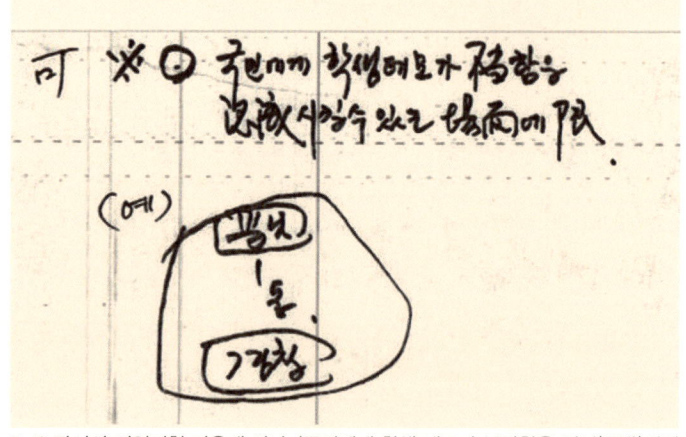

5·18 당시의 검열지침 가운데 하나. '국민에게 학생 데모가 부당함을 인식(認識)시킬 수 있는 장면에 한(限)'해 보도를 허용한다는 지침이다.

공질서와 유관해 시위, 난동, 농성, 불법 집회 등을 선동·고무·찬양하는 내용에 대해서는 보도를 일체 불허하지만, 예외적으로 학생, 노조, 종교 및 기타의 자연발생적인 시위 등 의견 표현 행위의 단순한 사실 보도는 허용한다는 지침을 검열단에 하달했다. 예외적인 검열지침은 신군부가 언론을 이용해 공공질서를 어지럽히는 학생, 노조, 재야, 종교단체의 시위 활동에 관한 보도를 의도적으로 묵인해 혼란스러운 정국의 분위기를 여론화시키겠다는 의미였다"며, 의뭉스런 검열의 속내를 집어낸다.

그는 이어 "계엄 철폐와 민주화를 요구하는 '서울의 봄' 당시, 1980년 5월 6일 대외비로 취급한 학생시위 관련 검열지침에는 '국민에게 학생 데모가 부당함을 인식(認識)시킬 수 있는 장면에 한

(限)'해서 보도를 허가했다"고 검열의 진화를 꼬집는다. 학생들이 경찰한테 돌을 던지는 장면 등을 담은 기사의 경우 통제하지 말고 허락하라는 예외적 검열지침인 것인데, 영민한 방침이다.

언론을 '좋은 친구'로

전두환 보안사령관이 보안사의 검열 체험을 쿠데타의 자양분으로 활용했을 것이란 견해는 틀리지 않아 보인다. 아마, K-공작계획도 그 체험에서 우러나왔을 것이다. 검찰이 전두환그룹의 5·17 음모의 출발점을 1980년 2월로 판단한 데는 그만한 이유가 있었다. 그 무렵 보안사 이상재 준위가 이끄는 '언론반'을 구성하고, 그의 주도로 K-계획을 만들어 3월 25일부터 가동하고, 새로 가다듬은 검열세부지침을 4월 1일부터 적용했기 때문이다. K-계획의 핵심은 검열 조종 및 언론인 회유공작을 통한 언론 장악이었다. 'K'는 'King'의 머리글자로, 전두환을 '최고'의 자리에 올려놓기 위한 언론공작을 뜻한다고 한다.

이상재의 '언론반'은 정보처 소속이지만 정보처장의 지시에 든 건 아니었던 것 같다. 전두환과 이상재의 독대가 그걸 암시한다.

가는 길의 목표가 '못된 것'이라면 특별히 챙겨야 할 품목은 언론이다. 아무 소리 않고 가만히 있어 주거나 손바닥에 땀나도록 박수 치는 언론이 절대적으로 필요하다는 것이다. 언론만이 가능한 활자의 부역, 소리의 부역을 구하지 않고는 실패할 확률이 높아서다. 전두환과 그의 보안사는 12·12를 간단히 통과하면서 언론을 '좋은 친구'로 만들기 위한 방책을 구상해 온 것으로 확인되고 있다.

권정달 정보처장은 1996년 1월 13일 검찰 재수사 때 언론공작의 시초에 대해 "1979년 12월 하순경 허화평, 허삼수, 이학봉 등은 집권을 위한 기반을 조성하는 데는 언론공작이 필수적이라 생각하고 언론공작 임무를 수행할 적임자를 찾던 중 허삼수가 이상재를 허화평에게 추천하였고, 이런 연유로 허화평은 이상재를 보안사령관 보좌관으로 임명토록 하여 12월 하순경부터 언론계 인사들을 접촉하여 회유하는 등 언론공작을 시작하였다"고 폭로한 바 있다. 권정달의 직속 부하 한용원 정보1과장도 『한 회고록』(71쪽)에서 "3김과 그 측근을 배제하고 언론을 조종·통제한다면 정권 장악이 가능하다 보았다"고 언론공작에 동의한다.

『실록』(221~222쪽)은 표지를 포함해 A4 용지 11쪽의 필사본인 K-계획은 정권강취를 위한 기초 작업의 대표적 사례라 밝힌다. K-계획 관련 기록들을 보면, 언론과의 거리를 좁히기 위해 전두환 보안사령관과 언론 사주 및 간부들의 면담 추진, 중진 언론인 접촉 및 순화에 이어 정치적 성향 분석, 언론인 간담회 개최, 보안사령관 이미지 선전 등으로 보안사가 바삐 움직였던 것 같다.

쿠데타 모의와 공작과 음모, 이 셋을 매끄럽게 통과할 말이란 '은밀'일 것이다. '은밀'에는 더 특별한 돈이 들어간다. 자금 없이는 '은밀'이 작동되지 않기 때문이다. 언론공작에도 상당한 돈이 들어갔을 것이다.

미국 합동참모본부가 1980년 4월 21일 주한미국대사관과 자국의 국방정보국(DIA), 워싱턴 DC로 보낸 기밀문서에 전두환의 돈이 적힌다. 우리(주한미국대사관) 사무실에서 가장 신뢰성 있는 '출처'라고 강조하는 기밀문건은 "그(전두환)는 최근 몇 달 동안 군 외부의 지원을 이끌어 내고 12·12 및 그 이후 자신의 행동을 정당화하기 위한 작업에 많은 액수의 금액을 사용한 것으로 알려져 있다"고 전한다. 문서는 자금줄이 단단하다는 것도 보여 준다.

'폭동' 프레임의 부역자 신세

5·17 결행 일자가 조정된 건 펜들의 저항이 일정 부분 영향을 미쳤다는 관점도 있다. 서울을 포함해 전국이 각 언론사별로 비상계엄 해제 및 자유언론운동을 이어가며 보글보글 끓고 있는 상황에서 1980년 3월 17일 한국기자협회장에 당선된 김태홍(합동통신 기자) 회장이 물꼬를 트자 전두환의 반격이 들어온다. 기자협회가 5월 16일 기자협회 회장단·운영위원·분회장 연석회의를 열어 '5월 20일부터 검열 거부 및 제작 거부'를 결의한 것이다. 이 선언이 실행될 경우 쿠데타의 전도에 먹구름이 몰려오게 될 건 불을 보는 일과 같아서, 해법을 강구해야 했다. 기자협회를 정리하기 위해 날짜를 당겨 17일 밤 예비검속 때 이수원 부회장 등 간부 6명을 잡아들였다는 견해가 존재한다. 피신한 김태홍 회장 등 3명도 얼마 안 가 붙잡혔다.

기자협회의 '결의'에 전두환과 그의 보안사는 쇼크반응을 일으킨다. 계엄에 계엄을 포개놓은 거 같은 5·17 비상계엄 전국 확대 조치에 앞서, 언론에 대못을 박는다. 보안사 '언론반'에서 5월 17일 낮 '5·17 계엄지역 확대 조치 및 포고령 10호에 의한 보도통제지침'을 각 언론사에 내리고, '위반할 경우 폐간'하겠다고 위협한 것이다.

국방부 과거사위는 2007년 7월 24일 프레스센터 18층 외신기자클럽에서 조사결과보고서를 발표하면서 이 같은 자료를 보안사에서 입수했다고 밝혔다. 그날 공개된 '보도통제지침'의 결재란(사령관)에 전두환은 서명하면서 '(계엄사) 보도처, 위반시 폐간'이라고 직접 써넣었다. 보안사로부터 이 문건을 넘겨받은 계엄사 보도처는 5월 18일 오전 10시 40분 서울지역 22개 언론사 편집부장을 불러 1980년 4월 1일 내린 '검열지침'을 '보도통제지침'으로 대체한다고 전달했다. 5·18에는 이 강화된 보도통제지침이 적용되었다.

보도통제지침에는 현행 헌법 체계 및 정부를 비방하는 내용, 반정부 또는 혁신노선을 주장·선동하는 용공분자를 정치범으로 취급·옹호하는 내용, 발표되지 않은 전현직 국가원수 및 정부 요인과 그 가족의 동정 및 모독 비방 내용, 비상계엄 선포 실시 및 5·17 비상계엄지역 확대 조치에 대한 비판과 포고령 위반 내용, 10·26 이전의 체제 및 치적과 통치 방식 등을 비방하거나 부정하는 내용을 보도하지 말 것 등이 포함되어 있었다.

보도통제지침의 '기타'에 명시한 계엄업무 유관 사항과 삭제 부분에 대한 공백 및 돌출 광고 금지 등은 소소한 것들이고, 18일 오전 계엄사 보도처가 발표한 '추가 지침'은 보도 통제에 대한 기술이

일취월장하고 있음을 보여 준다.

추가 사항

가. 통신 검열필(畢) 송신 금지(게재분 필히 재검열, 각색 예방을 위한 조치임)

나. 생방송 금지(출입처, 지방, 해외와 직통 연결 방송 포함)

다. 정부 및 계엄사 중요 발표 직후 CF·CM 금지(중요 발표 내용 경시감(輕視感) 전파 예방)

라. 신문은 매판 10부씩 검열단에 제출

마. 문화·체육면 및 기사 검열 면제 백지화(전 언론·출판·방송 내용 사전검열)

※

① 대통령 및 계엄사 발표, 공고, 포고 등 원문 기재 또는 방송에 한하여 허용

② 지방 검열 필한 내용도 재검열

③ 방침 위반 시 포고령 10호의 엄중 처단(동 내용에는 '폐간'이 포함되어 있음을 강조)

— 보안사 언론반, 「보도통제지침 통고 조치 결과 보고」, 383-1980-103, 472~475쪽

광주는 숨지 않았다. 5·17 앞으로 나와 비상계엄 해제하라, 전

두환이 물러가라고 소리쳤다. 금세 공수부대의 폭력이 쏟아졌다. 광주는 용수철 같았다. 누를수록 더 강하게 튀어 올랐다.

광주가 5·17에 응답하자 전두환의 보안사는 언론부터 압박한다. 광주 상황을 일절 꺼내지 못하도록 재갈을 물린다. 서울이나 지방이나, 신문도 방송도, 광주라고 예외는 아니었다. 5·18 곁에 한 발짝도 갈 수 없었다. 5·18에 관한 한 어느 무엇도 기사가 되지 못했다.

기자협회가 와해되자 각 언론사별로 펜들이 결의한다. 더 강한 펜이 되겠다는 선언이었다. 이민규는 일선 기자들의 분노를 '신군부와 언론검열'에 "(5월)20일부터 경향, 중앙, 동아, 한국, 신아일보와 2개 통신, 일부 방송기자들은 언론검열을 거부하는 성명서를 내고 제작 거부에 들어갔다"고 적는다. 이 거부 사실을 언론사마다 기사로 작성했으나, 검열에 걸려 단 한 줄도 내보내지 못했다. 당시 삭제된 기사를 살려, 요약해 읽는다. "사태(5·18)의 배경이나 직접적인 원인, 확산 과정 등에 대해서는 자세한 설명이 없이 당국의 일방적인 발표문을 보도함으로써 독자들에게 사태의 진상을 잘못 알리고 있다. 차라리 신문의 발행을 중지시키는 것이 최소한의 양심이다"며 펜을 놓지만, 윤전기는 돈다. 차장급 이상 간부들만으로 신문을 만들고, 방송을 내보낸 것이다.

5·18 과정에서 전두환 보안사의 '언론 솜씨'는 수준급에 이르렀다. 서울지역 등 전국 언론의 고삐를 5월 20일까지 성공적으로 잡고 있다가 4일째인 21일 갑작스레 왜 풀었을까, 전략이 숨어 있다

는 거다. 광주 MBC, 광주 KBS, 광주세무서 등을 방화하고, 아시아자동차공장 등에서 차량을 탈취하고, 총을 들고 등 '폭동' 수준으로 판정한 것으로 분석된다. 광주를 폭동으로 조작해 언론에 던져 주기 위해 '폭동 같은 현상'이 나타날 때까지의 기다림의 시간이란 것이다.

 계엄사는 21일 하루 동안 두 차례, 그간 '꽉 닫아둔 광주'를 전 국민들을 향해 열어 보인다. 광주 상황에 대한 첫 공식 발표에 이어, 계엄사령관의 특별담화문에 '조작된 광주'를 담아 전국 언론에 띄워 올렸다.

 오전 10시 30분에 있은 계엄사의 공식 발표를 요약하면, 5월 18일부터 연 3일째 전남 광주 일원에서 발생한 소요사태가 아직 수습되지 않고 있고, 20일에는 지역감정을 자극하는 터무니없는 각종 유언비어가 유포되어 이에 격분한 시민들이 시위대열에 가세함으로써 사태를 더욱 악화시켰음.

 난동현상을 보이고 있는 원인은 전국비상계엄이 선포되자 서울을 이탈한 학원소요 주동 학생 및 깡패 등 현실 불만세력이 대거 광주에 내려가 사실무근한 유언비어를 날조해 퍼뜨린 데 기인했음.

 21일 오전 7시 현재 집계된 피해 상황은 군경 5명과 민간인 1명 사망, 군경 30명 부상, 민간인 부상자 공식 집계 안 됨. 공공건물 13동 파괴 또는 소실, 민간 차량 3대와 소방차량 4대 파괴됨.

 '폭도'나 '폭동' 같은 자극적 용어 사용은 인내심을 보인 공식 발표는 유언비어의 지역감정 자극, 서울 불순분자들의 대거 광주 잠입 및 그들의 유언비어 날조·유포 등의 내용으로 볼 때, 유언비어의 효과적 이용법에 훈련되어 있음을 보여 준다. 인명 피해도 속임수를 썼다. 군경의 경우 단 한 명 사망을 '5명 사망, 부상 30명'으로 늘려 잡았으며, 거꾸로 민간인은 한 명만 사망했다고 축소했다. 실제로는 6명이 숨졌다.

첫 공식 발표는 성과를 낸다. 계엄사의 주문에 따라 크게, 이렇다 할 가공 없이 지면 또는 영상에 올려졌다. 서울지역 신문과 방송이, 전국의 지방지가 '광주에 소요', '군경 5·민간 1명 사망', '유언비어·지역감정 겹쳐 사태 악화', '공공건물 13동 파괴·소실' 등으로 제목을 뽑아, 광주를 '난동의 도시'로 몰아갔음에서 확인된다.

그가 성숙한 언론소비자라 할지라도 신문이, 방송이 제시하는 사고의 틀에 자신도 모르게 갇히게 되는 것이며, 언론이 설정한 사회적 의제에 수동적으로 끌려가게 된다. 『5·18 왜곡의 기원과 진실』(오승룡 외 2인, 2012.)도 "미디어에 반복적으로 노출될 경우 미디어가 설정한 프레임 내에서 인식하게 되는 경우가 많다"고 31쪽에서 밝힌다. 당시 신문을 봤던 또는 방송을 들었던 사람들은 '유언비어 때문에 광주가 난리법석을 떨고 있구만. 한심한 사람들이네', 한마디씩 했을 것이다. 어느 한 구석, '유언비어에 놀아난 광주'로 살아 있는지도 모른다.

당시 한국의 신문과 방송은 진퇴양난에 처해 있었다. 언론의 자유, 그거 어느 나라 얘기인가. 실감이 나지 않는, 법전 속 '죽은 자유'일 뿐이었다. '쓸 자유'도 없었고, '안 쓸 자유'도 없었다. 재료를 주면 군말 없이 받아먹는 것이 한국의 자유였다. 안 쓰면 저항으로 몰렸다. 전두환과 그의 보안사가 한국의 펜을 움켜쥐고 노리개처럼 갖고 놀았기 때문이다. K-계획의 열매로 봐야 한다.

첫 공식 발표에 이어 5월 21일 밤 7시 30분 TV, 라디오를 통해 전국에 생중계된 계엄사령관 이희성의 특별담화문은 5·18을 '난동'에서 '폭동'으로 승격시켰다.

> 친애하는 국민 여러분.
> 본인은 오늘의 국가적 위기에 처하여 국가·민족의 안전과 생존권을 보유하고 사회 안녕 질서를 유지해야 할 중대한 책무를 지고 있는 계엄사령관으로서 현 광주시 일원에서 벌어지고 있는 작금의 비극적인 사태를 냉철한 이성과 자제로써 슬기롭게 극복해줄 것을 광주시민 여러분의 전통적인 애국심에 호소하여 간곡히 당부코자 합니다.
> 지난 18일 수백 명의 대학생들에 의해 재개된 평화적 시위가 오늘의 엄청난 사태로 확산된 것은 상당수의 타 지역 불순인물 및 고첩들이 사태를 극한적인 상태로 유도하기 위하여 여러분들의 고장에 잠입, 터무니없는 악성 유언비어의 유포와 공공시설 파괴, 방화, 장비 및 재산 약탈행위 등을 통하여 계획적으로 지역감정을 자극, 선동하고 난동행위를 선도한 데 기인된 것입니다.
> 이들은 대부분이 이번 사태를 악화시키기 위한 불순분자 및 이에 동

조하는 깡패 등 불량배들로서 급기야는 예비군 및 경찰의 무기와 폭약을 탈취하여 난동을 자행하기에 이르렀으며, 이들의 극한적인 목표는 너무나도 자명하며, 사태의 악화는 국가·민족의 운명에 파국적인 결과를 초래할 것이 명약관화한 것이 사실입니다.

본인은 순수한 여러분의 애국충정과 애향심이 이들의 불순한 지역감정 유발 책동에 현혹되거나 본의 아니게 말려들어 돌이킬 수 없는 국가적 파탄을 자초하는 일이 없도록 조속히 이성을 회복하고 질서유지에 앞장서주기 바라며, 가정과 지역의 평화적 번영을 위하여 각자 맡은 바 생업에 전념해주시기를 충심으로 당부하는 바이며, 다음과 같이 경고합니다.

경고

1. 지난 18일에 발생한 광주지역 난동은 치안유지를 매우 어렵게 하고 있으며, 계엄군은 폭력으로 국내 치안을 어지럽히는 행위에 대하여는 부득이 자위를 위해 필요한 조치를 취할 수 있는 권한을 보유하고 있음을 경고합니다.

2. 지금 광주지역에서 야기되고 있는 상황을 볼 때 법을 어기고 난동을 부리는 폭도는 소수에 지나지 않고 대다수의 주민 여러분은 애국심을 가진 선량한 국민임을 잘 알고 있습니다. 선량한 시민 여러분께서는 가능한 한 난폭한 폭도들로 인해 불의의 피해를 입지 않도록 거리로 나오지 말고 집안에 꼭 계실 것을 권고합니다.

3. 또한 여러분이 아끼는 고장이 황폐화되어 여러분의 생업과 가정이

파탄되지 않도록 자중자애하시고 과단성 있는 태도로 폭도와 분리될 수 있도록 함으로써 계엄군의 치안회복을 위한 노력에 최대의 협조 있기를 기대합니다.

1980년 5월 21일

계엄사령관 육군 대장 이희성

첫 공식 발표보다 훨씬 강도가 높은 폭도, 고첩, 방화, 약탈 등의 용어로 바뀐 담화문은 5·18을 '폭도들의 폭동'으로 성격 규정한 첫 문건이라는 데 의미가 크다. '폭도'는 폭동을 주도하거나 폭동에 가담한 자들의 무리이므로 '폭도'가 없으면 '폭동'이 실현되지 않는다. 담화문은 '난동행위'로 적고 있지만, '폭도'란 말을 세 번이나 언급하고 있어, '폭동행위'와 동급의 말이라 하겠다. 담화문에 자위권 발동 관련 '경고'를 붙인 것은 '폭동'을 쏴도 좋다는 '허가장'을 곧 내주게 될 것이란 예고다.

전두환그룹의 광주폭력을 합리화하기 위한 입체적 문건으로 분석되는 담화문은 짤막하지만, 8개의 조작 또는 공작을 담고 있다.

담화문에 나온 순서대로 그것들을 호명한다. ① 타 지역 불순인물 광주 잠입 조작 ② 고첩 잠입 조작 ③ 불순인물과 고첩들의 악성 유언비어 유포로 지역감정 자극 공작 ④ 약탈 조작 ⑤ 깡패 등 불량배 조작 ⑥ 계엄군의 자위권 보유 공작 ⑦ 폭도 공작 ⑧ 폭도와 양민 분리 공작 등이다.

담화문도 성공했다. 거의 모든 언론이 원문 그대로 받아쓰기한 것이다. 몇몇 신문은 담화문에도 없는 '폭동'이란 용어와 함께, 사진도 전쟁이 난 것 같은 '폭동적 풍경'만 골라 썼다. 사진설명을 "극렬분자와 일부 폭도들이 탈취한 시내버스 등을 타고 중심가를 누비고 있다"(5월 24일자), "화염에 싸인 차량들. 지난 19일 광주시에서 2일째 시위를 벌이던 군중들이 지나가는 경찰차에 불을 질러 온통 화염에 싸여 있다"(5월 23일자)고 쓴 신문도 있었다. 그렇게 안 하면 보도검열단에서 '검열 필' 도장을 찍어주지 않고 까탈을 부렸다 한다.

　5월 26일 전두환의 보안사는 또다시 계엄사의 이름을 빌어 '폭동'을 소재로 한 발표문을 언론에 제공한다. '강경파 폭도들은 각지에서 모인 학생들 외에도 깡패, 양아치, 건달 등 불량배들', '가가호호 방문하여 쌀, 음료수, 담배, 침구, 금전까지 약탈', '약국, 금은방에 침입해 강도질', '고첩 등 불순세력이 파괴와 방화 충동질', '교도소 습격 선동', '폭도들이 전국소년체전 합숙훈련 중인 선수와 임원 400명을 귀향시켜주지 않아 공포에 떨고', '강도들이 밤마다 약탈행위', '시민들은 정부와 계엄군의 신속한 질서 회복 바라고' 등이 주내용이다.

　발표문이 허위라 함은 유네스코 세계기록유산 국제자문위원장인 로슬린 러셀 박사가 간명하게 대변해 준다. "민주화운동으로 시작했다가 무질서한 난동으로 변질되곤 했던 다른 나라들과 달리 치안력 절대 부재의 상황에서도 약탈·방화·매점매석 없이 심지어

은행까지 무사했다. 주먹밥을 나누며, 헌혈을 자청하고, 시민 스스로 공동체 유지와 질서를 지켰던 유례없이 높은 시민의식을 높이 평가한다"고 공표했던 것이다. 5·18기록물의 세계기록유산 등재는 2011년 5월 23일 영국 맨체스터에서 열린 유네스코 세계기록유산 국제자문위원회의에서 결정되었다.

5·18 직후에도 언론공작은 이어진다. 계엄사는 5월 31일 A4 용지 6장에 '무장폭도' 및 '난동폭도'를 주어로 삼아 '폭동' 정밀화를 그린 '광주사태'란 제목의 발표문을 냈다. 언론은 이 또한 거역 없이 소화했다.

광주를 폭동한 건 언론이었다. 신문이, 방송이 광주를 폭동의 도시로 만들었다. 언론의 특급 부역으로 아직, 광주는 폭도들의 폭동에서 덜 빠져나왔다. 폭동을 흔드는 바람이 있다는 것이다.

'3트랙 전법' 구사

활자를 빨강 펜(검열)으로 다스리는 언론 사전검열은 전두환그룹의 최고 병기였다. 비상계엄이 내린 최대의 시혜를 꼽는다면 '기사 통치'의 권한일 것이다.

이민규의 '신군부와 언론검열'은 그 권한의 위력을 "'5·18 관련 내용이 보도된 5월 19일부터 6월 4일 사이, 보도검열단을 거쳐 간 기사는 1만2212건이었다. 이 가운데 전면 삭제 777건과 부분 삭제 933건을 합해 모두 1710건이 삭제되었다. 5·18 격동의 17일간 검열 기사 대비 삭제 기사 비율은 14%에 달했다. 이는 전체 검열 기간 456일 동안 삭제 비율 평균 수치 9.7%보다 4.3%나 높은 수치"라고 분석한다. 검열단의 빨강 수성펜이 죽인 5·18의 진실이다.

신문 기사 검열 과정에서 5·18 피해자 중심의 지면을 가해자 중심 지면으로 확, 바꾸어 버리는 등 '폭동적 검열'이 다반사였다. 보안사의 기사 통제가 없었다면 전두환과 그의 보안사가 기획한 12·12도 5·17도 장애에 부딪쳤을 것이고, 5·18은 광주의 승리일 수 있었다.

당시 검열단에는 매일같이 일자별 검열지침이 날아들었다. '신군부와 언론검열'에서 그 일부를 옮긴다.

5월 23일

– 계엄군 활동, 피해 사항은 공식 발표 이외 보도 내용을 금지

– 소요 진정에 저해되는 사항 금지

5월 24일

1. 보도 불가

- 시위자들의 협상 요구 사항 중 시위자들이 탈취한 무기 장비 회수 또는 피해 복구사항에 대한 개별 취재 내용

- 인명 피해, 사상자 처리에 관한 개별 취재 내용. 단, 계엄당국에서 발표한 것은 제외. 소요 자극, 진정 저해요인 상황

2. 보도 가능 사항

- 시위자들의 방화, 약탈, 살상, 검거, 선동 등 사실 보도, 시위자들 자수 안정회복 권유 관련 사항
- 협조 사항 : 간첩 검거, 계엄 당국 발표, 공식 발표된 계엄군의 활동 크게 취급 요망

일자별 검열지침 하나하나가 소리 없는 위협이자 경고였다. 너희는 손 놓고 있어라, 우리가 준 것만 받아먹어라 식의 압박이었다. 반면에 방화, 약탈, 선동 등에 대한 사실 보도 주문은 광주를 '폭동'으로 몰아 달라는 회유인 것이고, 계엄 당국 발표 및 계엄군 활동 등에 대한 '크게 취급' 지침은 언론을 통해 광주의 진실을 오도하려는 회유성 강압인 것이다. '3트랙 전법'은 압박-회유-회유성 강압으로 요약된다.

언론은 5월 24일의 검열지침 '간첩 검거'에 지침대로 '크게' 응답했다. 서울시경찰국이 24일 발표한 남파 간첩 이창룡(당시 46세)은 광주에 이용된 간첩이었다. 신문들은 요란하게 제목을 달았다. 어떤 신문은 '광주시위 선동 남파 간첩 검거'-'남해안 침투···잠임 실패하자 상경', '독침 자살 기도···공작금·무전기 등 압수'라고, 또 어떤 신문은 '시위 선동 간첩 검거'-'광주 잠입 기도', '군중에게 먹일 환각제 소지'란 제목을 붙였다. 2007년 「국방부 과거사위 보고서」(117쪽)는 "이창룡(본명 홍종수)은 광주와 아무 상관이 없는 간

5월 4일 발표된 남파 간첩 이창룡(당시 46세)은 광주에 이용된 간첩이었다.

첩이며, 5·18을 북한과 연관된 것처럼 여론을 조작하기 위해 허위 사실을 유포한 것"으로 밝혀냈다.

전두환 보안사령관은 도청 앞 광장 집단사격 다음날인 5월 22일부터 직접 언론인 회유에 나선다. 그날 오후 서울지역 언론사 대표들과의 만남에 이어, 각사 편집국장, 정치부장, 사회부장 등 64명을 16명씩 4차례로 나누어 서울 시내 호텔에서 간담회를 가진 것이다. 보안사가 작성한 「광주소요사태, 중진 언론인 국민계도 유도계획」이란 문건에는 '광주소요사태의 조속한 진정과 질서회복 유지를 위해 중진 언론인을 초청, 동 사태의 실상을 올바르게 인식시켜 국민계도를 촉구토록 유도한다'고 쓰여 있다. 과거사위는 조사 당시 보안사의 '사령관님 언론계 사장 면담 반응 보고', '사령관님 언론사 편집국장 만찬 반응 보고', '사령관님 언론인 면담 반응 보고', '청와대 출입기자 간담회에 관한 언론계 여론 분석' 등 4종을 제출받았었다.

기자들도 공작 대상이었다. '폭동의 현장'으로 기자들을 강제로, 보듬어 안고 날아갔다. "5. 23. 국방부 출입기자단 21명이 국방부 대변인의 안내 아래 광주를 방문 취재했다. 이들이 사진 촬영했던 장면은 광주국군통합병원 환자(현역, 민간인) 치료 장면, 병원 앞 군인과 폭도가 대치하고 있는 장면, 광주 시가지 항공 촬영, MBC 건물, 도청 주변 폭도 동정, 시가지 차량 및 시민 움직임, 차량 소실 현장 등이었다"고 「국방부 과거사위 보고서」(117쪽)는 보안사의 '광주사태 상황일지 전문'(1980. 5. 23.)을 인용한다.

보안사도 기자들을 광주에 직송했다. 보안사의 5월 24일자 '광주소요사태 언론인 유도계획'에 국방부 출입기자와 사회부 기자 등 49명을 광주로 초청, 보안사 정보처 정보2과장(이용린 중령)의 인솔 아래 취재하게 하고, 사회부 기자에게는 1인당 30만 원, 국방부 기자는 20만 원씩 총 820만 원을 나누어 준다고 나와 있다. 2018년 공군 역사기록관리단이 5·18 국방부 특조위에 제출한 「5·18 광주소요사태 상황전파자료」(1091~1098쪽)를 보면, 24일 기자단 34명이 공중 수송된 것으로 기재되어 있다. 광주 마지막 날인 27일에도 국방부 기자단 27명이 광주에 왔다.

보안사는 낱개로 신문을 사 광주에 배달까지 했다. 비영리 독립언론 '뉴스타파'가 2019년 12월 11일 입수한 문서에 보안사가 5·19 9일째인 5월 26일자 5개 일간신문을 각각 2만부씩 10만부를 부당 40원에 구입한 것으로 기록되어 있다. '광주사태 계속 긴장-과격 난동자 회수 무기·탄약 탈취', '강경투쟁 선동… 살벌 분위기 팽배'랄지 '의약·생필품값 폭등', '쌀 한가마 5만2천 원', '담배·음료도 달려' 등 그날의 제목들이 다음날 새벽에 있을 계엄군의 행동을 예고한다. 보안사는 문서에 용도를 '홍보용 신문'이라 적었는데, '폭도들' 앞에다 '폭도'의 활자를 펼쳐 놓고 '폭도들의 폭동'을 선전한 것이다. 잔인한 홍보였다.

전두환의 보안사는 5·18 과정에서 압박과 회유를 조화롭게 섞어 언론을 자신들의 페이스로 끌고 갔던 것이다.

펜을 빼앗긴 광주

5·18 당시 언론은 펜을 들어, 혹은 펜을 빼앗겨 광주를 모욕했다. 5월 21일부터 일제히 펜을 든 건 서울지역 등 전국의 언론이었고, 펜을 빼앗긴 건 광주 언론이었다.

5·18 전에도 광주의 펜 압박

5·18 당시 전남일보와 전남매일신문은 광주를 포함한 전라남도가 독자 구역이었다. 두 신문은 전두환 정권의 언론통폐합조치로 1980년 12월 1일자로 하나로 합쳐져 광주일보가 되었다.

전남도청의 보도검열단에는 기자 1명씩이 파견되어 검열 과정을 지켜보면서 신문사와 연락을 취했다. 검열관이 신문대장(臺帳)을 읽으면서 기사를 삭제하면 신문사와 연결된 자석식 직통전화로 삭제 대목을 신속하게 알려 주었다. 그들은 검열관들과 곧잘 언쟁을 벌였다. 한 자라도, 한 줄이라도 덜 깎이기 위한 싸움이었다. 예를 들면, 전남일보의 나의갑은 한 달 동안이나 검열단실 출입 정지를 당할 만큼 검열관들과 자주 말다툼을 벌이곤 했다.

신문의 경우 5·18 이전에는 검열관이 삭제하도록 표시한 부분을 연판에서 깎아 공백으로 놔둔 채, 또는 돌출광고로 그 공백을 땜질한 뒤 신문을 발행했으나, 5·18 이후엔 그 공백을 다른 기사로 메우지 않으면 안 되었다. 검열의 흔적을 남기지 않기 위한 검열단의 지혜로운 엄명 때문이었다. 5월 17일자 두 신문 사회면에는 돌출광고 7개가 들어 있다.

어느 날 '김대중의 네모사진 사용 불가'라는 검열지침이 내려왔
다. 이 지침은 얼굴사진은 써도 되지만, 네모사진을 통제함으로써
그의 정치활동을 사진과 함께 보도하는 걸 차단하기 위한 조치였
다. 그때 전남일보는 검열지침에 맞추어 김대중의 정치활동 사진
을 네 모퉁이만 둥글게 잘라 조판한 뒤 대장을 검열관 앞에 들이밀
었다. "치사하게 얕은 수를 쓴다"는 검열관에게 검열단에 나가 있
는 나의갑 기자가 "네모사진이 아니지 않느냐"며 항변했으나, 통
과되지 않았다.

광주 MBC 기자 구속사건은 '검열필'의 위력이 체크된 사건이다.
1979년 12월 광주 사동 무진회관 반공관에서 전시 중이던 남파 간
첩 소지 소련제 권총이 분실되었다. 검열단에서 보도 보류 조치를
취했지만, 1980년 1월 16일자 한국일보에 이 기사가 실리자 광주
MBC 전남도경 출입기자인 심재화가 보도관제가 풀린 것으로 알
고 기사를 작성해 수습기자인 최한묵에게 검열을 받아오도록 했
다. 여전히 '보도 불가' 결정이 나왔다. 문제의 이 기사는 '검열필'
도장이 찍힌 다른 기사에 섞여 데스크로 넘어가는 바람에 방송에
나가고 말았다. 이 사건으로 보도국 부국장 박봉간, 차장 심재화,
수습기자 최한묵 등 3명이 구속되었다.

검열 과정에서 기자들이 군인들한테 수모를 당한 일도 있었다.
80년 5월 16일 전남도청 앞 광장에서 광주지역 대학생 연합시위
인 민족민주화대성회가 열리고 있을 때였다. 전남일보 대학 출입
기자 이태희가 대학생 사회자에게 도청에 있는 검열단실을 지금

5월 16일자 전남일보 1면에 6단으로 게재된 '전남일보·전일방송 언론자유실천위원회'의 결의문 기사.
돌출광고가 6개나 들어간 건 언론 검열에서 삭제되었기 때문이다.

당장 폐쇄하지 않으면 문에 못을 박아 버리겠다고 외치도록 주문한 것이 화근이었다. 그날 저녁 검열단실이 전남북계엄분소가 설치된 전교사로 옮겨갔다. 도청과 가까운 거리에 있는 두 신문사와 전교사가 너무 멀리 떨어져 있어 불편이 큰 것까지는 괜찮았다. 그날 검열을 받으러 간 신문·방송사 기자 6명은 전교사 정문 위병소에서 헌병들의 지시에 따라 검열단실까지 1킬로가 넘는 거리를 오리걸음으로 가는 수모를 겪었던 것인데, 검열단에서 헌병대에 알려 그런 식으로 분풀이했던 것이다. 이튿날 5·18이 터지자 검열관실은 다시 도청으로 돌아왔다.

자유언론 바람이 불기 시작한 건 1980년 3월이었다. 광주·전남 지역에서는 전남매일신문이 5월 13일 '5·13 자유언론 수호 실천선언'을 한데 이어, 전남일보·전일방송은 15일 깃발을 들어올린다. 전남매일신문은 양창렬, 박화강 기자 등이 주도했으며, 전남일보는 윤효춘, 나의갑 기자 등 62명이 언론자유실천위원회를 결성해 편집국에서 자유언론실천결의대회를 갖고 비상계엄 해제와 언론자유 보장 등을 요구한다. 전남일보의 경우 결의대회 기사를 5월 16일자 1면에 6단 상자기사로 게재했으나, 검열에서 반쯤 잘려나가 그 빈자리에 '전남일보 광고 문의' 등 6개의 돌출광고를 집어넣었다.

신문에는 '광주'가 없었다

1980년 5월 18일은 일요일이어서 신문이 쉬는 날이었고, 전남일보와 전남매일신문은 당시 석간(낮 12시 인쇄)이었다.

 5·18 기간 중 두 신문은 5월 19, 20일자만 찍어내고 윤전기를 멈춘다. 광주 505보안부대에서 신문 발행을 강제로 중단시켰기 때문이다.

 당시의 두 신문을 보면 검열단의 '5·18 통제'를 실감할 수 있다. 두 신문의 19일자 1면만 해도 그렇다. 광주에 아무런 일이 없었다는 듯 너무도 태연하기 때문이다. 광주의 분노와 계엄군의 강경진압을 단 한 꼭지도 게재하지 못한 것이다. 사회면에서도 야만의 공수부대에 대해서는 한 자도 쓰지 못하고 계엄군의 나팔수 노릇만 한다. 전남북계엄분소가 발표한 '광주시 일원 통금 연장'(밤 9시부터 새벽 4시까지)을 머리기사로, 검찰총장의 '비상사태하의 범죄단속 계획 긴급 지시'를 중간머리기사로 처리했던 것이다.

 두 신문은 비록 5·18을 정면으로 다루지는 못했지만, 광주에 뭔가 큰일이 났음을 암시하는 기사는 만들어냈다. 제 집에 강도가 들어와 가족들을 다 죽이고 있는데도 "강도야" 하고 소리 한 번 지르지 못했지만, 계엄 당국의 발표문(보도자료)을 기사로 작성하면서 '광주의 참극'을 우회적으로 표현한 것이다. 예를 들면, '밤 9시 이후 광주에 도착한 고속버스 승객들이 어리둥절한 표정으로 확인증을 받고 귀가', '18일부터 금남로 차량통제', '상가 밤 7시 전후 거의 문 닫아' 등의 제목이 그것이다.

 20일자 역시 공수부대의 강경진압으로 빚어진 유혈사태와 시위에 대한 기사는 작성하지 못하고 '연행자 167명 석방', '광주시내

고등학교 20일부터 가정학습' 등 계엄 당국의 발표만 내보낸다.

두 신문에는 5·18이 없었다. 여느 날처럼 해 잘 뜨고, 달 잘 뜨고 있었다. 공수부대의 광주폭력도 없었고, 전두환의 퇴진을 외치는 구호도 없었다. 신문은 그렇게 딴전을 피웠다. 항의 전화가 빗발쳤다. 반은 욕이었고 반은 질타였다. 욕은 빼고 질타만 요약하면 "기자란 놈들이 눈도 없고 귀도 없냐? 공수부대가 광주 시민들을 오뉴월에 개 잡듯 두들겨 패 죽이고 있는데, 지금 뭣하고 있는 것이냐?", "그것도 신문이라고 만들었어? 너희들도 전두환과 한 통속이구만. 그 놈의 도지사 담화문은 뭣이 좋다고 쓰고?" 등이었다. 전남도지사가 비난을 받은 건 18일 발표한 담화문 가운데 "질서 유지를 위해 힘쓰는 계엄군에 적극적인 협조를"이란 대목이 광주를 자극한 것이다.

당시 현장 취재기자들은 계엄군과 광주한테 수모를 당하는 이중고를 겪어야 했다. 자유로운 취재가 이루어지지 않았다는 얘기다. 계엄군의 경우 기자를 주적으로 삼다시피 해 근접취재가 불가능했다. 궁여지책으로 전남도청이나 전일빌딩 등 금남로를 조망하기 좋은 건물로 들어가 취재해야 했으며, 사진기자의 경우 카메라와 필름을 빼앗기면서 두들겨 맞기도 했다. 이태희, 나의갑, 이홍재 등 전남일보 기자와 박옥재 경향신문 기자, 홍건순 동아일보 기자 등은 취재 과정에서 계엄군한테 진압봉 등으로 두들겨 맞기도 했다. 광주도 기자를 적대시했다. 시위 현장에서 취재수첩에 메모를 하는 기자가 눈에 띄게 되면 "신문에 나오지도 않는데 뭐하려고 적느냐"며 호통을 치면서 멱살을 잡는 일이 허다했다. 사정이 이러하다보니, 시위 현장에서는 현상을 머리에 입력하는 것으로 그쳤고, 꼭 메모해야겠다 싶으면 골목길 등 구석진 곳을 찾지 않으면 안 되었다. 시민군이 도청을 장악한 21일 오후부터는 그들이 발급한 '보도' 완장을 찬 기자만 도청 출입이 허용되었다.

'검열 받지 않는 신문' 때문에 방송도 죽어

전남일보, 전남매일신문 두 신문의 젊은 기자들은 결단을 내린다. 전남매일신문은 1980년 5월 19일 오후 박화강 기자 등의 주도로 20일자 신문에 '19일의 잔학상'이 보도되지 않을 경우 제작 거부 및 기자직을 사퇴하기로 결의한다. 광주의 참혹한 실상을 담아낸 기사로 조판까지 마쳤으나, 중역실 간부들이 조판대를 엎어 버려 무산되었다. 그 후 '검열용 신문'을 만드느라 평소보다 신문이 2시간 가량 늦게 나왔다.

전남매일신문 기자들은 20일 오후 편집국에서 칠판에다 한 사람이 한 글자씩 써나가는 '이어쓰기 사표'를 쓴다. '우리는 보았다. 사람들이 개 끌리듯 끌려가 죽어가는 것을 두 눈으로 똑똑히 보았다. 그러나 신문에는 단 한 줄도 싣지 못했다. 이에 부끄러워 펜을 놓는다'는 집단 사표였다. 박화강 등 몇몇은 이 사표를 사진으로 찍어 인쇄한 뒤 시민들에게 나누어주기도 했다.

21일 박화강 등은 지하신문을 만들기로 결의하고 역할 분담까지 했지만, 사정이 여의치 않아 손을 놓았다.

전남일보는 20일 오후 나의갑, 이태희, 김성 등 젊은 기자들이 편집국장과 담판해 21일자를 '검열 받지 않는 신문'으로 제작한다는 데 합의한다. 18·19·20일 상황을 '사실 그대로' 담아내 시위 군중들에게 뿌리자는 것이었다. 기사는 나의갑이 썼고, 전남매일신문처럼 조판까지 했지만, 신문은 나오지 못했다.

두 신문의 움직임을 놓칠 리 없는 505보안부대가 21일자부터 신문 발행을 중단시켰다. 전두환의 보안부대에서 신문 제작을 정지시켰으므로 펜을 강제로 빼앗은 것이나 다름없다. 두 신문의 '반란'에 식겁해 취한 조치였을 것이다.

이 사건의 여파로 KBS, MBC, CBS, VOC 등 4개 방송도 20일 밤 8시 이후 송출을 중단했다. 505보안부대가 KBS 라디오만 살려 놓고 나머지는 '소리'를 꺼버렸다.

'폭동'에 가까운 조치였다. 광주를 옹호하고 선동하는 페이퍼가 나오지 않을까 염려되어 두 신문을 정지시켜 놓고, 방송은 감독이 용이하도록 KBS 라디오 하나만 켜놓은 건 폭동적으로 언론을 통제한 것이 된다. 5·17 당시 '보도통제지침' 결재 때 전두환 보안사령관이 직접 써넣었던 '보도처, 위반시 폐간'이란 탈법적 지시와 무관하지 않다는 분석이다.

26일, 전남매일신문 박화강, 전남일보 나의갑, 경향신문 이기홍 기자는 조선대 근처에서 취재하던 중 '기자 시위'를 위한 3자 결의를 했다. 광주지역 일간지 기자와 서울지역 일간지 광주 주재 기자들을 모아 27일 오전 10시 유동사거리에서 도청 앞 광장까지 가두행진을 벌인 뒤 궐기대회 때 성명서를 발표하기로 했던 것이다. 26일 밤 기자들에게 알린 뒤 '광주시민은 폭도가 아니다' 등 플래카드와 피켓 등을 준비했으나, 27일 새벽의 기습으로 자동 무산되었다.

제작거부 "단 하루라도 속죄하자"

12일 동안 강제 정지되었던 두 신문이 문화공보부의 지시에 따라 속간된 건 6월 2일이었다. 이날 아침 전남일보는 나의갑, 이태희, 김성 등 젊은 기자들을 중심으로 모임을 갖고 제작거부에 들어간다. '광주 시민들에게 속죄하는 의미에서라도 당국의 지시를 단 하루라도 거역해야 한다, 엄혹한 검열 상태에서 독자를 만족시킬 수 있는 신문을 만든다는 것은 불가하다, 비위 맞추는 신문 만들어 광주 시민들한테 돌팔매질 당하느니 차라리 계엄 당국에 매 맞는 것이 더 낫다'는 이유에서였다. 편집국장과 협상 끝에 2일자 신문만은 침묵하기로 합의했지만, 윤전기는 돈다. 505보안부대에서 신문을 발행하지 않을 경우 폐간 등 행정 조치를 취하겠다고 압박하자, 간부들끼리 통신 기사와 자체 기사 몇 꼭지만으로 신문을 제작해 버린 것이다. 그 과정에서 나의갑, 강석오 등 몇몇 기자들은 공무국에 내려가 문선 중인 원고를 모조리 수거해 신문사 밖으로 달아나는 등 강하게 저항했다. 이날 제작 거부로 신문 발행이 평소보다 3시간 지연되었다.

그런 어수선한 상황에서도 전남일보는 1면에 '뼈를 깎는 아픔을 참으면서'라는 제목의 '속간의 말씀'과 3면에 '비극의 광주사태, 남기고 싶은 이야기들'이란 연재물을 기획해 그 1회분으로 '민주시민의 긍지-무등산은 알고 있다'는 제목의 기사를 내보내면서 행간에 의미를 부여하느라 무척 고심했으나, 검열 과정에서 상당 부분 삭제를 당했다. 이 연재물은 505보안부대의 압력에 밀려 3회를 마지막으로 도중하차해야 했다.

전남일보는 6월 4일자 신문에서 광주의 상처를 위무하기 위해 또 다른 시도를 하지만, 이 또한 난도질을 당한다. 화가 강연균에게 부탁해 5·18 상징 공간인 도청 앞 광장을 그리도록 했다. 1면에 게재된 이 그림은 은행나무 가로수를 땅바닥에 눕혀 놓았으며, 광장은 피에 흥건히 젖어 있었다. 505보안부대 소속 검열관이 입으로 다시 그림을 그렸다. "거리에 자빠져 있는 가로수도 모조리 일으켜 세우고, 시신과 광장의 핏자국도 깨끗이 없애 버려"였다. 허리가 꺾인 채 광장에 누워 있는 가로수 몇 그루만 남겨두고 연판에서 말끔하게 깎아낸 뒤 윤전기를 돌렸다.

속간호인 6월 2일자 전남매일신문도 검열의 칼끝을 피해가지 못한다. 이 신문은 1면에 광주의 비극을 응축한 시(詩)를 게재하기로 결정한다. 편집부국장 문순태(소설가)의 감각으로부터 나왔다. 기사보다 시로 '광주'를 말하는 것이 파급효과가 크고 검열을 수월하게 통과할 수 있으리란 생각이 광선처럼 머리를 스쳤던 것이다. 그날 오전 9시쯤 시인 김준태에게 전화를 걸어 '광주'에 대한 시를 써달라고 청탁한다.

　5·18을 다룬 최초의 문학 작품인 「아아 광주여 우리나라의 십자가여」라는 제목의 이 시는 원래 109행의 장시였으나, 검열 과정에서 3분의 2 가량이 잘려 나가 35행만 살아남았다. 제목도 '우리나라의 십자가여' 부분은 삭제되었고 '아아 광주여!'로만 게재되었다.

　신문사에는 그날 오후부터 격려의 전화가 쇄도했으며, 원문이 공무국 직원들을 통해 시민들의 손에 들어가기도 했다. 또 이 시는 나중에 미국, 일본, 독일, 프랑스 등 세계 언론과 잡지에 실렸다. 당시 고등학교 교사였던 김준태는 이 시를 쓴 죄로 강제 해직되었다.

방송공작 목표 '광주 고립화'

　5·18 당시 광주지역 방송도 신문처럼 계엄 당국의 발표문만 내보냈을 뿐, 광주를 말하지 못하고 5월 20일 일제히 전파를 닫는다. 방송의 저항을 두려워한 505보안부대가 강제로 중단시킨 것이다. 지시에 따라 라디오방송의 경우 CBS는 이날 오후 8시 30분, MBC 오후 9시 25분, VOC는 오후 11시 10분 각각 '소리'를 끈다. TV도 MBC는 오후 8시 25분, KBS는 오후 10시 5분 송출 스위치를 내린다. 하지만 KBS 라디오는 살려 둔다. 당시 MBC는 20일 밤 전소되었지만, KBS는 21일 새벽 TV 주조정실만 불타고 라디오 주조정실 등은 큰 피해를 입지 않았다.

계엄 당국의 방송공작은 어떻게 진행되었을까. 방송을 통한 '광주 고립화'가 공작의 목표였고, '아무 소리도 못 내게 입을 틀어막는다'와 '필요할 경우 강제로 입을 벌려 놓는다'는 2원적 통제가 공작의 기본 방침이었다. 그에 따라 광주지역 KBS, MBC, CBS, VOC 등 4개 방송은 지방뉴스를 폐지하고 수(受)중계로 중앙뉴스만을 내보내야 했다.

방송 중단 하루 전인 5월 19일 밤 MBC는 보도검열단으로부터 "전남북계엄분소장의 발표문을 오늘밤 TV로 방송해야 한다. 오늘밤에 꼭 해야 한다. 장군들이 그러는데 방송국에서 협조를 안 하는 것 아니냐"라는 위압적인 전화를 받고 그날 밤 10시 20분부터 TV 자막으로 발표문을 다음과 같이 깔았다. "전남북계엄분소에서 알려드립니다. 전남북계엄분소장은 담화를 통해 소요 학생 연행에 따른 항간의 유언비어는 전연 사실무근이므로 현혹되는 일이 없도록 시민들에게 당부했습니다. 광주시내 소요사태와 관련되어 단 한 명의 학생이나 계엄군은 사망한 바가 없음을 분명히 밝혀드립니다." '사망자가 단 한명도 없다'는 대목이 시민들의 분노를 끓어오르게 했다. 방송국에 돌멩이 등이 날아들고 항의 전화가 우박처럼 쏟아졌다.

KBS는 19일 검열관의 전화를 받고 묵살했다가 되레 더 고약스런 통제를 받는다. 이튿날 오전 계엄분소가 광주지역 방송사 보도책임자들을 검열단실로 불러 모아, 계엄사의 지시 사항에 적극 협조할 것, 정훈 장교 한 명씩을 각 방송국에 배치해 계엄분소의 발표문을 잘 방송하는지 확인하겠다고 위협했던 것이다. 정훈 장교가 각 방송국에 배치된 건 그날 오후 1시였다.

계엄 당국은 전소되어 정파(停波)중인 MBC까지도 공작용으로 동원한다. 5월 26일 오후 4시 29분부터 비아송신소에서 방송을 재개하도록 한 것이다. 놀랍게도 프로그램은 'KBS 제품'이었다. 경쟁사의 것을 그대로 수중계했던 것이다.

26일 밤에는 계엄 당국이 MBC에 이런 제안을 해온다. 문화공보부가 계엄분소에 파견한 보도 담당관 김순길이 MBC에 전화를 걸어 "MBC가 상무대(전교사)로 들어와 임시 연주소를 설치하는 것이 어떻겠습니까"라고 넌지시 물어온 것이다. MBC의 대답은 단호했다. "아시다시피 방송기자재가 다 불타버렸지 않습니까." MBC는 그렇게 수렁에서 빠져나왔다.

일부만 불에 탄 KBS의 경우 5월 20일 밤부터는 비아송신소를 통해 키 스테이션의 프로그램을 수중계해야 했다.

『광주방송총국(광주 KBS) 50년사』는 당시의 수난을 생생하게 담아두고 있다. "이날(5월 21일) 본사에서 김재중 부사장이 급거 비아송신소를 시찰하고 지하실에 연주소를 마련했으나 통신 장애로 사용하지 못했고, 24일 상무대(전교사) 안에 마련한 연주소를 오가면서 비상방송을 직접 지휘했다. 이날 박충훈 국무총리서리가 상무대에서 녹음한 테이프를 헬리콥터로 비아송신소로 가져와 송출했는데, 키 스테이션의 아나운서 2명과 엔지니어 2명이 파견되어 상무대 임시연주소에서 근무했다. 이밖에 여자 하사관 한 명이 임시 아나운서로 지원되었다. 이 임시연주소는 군이 다시 광주에 진입한 27일까지 존재했는데, 광주방송국은 22일부터 29일까지 8일 동안 광주사태에 대한 선무방송(로컬 제작)을 총 24시간 31분 50초 동안 실시했다"고 고백하고 있다.

광주 KBS에 대한 공작은 집요하고 치밀했다. 본사 편성국 주관으로 5월 22일부터 호남지방, 즉 광주를 위한 비상방송을 전주방송국에 설치·운영하도록 한 것이다.

KBS TV가 5월 23일 오후 6시 복구되고 27일 새벽 광주가 진압되자 문화공보부 파견 보도 담당관 김순길은 광주지역 방송사에 "MBC TV가 복구되면 당분간 KBS 프로그램을 수중계하고, 각 방송국 라디오도 별명이 있을 때까지 KBS를 수중계해야 한다"고 엄명했으며, 그에 따라 광주 MBC는 29일 오후 6시부터 무등산송신소에서 KBS TV를 수중계했다. 'MBC 그릇'에다 'KBS 밥'을 퍼 담아 놓은 꼴이어서 시청자들을 어리둥절하게 했고, "이게 뭔 일이냐"며 항의성 문의 전화가 몰려왔다.

문화공보부도 광주지역 각 방송사에 6월 4일부터 키사(社)의 프로그램을 수중계하되 로컬 프로그램은 계엄 당국의 검열을 받을 것, 계엄분소가 요구하는 프로그램에 적극적으로 응할 것 등을 강제 주문했다.

방송이 개인 재산이나 되는 것처럼 자신들 좋을 대로 5·18에 끌어 쓴 흔적들을 되살려 보았다. 5·18이 5·17을 고장 내지 않도록 하기 위한 그들의 방송공작이라는 데 주목해야 한다.

다시 죽은 광주 언론

1980년 5월 27일 새벽 광주가 죽고 광주 언론도 다시 죽는다. 전두환 정권은 5·18 이후 8월 언론인 대량 해직(광주·전남지역 79명 해직)에 이어, 11월 언론통폐합(전남일보+전남매일신문=광주일보, 전일방송은 KBS로 흡수)을 단행한 뒤, 12월 언론기본법을 제정해 비상계엄 해제에 대비했다. 또 각 언론사에 거의 매일 '보도지침'을 시달했으며, 기관원의 언론사 출입도 유신 때보다 강화했다. 광주의 경우 기관원의 언론사 사찰이 유독 심했고, 노태우 정권 때까지 이어졌다.

전두환 정권의 이런 폭압적 조치로 인해 광주일보와 KBS, MBC는 광주를 가슴에 묻어둔 채 인고의 시간을 건너가야 했다. 5·18 근처에 가지 않도록 펜을 매어두지 않으면 해사(害社)행위가 되었다. 어떤 펜이 그 선을 넘어서면 해당 언론사도 기관 쪽의 생사(生死) 위협에 시달려야 했다.

기자에게 5·18은 '성역'이었다. 접근하면 벌이 돌아왔다.

박관현 묘소사건은 그 대표에 해당한다. 박관현은 5·18 당시 전남대 총학생회장이었다. 이홍재(현 광주일보 주필) 기자가 1982년 11월 12일자 광주일보 '내 고장 주말'이라는 연재물 '불갑산' 편에서

"오른쪽 산허리에 보이는 박관현의 묘소를 뒤로 하고"라고 썼다가 기관에 잡혀가 혼났던 사건이다. 무덤의 위치를 대학생뿐 아니라 광주 시민들에게 정확하게 알려주었다는 것이 이홍재의 죄목이었다. 이 사건으로 그의 연재물은 중단되었다.

여학생 대입 반나(半裸) 신체검사사건은 83년 1월 22일자 광주일보에 "전남대 입시에서 여학생들을 팬티만 입힌 채 남자의사들이 신체검사를 실시해 학부모들 사이에 비난의 소리가 높다"는 내용의 기사를 쓴 김진영(전 광주일보 사장) 기자가 기관에 연행된 사건이다. 그의 죄목은 대학생들에게 시위의 구실을 제공했다는 것으로, 사건 직후 출입처가 바뀌었다.

'5·18 족쇄' 9년 만에 풀려

1987년 6·29선언 이후 언론에 가해졌던 조치가 점차 걷힌다. 11월에는 언론기본법이 폐기되고 새로운 대체입법인 정기간행물의 등록에 관한 법률과 방송법이 제정된다. 1988년 4월 노태우 정권은 '광주사태 치유책'을 발표하면서 언론에 채워진 5·18 족쇄를 풀 것 같은 뉘앙스를 풍긴다. 겉 따로 속 따로 있었나. 광주는 여전히, 5·18에 자유로이 다가갈 수 없었다. 그 실례다.

광주일보는 긴 함구 끝에 88년 5월 18일 '5·18 그날'이란 제목의 다큐멘터리 연재물을 내보낸다. '어둠의 세월 속에 묻혀 버린 진실을 캐내기 위한 작업'이란 '편집자 주'를 붙이고 한 면 전체를 할애했으며, '폭풍 전야'로 소제목을 달고 5월 18일 자정께 전남대에 들

1988년 5월 18일 내보낸 '5·18 그날'이란 제목의 연재물.
광주일보는 당국의 압박을 받아 단 1회로 연재를 마쳤다.

이닥친 공수부대의 '학생사냥'에 대해 숙직 근무자 등의 증언으로 생생하게 묘사했는데, 정보기관의 압박에 밀려 '단 1회'로 마감했다. 김종태 회장이 기획한 이 연재물은 6·29선언 직후 나의갑 기자가 편집부국장으로부터 5·18 다큐멘터리를 비밀리에 준비하라는 특별지시를 받고 1년쯤 작업해온 것이었다. 당시 나의갑은 편집부국장한테서 "출입처에 나가지 않아도 되고, 출근하지 않아도 좋으니 준비에만 전념하라"는 김종태 회장의 말을 전해 듣고 그대로 따랐다가 데스크로부터 수차례 호된 질책을 당하기도 했다.

그 후 광주일보 김성 기자 등은 1989년 1월부터 7월까지 47회에 걸쳐 연재한 기획물 '5·18…그 후'로 한국기자상을 받는다. 5·18 관련 최초의 한국기자상 수상작인 이 연재물은 솥뚜껑 같은 기관의 압박을 뚫고 거둔 '9년 만의 수확'이었다.

3. 지역감정의 폭동-유언비어공작

앞의 글에서 공수부대의 '폭동적 진압'을 전두환과 전두환그룹의 제1 폭동으로, 전두환과 그의 보안사의 언론을 통한 '폭도 및 폭동 만들기'를 제2 폭동공작으로 규정했다. 전두환의 제3 폭동공작을 입증할 차례가 왔다. 유언비어는 어떻게 폭동이 되는가와, 시위진압의 폭동성에서 따온 유언비어의 원생산지 등을 다룰 것이다.

'유언비어'는 언론이란 그릇에 담아 전국에 다섯 차례 살포되었다. 그중 '유언비어급 발언'은 두 차례 있었다. 5월 20일 광주에 간 박충훈 국무총리서리의 담화와 22일 전두환 중정부장서리의 서울 지역 언론사 대표들과의 광주사태 간담회에서 준비된 허위사실들이 많이 튀어나와, 유언비어에 해당한다는 것이다.

  광주가 생산하고 광주가 뿌린 것으로 되어 있는 문제의 유언비어는, 21일 오전 계엄사의 광주 상황 첫 공식 언론 발표문과 오후 이희성 계엄사령관의 특별담화문, 26일 계엄사의 발표문에 실려 나온다. 이 셋은 유언비어를 지역감정 및 불순분자 등과 연결 지으면서, 광주를 그 유언비어에 부화뇌동한 폭동으로 직조한 것이란 공통점을 갖는다. 첫 발표문은 '지역감정을 자극하는 터무니없는 각종 유언비어가 사태를 악화시키고, 광주에 잠입한 불순분자들이 유언비어를 날조·유포한 것'으로 조작하고, 특별담화문은 '불순인물 및 고첩들이 터무니없는 악성 유언비어를 유포시켜 계획적으로 지역감정을 자극, 난동행위를 선동했다'고 왜곡한다. 26일의 발표문은 '타 지역 불순인물 및 고첩들이 광주 일원에 잠입, 터무니없는 악성 유언비어를 유포시키고, 파괴·방화·무기탈취 등을 선동하는 등 폭도화되었다'고 공작한다. 이밖에도 헬기에서 떨어진 유언비어가 수도 없이 많았다. 터무니없는 유언비어에 속지 말라, 북괴는 간첩과 오열을 침투시키고 있다, 이들이 방화와 파괴, 유혈사태를 부채질하고 있다고 광주에 주의를 주었다.

  전두환의 『회고록』 1권(395쪽)도 5·18이 유언비어에 현혹되어

北傀 파괴·폭력선동격화
光州市民들, 간첩 3명잡아 신고

더무니 없는 유언비어에 속지 맙시다.
북피는 간첩과 오열을 침투 시키고 있으며, 이들의 방화·파피, 유혈사태를 부채질하고 있읍니다.

광주에서는 시민들이 남녀 간첩 용의자 3명을 붙잡아 당국에 넘겼읍니다. 순천에 잠입한 간첩 1명도 붙잡혔읍니다.

지금은 국민은 여러분의 애국적 각성을 기대합니다. 자중자애하여 이 난국을 슬기롭게 극복합시다.

정부는 사태수습에 성의있는 최선을 다하고 있읍니다. 대화와 평화적인 방법으로 모든 문제는 해결될 수 있읍니다.

왜 공공기관을 파피하고, 불을 지릅니까. 모두가 우리 세금으로 지어진 우리 고장의 재산입니다.

친애하는 전남도민 여러분!

하루 빨리 질서와 안정을 되찾여 단란한 가정과 직장을 회복하여 우리 모두 명랑한 사회, 잘 사는 나라를 이룩할 때입니다.

왜 경찰관과 군인에게 총을 겨눕니까. 모두가 우리 국민들의 아들, 우리 형제들입니다.

公共建物은 우리 재산
경찰·군인도 우리 형제

〈문화공보부에서 전남도민 여러분께 알려드림〉

18.30

유언비어는 하늘에서도 떨어졌다.

증폭된 '시민폭동'이란 '유언비어 폭동론'에 동조한다. 시민들을 합세하게 만든 두 요인 중 하나를 악성 유언비어로 꼽은 것인데, 날조된 악랄한 유언비어가 폭동심리를 유발했다는 것이다. "그 유포 과정이 매우 조직적"이었다며, 여성 가두방송원 전옥주(고인)를 '유언비어 유통 선동자'라 몰아붙인다.

유언비어를 폭동과 결부시킨 재주는 우량하지만, 전두환그룹 쪽은 '재주' 자체만으로 유언비어가 된다는 사실은 간과했을 것이다. 『5·18 왜곡의 기원과 진실』(12쪽)은 "유언비어 폭동론이야말로 신군부의 공작의 핵심"이며 "오히려 신군부야말로 5·18의 진실을 왜곡·조작하여 언론을 통해 유언비어를 퍼뜨린 주범"으로 파악한다.

시민폭동을 유도했다는 유언비어는 어떤 모습들인가. 계엄사는 21일의 첫 발표문에서 시민폭동의 소재가 되었다는, 그들의 표현대로 '터무니없는 악성 유언비어'를 하나씩 찍어, '이것이 광주에서 생산된 유언비어'라며 전국에 9개를 소개한다.

① 경상도 군인이 전라도에 와서 여자고 남자고 닥치는 대로 밟아 죽이고 있기 때문에 사상자가 많이 나고 있다 ② 18일에는 40명이 죽었고, 금남로는 피바다가 되었다는데, 군인들이 여학생들 브래지어까지 찢어버린다 ③ 공수부대 애들이 대검으로 아들, 딸을 난자해버리고 브래지어와 팬티만 차게 해서 장난질을 한다 ④ 공수부대가 몽둥이로 머리를 무차별 구타, 눈알이 빠지고, 머리가 깨졌다 ⑤ 계엄군이 출동하여 APC로 사람을 깔아 죽였다 ⑥ 계엄군이 점거하고 있는 가톨릭센터 건물 안에는 시체 6구가 있다 ⑦

데모 군중이 휴가병을 때리자 공수부대 요원이 군중을 대검으로 찔러 죽였다 ⑧ 계엄군이 달아나는 시민들에게 대검을 던져 복부에 박혀 중상을 입었다 ⑨ 진압군 군인들은 경상도 출신만 골라 보냈다.

문제는 이 유언비어의 원생산자가 광주, 맞느냐 하는 데 있다. 계엄사는 왜, 첫 발표문에 일일이, 터무니없다는 유언비어를 띄운 것일까, 의문이 고인다. 5·18 당시 이런 것도 있어, 생경스런 반응이 많았다는 것은 원생산자 찾기의 단서가 될 수 있다.

자생적으로 유언비어가 발생해 유통된 것으로 알고 있는 광주는 순진하다. 계엄사가 41년 전 내민 유언비어를 받아 마신 광주는 지금껏, 유언비어의 원생산지로 남아 있다. 그 유언비어는 광주가 만든 것이 아니랍니다, 그런 주장의 기록들이 나오긴 했으나, 한번 굳어버린 의식들은 좀처럼 바뀌지 않고 있음이다. 광주 것인가, 전두환의 보안사 것인가. 유언비어의 진실에 다가서려면 시각의 전환이 요구된다. 거꾸로 보아야 옳게 보인다는 얘기다. 보안사가 공작해 놓고 광주에 덤터기를 씌우고 있는 것 아니냐는 결정적 증거들이 터지고 있어서다.

광주대 은우근 교수는 2019년의 논문 「5·18, 진실과 거짓말―그들은 왜 5·18을 왜곡·조작하는가」에서 진전된 분석을 한다. "보안사가 주도한 대국민 여론조작과 심리전의 충실한 도구로 쓰인 것이 언론이었다"며 "신군부 세력은 언론을 통해 참혹한 진실에 관한 소문은 유언비어로 규정하고 그 책임을 시민들에게 뒤집어씌웠다"
고 말한다. 은우근의 논증을 뒷받침하는 근거와 증언들은 적지 않
다. 그것들 중 대표적인 것 몇 만 골라 적는다.

유언비어 첫 유포자는 특전사령관 정호용이었다. 1988년 12월
20일 최웅 11공수여단장은 국회 광주특위 청문회에서 정호용의 유
언비어를 증언한다. 5월 18일 정오 무렵 정호용은 육본에서 이희
성 계엄사령관과 전두환 등 전두환그룹 핵심 멤버들이 참석한 가
운데 증파 결정 등 오찬회의를 마치고 오후 3시 30분 11공수여단
이 배치되어 있는 서울 동국대로 가 최웅 여단장을 만난다. 정호용
이 광주로 출동한다, 준비해라고 지시한다. 그 말끝에 "광주에서
지금 7공수여단 2개 대대가 계엄군으로 나가 있는데, 소요진압 작
전을 못하고 매우 고전을 면치 못하고 있다. 그들을 도와 시위진압
에 최선을 다해라"고 말했다는 것이다.

7공수여단이 금남로 등 중심지에 투입되어 강경진압에 나선 건
5월 18일 오후 4시 정각부터였으므로 공수부대가 시위대에 밀리고
자시고 할 것이 원천적으로 없었다. '오후 4시'는 나의갑이 현장에
서 확인한 시각이다. 18일 오후 3시 40분쯤 광주YMCA 앞 인도에
서 전투경찰이 무전기로 연락하는 말을 들었다. 내용은 "오늘 오후
4시 정각에 계엄군이 금남로에 투입된다고요. 네 네, 알겠습니다"
였다. 오후 4시 직전, 공수부대가 수창국민학교 쪽에서 금남로를
타고 내려오고 있었다.

정호용이 거짓말을 한 것이다. 최웅 부대를 광주로 내려 보내기 위한 '작전상의 말'일 수도 있다. 곧이어 정호용은 '공수부대의 고전'과는 성격이 다른 사실을 발설한다. "광주에는 지금 경상도 군인이 전라도 사람 씨를 말리려 한다는 유언비어가 유포되어 광주 시민들이 격분하고 있으니 서울 출신 최웅 장군이 오해를 불식시켜야 한다"는 요청이었다.

공수부대의 '악성 진압'을 주 소재로 한 유언비어인데 공수부대가 광주 시내에 투입되기도 전에 유언비어가 유통되었다는 건 시간의 앞뒤가 맞지 않는다. 정호용이 그 말에 대한 사전 인식이 없이 무지의 상태에서 그 말을 했다고는 볼 수 없다. 뭔가 알고 있었다는 것이며, 무심코 또는 엉겁결에 나온 말, 아니면 의식적으로 한 말일 수 있다. 어찌되었든, 중대한 기밀이 누출된 것만은 확실하다. 자신의 의사와는 상관없이 정호용은 유언비어의 생산자 관련 기밀을 누설한 내부 제보자가 된 것이다.

금남로가 있고, 은행나무 아래로 싱싱 소리치며 흐르는 인파들이 있고, 5·18 한복판에 서 있는 것 같은 착각을 일으키게 하는 책, 『오월의 사회과학』(1999년)은 1980년 5월 광주에서 일어난 일을 짚되, 외관으로서의 사실이 아니라 광주가 겪은 내적 경험(증언) 속으로 파고든다. 저자 최정운 서울대 정치외교학부 교수는 책에서 남들이 가지 않은 '유언비어론'을 꺼낸다.

최정운에 의하면, 5·18 유언비어는 두 목표를 갖는다. 목표 1은 유언비어로 공수부대의 만행을 선수를 쳐서 부정하고 그 책임을 다른 집단에 전가하려는 데 있다는 것이다. 전가의 대상은 광주. 18일, 19일의 공수부대 만행에 대해 각계각층의 광주 유지들로부터 수많은 항의가 있었고, 이런 반응에 대한 반격의 의도로 유언비어를 파악한다. 지역감정을 5·18의 근본 원인으로 이용하기 위한 수단이란 것은 목표 2다. 경상도 군인이 광주에 와서 전라도 사람 어쩌고 하는 유언비어가, 그래서 등장했다는 것이다.

최정운은 정호용의 유언비어도 소환한다. "11공수여단장 최웅 준장의 국회 광주특위 청문회 증언에 따르면 5월 18일 오후 3시쯤 정호용 특전사령관이 광주로 내려갈 것을 지시하면서 유언비어에 대해 우려를 표명하며 조심할 것을 지시했다는 것이다. 그러나 오후 3시는 맨 먼저 광주에 투입된 7공수여단이 광주 시내에서 작전을 개시하기 전이며, 따라서 유언비어는 논리적으로 있을 수 없는 시간이었다." 그는 "이 증언이 사실이라면 당시 신군부는 유언비어를 퍼뜨리려고 미리 준비했다는 결론에 이른다"는 '유언비어 사전준비설'을 띄운다. 광주에 뿌릴 유언비어를 사전에 기획했다는 것인데, '광주기획설'과 고리를 형성하는 중대 발언이다.

광주를 취재한 김영택 동아일보 기자는 '사실의 유언비어화'를 제기한다. 『5월 18일, 광주』(481~482쪽, 2010년)에서 그는 『광주사태의 실상』(5공화국 국방부, 1985년)에 적혀 있는 것처럼 '사실'을 '유언비어'로 몰아붙이며 이것들을 한결같이 불순세력이나 학생들이 조작한 것이라고 당시 계엄사나 그 뒤의 5공화국 정부(전두환 정권)는 주장해왔지만, 오히려 계엄사가 사태를 확산시키려는 의도를 갖고 유언비어를 퍼뜨려 역이용했다는 주장을 내놓는다.

조갑제는 『유고』(1987년) 2권(65쪽)에서 "광주에서와 마찬가지로 부산과 마산에서도 '전라도 군인이 와서 경상도 사람 다 죽인다'는 말이 일부에서 떠돌았다"고 썼다. '부산과 마산'은 그 땅에서 일어난 부마항쟁을 가리키는 것이고, 문제는 말의 생김새가 쌍둥이같이 닮았다는 데 있다. 5·18 대표 유언비어로 광주에서 큰 파장을 일으켰던 '경상도 군인이 와서 전라도 사람 다 죽인다'는 유언비어와 비교해 볼 때, 행위자와 대상자만 맞바꾸어 놓았을 뿐, 문장의 구조는 똑같다. 동일한 구조의 문장이 주어와 목적어만 달리한 채 똑같은 구조로 다른 땅에서 반복되었다는 건 그 자체로 메시지다. '악성 유언비어'의 출처에 대한 인식의 수정을 요구 받는다는 것이다. 누구에게나 그것이 경악과 의문으로 교차할 것이다. 터무니없이 황당하게 생긴 유언비어에 놀랄 것이고, 대체 그런 묘안이 뉘 집 머리에서 나왔는지 의문에 휩싸일 것이다.

정호용의 유언비어 사전누설, 최정운의 유언비어 사전준비설, 김영택의 '사실의 유언비어화', 조갑제의 부마항쟁 유언비어에서 오는 공통분모는 5·18에 사용된 '악성 유언비어'의 출처가 광주 말고 따로 있다는 신호인 것이다. 당시 모든 권력은 보안사로부터 나왔다. 모든 공작도 보안사가 주도했을 것이다. 공작으로 단련된 조직이 보안사라 함은 국민들 사이에 일반상식이 되어 있다. 유언비어의 원생산지가 보일 것이다.

전두환은 『회고록』(396~399쪽)의 유언비어론에서 '경상도 군인들이 전라도 사람 씨를 말리러 왔다'는 유언비어가 광주 시민들을 특히 격분시켰다고 동의한다. 그것이 지역감정을 자극했다는 점도 시인한다. 경상도에 대한 적개심을 품게 하는 내용들이 많았다고도 적는다. 그러면서 "선량한 시민들을 폭도로 변하게 하는 데에는 가상의 적을 만들어 그들에 대한 증오심과 적개심을 갖게 하는 것이 매우 효과적이란 고도의 심리전술을 사용한 것"이며 "특정세력이나 집단의 조직적인 작전이었다고 의심할 만하다"고 적었다.

'경상도 군인들이 전라도 사람…' 같은 우수 유언비어를 전공적이지 않은, 계획적이고 조직적이지 않은 누가, 무슨 재주로 만들어내겠는가. 전문조직이 심히 의심되는 이유다.

4. 군중심리의 폭동-선동공작

5·18은 우리였다. 72만의 광주가 우리를 만들었다. 김상봉 전남대 철학과 교수에 의하면, 그 우리는 '항쟁공동체'다.

연도에서 구경하는 사람도, 상황 봐가며 데모대에 들랑날랑하는 사람도 우리였다. 창가에 달라붙어 내다만 본 눈도, 내려다보면서 야유만 보낸 입도 우리였다. 데모대를 따라다니다 집으로 돌아온 사람도, 내내 집에 갇혀 있는 사람도 우리였다. 쫓기는 젊은 이를 집안에 감추어 두었다가 혼난 어른들도 견고한 지지대의 우리였다. 전장에서 아들딸을 빼내간 어머니아버지도, 손에 잡혀 고향으로 내려간 아들딸도 우리의 우리였다. 주먹밥도 헌혈도 우리에서 왔고, 들것 이송도 시신 수습도 우리에서 왔다. 먹을 것이 떨어지고 생필품이 바닥나 나눔의 우리가 오고, 불 꺼진 도시의 밤은 밤새 뒤척이며 광주를 앓았다. 그 모든 우리가 광주였고, 그 우리는 광주의 군중이었다. 그 우리로 광주는 5·18을 했다.

5·18은 늘 군중을 달고 다녔다. 많을 땐 4분의 1쯤이 군중으로 출석했다. 언제나 금남로를 중심으로 사람의 물결이 넘실거렸다. 군중의 말은 대개 아우성이지만, 낌새가 수상쩍은 말들도 있었다. 선동이 붙은 말들이다. 선동 관련 증언은 많기도 하지만, 취재수첩과 연구의 기록, 목격자의 증언 등 중요한 것만 간추린다.

[사례 1] 나의갑이 전남대 정문 앞 취재 때 생긴 일.

5·18 첫날인 18일 오전 10시쯤, 전남대 정문 앞을 지키던 7공수여단의 2차 공격으로 몇몇 학생이 진압봉에 머리를 맞고 500m쯤 물러나 있을 때, 20여 명의 학생들 틈에 짧은 스포츠형 머리의 20대 청년이 불쑥 끼어들었다.

"나는 전남대 근처에 사는데 오늘 새벽 산책을 하다 박관현

(5·18 당시 전남대 총학생회장으로, 5월 14·15·16일 연 3일 동안 전남도청 앞 광장에서 진행된 민족민주화대성회 때 분수대에 올라 명연설과 명지휘로 대성회를 주도해 많은 광주 시민들의 가슴에 '분수대의 영웅'으로 기억되고 있음)이가 잡혀가는 것을 봤어요. 검은 승용차에 실려 정문을 통해 후문 쪽으로 갔는데 31사단(광주 주둔 향토사단) 연병장에 쳐둔 철조망 안에 갇혀 있대요."

참말로 잡혀갔을까. 다들 고개를 갸웃거리며 허탈한 표정을 지었다.

박관현이 1982년 4월 5일 약 2년간의 은신 끝에 검거되면서, 나의갑은 '청년의 말'이 '사실'이 아님을 알았다. 박관현이 5월 18일 아침 일찍 차명석(광주고등학교 동기 동문)과 함께 전남대 정문 쪽에 접근한 것은 맞지만, 체포된 것이 아니라, 전남 여천 돌산으로 피신했다는 사실을 취재를 통해 알게 된 것이다.

짧은 머리 청년의 수상함은, 그 말이 사실이라면 그 새벽에 31사단 연병장까지 갔다 왔다는 것인데, 비상계엄이 전국으로 확대된 상황에서 군부대를 아무나 출입할 수 있겠느냐는 데로 의혹은 모아진다. 그렇다면 청년은 무엇인가. 나의갑은 당시 청년이 나이가 좀 있어 보여 복학생으로 생각했었다.

유언비어 등 언어의 상징을 통해 기획된 방향으로 타인의 행동을 이끌기 위한 의도적이고 체계적·조직적 시도가 선동이라고 할 때, 청년의 말은 그냥 한 말이 아니다. 기획되고 의도된 말이다. 청년을 누가 어디서 보냈으며, 학생들의 어떤 행동을 겨냥한 것일까. 공수부대에 배속되어 있는 '심리전요원'이 누군가로부터 받은 '박관현 유언비어'를 흘린 것이 아니라면, 7공수여단 파견 보안부대원, 또는 광주 505보안부대원일 가능성이 높다. 박관현으로 학생들을 흔들어 보겠다는 의도인 것 같고, 흔들어 어디에 쓰겠다는 것인지, 그 점이 중요하다. 7공수여단의 3차 공격이 있은 뒤 학생들이 "도청으로 가자"며 금남로로 진출하면서 청년의 말에 영향을 받았을까, 알 수 없음이다. 나의갑은 청년의 이 흘림을 '유언비어성 선동 1호'로 단정 짓고 있다.

[사례 2] 최정운 서울대 정치외교학부 교수의 '선동론'.

최정운은 저서 『오월의 사회과학』에서 5·18 유언비어와 지역감정을 한데 묶어 새로운 해석을 한다. 긴 글을 요약하면, 전두환그룹이 광주 시민들의 지역감정을 5·18의 근본적인 원인으로 지목한 데 대한 반론이다. 누군가 지역감정을 자극하는, 말하자면 '경상도 군인들이 전라도 사람들 씨를 말리러 왔다'는 말을 의도적으로 만들어 선동했다는 것이다. 이 경우 지역감정은 광주 시민들 마음속 깊은 곳에 자기도 모르게 한으로 응어리져 있던 것으로, 결코 객관적으로 부정할 수 없는 성격으로 제시하고 있으나, 이 차별당한 한을 5·18의 원인으로 볼 수는 없다는 것이다. 그러면서 많은 공수부대 병사들이 경상도 억양으로 '전라도 새끼들 다 직인다', '씨를 말려버리겠다'고 고함치고 다녔고, 지휘자나 지휘관들도 확성기를 통해 강한 경상도 억양으로 작전을 지휘했다는 것도 사실이며, 5

월 20일 시위대 속에 섞여 있던 정보요원들이 '저놈들은 경상도 놈들이다', '광주 사람 다 죽이러 왔다'는 등 시위대를 선동하는 것이 시민들에 의해 목격되었다며 선동자를 계엄군 쪽에서 찾는다.

최정운의 관점은 핵심을 찌르는 두 확신을 불러온다. 시위대를 쫓아다니며 진압만 하는 공수부대가 아니라는 거다. 진압도 하고 선동도 하고, 두 일을 함께 실시했다는 것이다. 명백히, 공수부대가 광주를 선동한 것이 된다. 이 점, 시선 고정 및 확대여야 한다. 그거 없이는 진압의 공수부대로밖에 보이지 않는다. 행실이 심히 의심 가는데 진압 말고 '숨어서' 한 일은 무엇일까. 광주에 투입된 3개 공수여단 가운데 선동, 유언비어 유통, 교란, 간첩 몰기, 주동자 색출 등의 특명을 받은 대대는 없다는 것인지? 소요진압작전 훈련 때 기본으로 그런 유의 학습을 한다는 데서 오는 의혹이다.

시위대 속에 섞여 있는 정보요원은 또 무엇인가. 누군가 군중 속으로 그런 사람들을 투입시켰다는 것이며, 투입된 그들은 누구인가.

최정운은 이 저서를 낼 때 광주에 내려와 많은 5·18 당사자들로부터 폭넓게 증언을 들었는데, 나의갑도 증언자 중 하나다.

[사례 3] 나의갑의 방송국·신문사 방화 선동 저지.

5·18 당시 전남도약사회장 이영권(현재 86세)은 "우리 약국과 광주 MBC가 100미터쯤 떨어져 있어 그 일대에서 벌어지는 상황을 쉽게 파악할 수 있었다. MBC에 불이 난 것은 5월 20일 밤 9시

쯤이었는데, 그날 낮부터 한 남성이 시민들을 향해 '불을 질러버리자'며 선동했다. 그러자 어떤 청년(나의갑)이 앞으로 나와 '불 지르면 안 된다. 방송국도 광주 재산이다. 군인들이 언론을 검열하고 있어 한 줄도 못쓰고 있다'고 가로막았다. 그때 시위대 사이에서 '저거 프락치다'며 그 남성을 잡으려고 하자 도망쳤으나, 결국 MBC 맞은편에 있는 전화국 앞에서 잡혔다. 시민들이 그 남성을 상무대(전교사)로 끌고 가 넘겨주자 군인들이 웃더라고 나중에 상무대에 따라갔던 사람한테 들었다"고 증언했다. 현 전남일보, 2018년 6월 11일자

그날 오후 3시쯤 나의갑은 금남로2가에서 취재를 하다 누군가 'MBC로 가자. 불 질러버리자'고 외치는 걸 들었다. 큰일나겠다싶어 MBC 쪽으로 몰려가는 시위대를 부리나케 뒤쫓아 갔다. 그 남성이 방화를 선동하자 얼른 시위대 앞으로 나가 큰소리로 외쳤다. 이영권이 기자한테 증언한 것처럼 외친 것인데, 이영권의 증언과 나의갑의 기억은 대부분 일치한다. 그러자 시위대 속에서 또 다른 누군가가 '그러면 전남일보로 가자. 윤전기에다 모래를 뿌리면 신문 못 만든다'고 선동했다. MBC와 전남일보는 600미터쯤 떨어져 있다. 시위대가 전남일보 사옥(현 전일빌딩245) 앞길(금남로1가 1번지)에서 웅성거리고 있을 때 뒤쫓아 간 나의갑이 다시 앞으로 나갔다. "저기 저 도청(전남일보사와 도청은 직선거리로 60미터쯤 떨어져 있음)에 있는 보도검열단에서 군인들한테 사전검열을 받고 있어 기자들 맘대로 신문을 만들지 못하고 있다"는 등의 호소로 모

래뿌림을 막아냈다.

그날 밤 나의갑은 시위대 꽁무니를 따라다니며 취재를 하다 8시 30분쯤 금남로3가 광주가톨릭센터(현 5·18민주화운동기록관) 뒤쪽 사거리에서 매복 중인 공수부대에 의해 잘려, 가톨릭센터사거리와 전일빌딩사거리 사잇길에 갇혔다. 그 밤 9시 20분쯤 사잇길 중간 지점에 있는 홍안과로 피신, 3층 옥상에서 불타는 MBC를 보았다. 취재수첩에는 'MBC 불 9:30'이라 적혀 있다.

MBC는 여직 광주의 방화로 기록된다. 불 질러버리자고 선동한 그들, 프락치일까, 광주일까.

[사례 4] '광주교도소 습격' 선동.

광주 종식 하루를 앞둔 5월 26일 계엄사는 기획 의도가 확연히 드러나는 '광주소요 실태'에 대해 발표한다. 계엄사의 발표문 가운데 가장 순도 높은 허구로 구성되어 있다. 읽으면 '폭도-폭동의 풍경들'이 눈앞에 생생하게 떠오를 정도다.

'광주교도소 습격'은 이 26일의 발표문에 처음으로 등장한다. "교도소를 습격하자고 충동질을 계속하는 자가 있는데, 이는 사상범 등 중범죄자 3,700여 명이 수감되어 있는 교도소를 습격, 이들 중범죄자를 폭도에 가담시키려 획책하고 있다"고 국민을 향해 밝힌다. 5월 31일 발표된 계엄사의 '광주사태 총정리'는 살을 더 붙인다. "특히 이날(21일) 무장폭도들은 간첩 및 좌익수 170여 명이 포함된 2,700여 명의 복역 죄수가 수용되어 있는 광주교도소를 5차에 걸쳐 습격하여, 이들을 탈소시켜서 폭도에 가담시키기 위해 교도소를 지키고 있는 계엄군(3공수여단)과 교전, 양측에 사상자를 내게 하는 폭거를 자행한 것"으로 국민들한테 재입력시킨다.

『회고록』 1권(518~522쪽)도 '교도소 습격'에 협력한다. 북한을 끌어오는 열의도 보인다.

"5·18사태 때 계엄군은 광주 시내는 물론 광주시 외곽 등 여러 곳에서 흉기 또는 총기를 든 시위대의 공격을 받았지만, 공격 양상이 가장 집요했던 것은 광주교도소에 대한 공격이었다. 그곳은 모두 여섯 차례나 무장시위대의 공격을 받았다. 당시 광주교도소에는 간첩 및 좌익수 170명, 강력범 300여 명을 포함해 총 2640명이 수용되어 있었다. 수용자들을 자극해 교도소 내 폭동을 유발하려는 의도였을 것이다. 북한이 광주에 있는 여러 고정 간첩망에게 광주교도소를 습격하여 '해방시키라'는 지령을 내리는 것이 우리 정보 당국에 의해 포착되었다. (중략) 교도소 습격은 북한의 고정간첩 또는 5·18을 전후해 급파된 북한 특수전 요원들이 개입한 것이라고 추측할 수 있게 하는 대목"이라 썼다가 『회고록』은 법망에 걸려들었다.

교도소를 습격하면 '폭도'가 되는데 습격은 있었나. 2018년 5월 16일 법원은 시위대의 광주교도소 습격은 허위라며 『회고록』 1권에서 삭제하라고 결정했다. 광주지방법원 민사23부(부장판사 김승휘)는 5·18기념재단과 5·18 3단체가 전두환을 상대로 낸 『회고록』 1권에 대한 출판 및 배포 금지 가처분 신청을 인용한 것이다. 이로써 모두 69개 내용을 거짓글로 인정한 것인데, 전두환과 전두환그룹이 국가 안보를 위협하는 '폭동'으로 몰아가는 도구로 교도소 습격을 사용했다는 점에서 법원의 결정은 의미가 크다. 교도소 습격 혐의로 기소된 7명 가운데 처벌받은 사람이 한 명도 없다는 것은 교도소 습격이 조작되었음을 반증하는 것이다.

계엄사는 5월 21일 오후 4시 전교사에 계엄군을 광주 외곽으로 이동 배치해 도로망을 봉쇄하라는 지시를 내린다. 교도소는 호남고속도로 순천 방향 도로와 광주~담양 국도 사이에 끼어 있는데, 18일부터 31사단 1개 대대가 지키고 있던 교도소를 3공수여단으로 교체한 건 21일 오후 5시 30분이었다. 3공수는 담양 방면 호남고속도로와 국도 입구를 차단하고 차량이 접근하면 가림 없이 쏘았다. 시위대는 담양, 곡성, 구례, 순천, 전북지역에 광주를 알리고, 시위 확산을 시도했었다. 시위 차량이 교도소 쪽으로 간 이유다. 시위와 무관한 사람들이 담양, 진도 등지로 차를 타고 가다 공수부대의 총격을 받아 3명이 숨지고 6명이 부상을 입었다.

5·18 당시 전두환의 보안사는 '광주교도소습격기도사건'을 꾸며냈다. 광주 505보안부대의 전남합수단(보안사에서 파견된 최경조 대령이 사실상의 단장이었음)이 조작의 실무를 맡았다. 2007년 국방부 과거사위에 의해 보안사가 5·18을 북쪽과 연결하기 위해 꾸민 대표적 조작극으로 판명되었다.

「국방부 과거사위 보고서」 118쪽을 옮겨온다. "전남합수단에서 작성한 '광주교도소습격기도사건'에는 당시 광주교도소에 복역 중인 류낙진의 처 신애덕과 동생 류영선이 시위에 가담해 교도소를 습격, 복역 중인 류낙진을 구출하도록 선동했다는 내용이 나온다. 특히 류영선은 시위군중과 함께 교도소를 습격하다 총상으로 사망한 것으로 되어 있다. 그러나 이 개요는 5·18을 불순분자의 소행으로 몰기 위한 의도에서 조작되었음이 위원회 조사 결과 밝혀졌다."

류낙진이 광주교도소에 복역한 것과, 류영선이 총상으로 사망한 것은 사실이다. 보고서는 이어 "당시 신애덕은 시위 주동자로 예비검속된 딸 류소영을 찾기 위해 노력하고 있었다. 또 류영선은 소재를 모르는 조카 류소영을 찾으려다 계엄군의 과격진압을 보고 시위대에 합류했다가 5.21. 전남도청 앞 발포로 머리에 관통상을 입고 사망했다. 류영선이 사망한 후 그의 가족들은 차례로 전남합수단에 불려가 '류영선이 류낙진을 구하기 위해 시민군을 선동하고 교도소를 습격했다'는 혐의와 관련하여 심문을 받았다"는 것이다. 과거사위는 505보안부대 대공과 소속으로 전남합수단에서 일했던 한 수사관을 면담 조사해 그 같은 일이 있었음을 확인했다. 류소영은 시집가기 전까지 605보안부대(개칭된 505보안부대의 명칭)의 감시를 받았다고 한다.

광주 시민들 가운데 교도소를 습격하러 가자고 선동한 이들이 있었을까. 『넘어 넘어』(257쪽)는 "이(광주교도소) 근처에서 피해를 입은 시민들 가운데 누구한테서도 교도소 공격을 목표로 했다는 증언은 나오지 않았다"며, 시위대의 광주교도소 접근은 3공수여단의 차단을 따돌리고 광주 밖으로 진출하기 위함이었다고 적는다. 선동이 없었다면 없는 선동을 만든 선동이 선동자가 된다. 무장시위대의 공격을 여섯 차례나 받았다고 주장하는 전두환과 그의 보안사가 교도소습격기도사건의 선동자란 것이다.

[사례 5] 5·18 당시 광주경찰서(현 동부경찰서) 인근에서 화랑을 경영한 28세 임춘식의 증언. 그는 5월 19일부터 시위에 참여했음.

(5월)20일엔 오전부터 비가 오다가 오후에야 갰다. 이날은 공수부대가 전날의 비인간적이고 광포한 시위진압과는 반대로 "우리는 경상도 사람이 아니다. 어제와 그제 데모를 진압했던 공수들은 물러갔다"면서 비교적 유순한 진압을 했는데, 그때 시위군중 속에는 내가 아는 정보부원들이 있었다. 그들은 (광주)가톨릭센터(금남로3가) 앞 시위대에 합류해 있으면서 시위군중을 흥분케 하는 말들을 했다.

"저놈들은 경상도 놈들이다.", "광주 사람 다 죽이러 왔다.", "저놈들을 죽여 버리자" 등등이었는데, 시위대를 극도로 자극시켜서 과격한 행동을 유발하여 과잉진압을 할 수밖에 없었다는 변명의 여지를 남기고자 하는 의도였으리라고 생각된다.

(중략)

정보요원들이 시위군중 속에 합류해 있으면서 유언비어를 퍼뜨려 시위군중을 흥분하게 하고 시위대들이 과격한 행동을 유도했다. 과잉진압을 할 수밖에 없는 당위성을 인정받기 위한 조작극이었다.

계엄군이 철수한 후에도 내가 아는 정보요원을 시내에서 만났다. 평소부터 잘 알고 지내는 사이라 같이 가서 술을 마셨다. 이런저런 얘기 끝에 그에게 왜 총을 쏘았느냐면서, 혹시 당신들이 일부러 총을 쏠 수밖에 없었다는 물증을 만들기 위해 시위대를 충동질한 것이 아니었느냐고 물으니까, 그는 웃으면서 얼버무렸다.

이유야 어찌됐건 5·18은 5공화국이 정권을 잡고 순탄하게 정권 유지를 하는 데 일익을 담당했던 것이 사실이다. '누구든지 까불면 두고 봐라. 다 개죽음이다'라는 식의 전시효과용으로 5·18 때의 발포를 암묵적으로 써먹었으리란 것이다.

이 증언은 1990년 한국현대사사료연구소에서 펴낸 『광주5월민중항쟁사료전집』(약칭 『5월사료전집』) 713~715쪽에 수록되어 있다.

임춘식의 증언에 나오는 '정보부원' 또는 '정보요원'은 그가 광주경찰서 근처에서 화랑을 경영하고 있었으므로 평소 알고 지내던 경찰관들로 추측된다. 중앙정보부 전남지부 요원이 아니라 광주경찰서 소속 정보과 형사일 가능성이 높다는 것이다.

이들 정보요원들이 시위군중 속에서 "저놈들은 경상도 놈들이다. 저놈들을 죽여 버리자"고 선동했다면, 5·18 당시 전남도경과 광주경찰서, 광주서부경찰서 소속 정보 형사들은 고유 임무인 정보수집 및 주동자 색출 외에도 선동공작에 동원된 것으로 봐야 한다.

 시위에는 선동이 있게 마련이다. 시위의 목표에 효과적으로 가기 위함이다. 5·18도 시위였다. 선동이 많이 목격되었다. 유의가 요구되는 건 광주 쪽 선동만 있었던 건 아니라는 거다. 개수로는 셀 수 없지만, 계엄군 쪽 선동이 더 많았을 거란 의견도 있다. 계엄군 쪽에서 시위군중 속에 '사람'을 넣어 선동하도록 했다면, 이유는 뭘까. 위의 사례들은 '폭동의 도시'로 예인하기 위한 '공작된 선동'임을 보여 준다. 군중심리를 이용해 폭동으로 선동한 쪽은 그러므로 계엄군, 나아가 전두환그룹이다. 그들의 선동공작으로 일구어낸 폭동, 제4 폭동의 대강을 둘러보았다.

5. 사복의 폭동-편의대공작

 유언비어도 말이고 선동도 말이다. 퍼뜨리는 것이 유언비어의 목표라면, 행동에 불을 붙이는 것은 선동의 목표다. 의도 없는 유언비어는 있을 수 있으나, 의도 없는 선동은 없다. 기획된 유언비어나 기획된 선동은 '훈련된 조직'이나 '학습된 수행자'가 아니고서는 목표에 이르기 쉽지 않다. 그런 조직이나 수행자를 군에서는 '편의대(便衣隊)'라 부른다. 원어로는 '편의공작대(便衣工作隊)'다. 편의대는 중국에서 비롯된 것으로, 사복 차림으로 몰래 적지(敵地)

에 들어가 후방을 교란하고 적정을 탐지하던 부대를 말한다.

5·18 당시 유언비어를 유포하고 방화, 습격 등을 선동한 쪽은 전두환그룹이 덮어씌우고 있는 광주가 아니라, 자신들이 운용한 편의대임을 밝히기 위해 '유언비어공작' 및 '선동공작'부터 살폈다.

'5·18 편의대'는 그 존재 정도만 확인되었을 뿐, 완성된 그림은 없다. 전교사, 2군사령부 등 군 문건과 보안사에서 펴낸 『5공전사』, 『계엄사』, 『광주소요사태 분석』 등 군 단행본에 조각적으로 기재되어 있을 뿐이어서, 편의대의 전모를 파악하지 못하고 있는 상태다. 현장의 기억들이 털어놓는 증언이 편의대 추적의 기초 자료로 쓰이는 건 그런 이유에서다.

몇 년 전 편의대와 관련이 있어 보이는 군 기록이 하나 나오긴 했다. 근사치의 편의대 기록이라 해도 무방하다. 2019년 12월 5일 대안신당 최경환 국회의원이 공개한 것으로, 39년 만에 첫 발굴되었다. 최경환은 그날 5·18 관련 보안사 문서 2321건 목록과 함께 일부는 원문을 공개했다. 그동안 이 문건은 「광주사태 분석」이란 문서 속에서 '정보 분야'(321쪽)란 소제목을 달고 잠자고 있었는데, 1980년 7월 15일 육본 교육발전처장 장창호 준장이 작성해 작전처장에게 보고한 것으로 밝혀졌다.

다음은 문서에 나와 있는 기록 내용이다.

정보 분야

정보활동

- 실태

  – 기단계 첩보활동 및 정보수집 부진

  – 소요지역 내(치안부재) 첩보의 신뢰도·정확성 결여

    31사단 194명

    ※ 판독 불가 19명

    정보대 2명

    경찰 69명

    헌병 13명

    연구관 72명

    민간인 45명

    기타 97명

    계 511명

- 5월 22일부터 편의 공작대원 부분적으로 활용

- 5.23~5.26(3일간) CAC 통계

- 분석(문제점)

  – 초기단계부터 경찰·정보수집기관 장악 결여

  – 첩보의 통합적인 수집·평가 결여로부터 운용의 차질 초래

- 평시 적정률 경시한 훈련

- 여하한 상황 하에서도 운용할 수 있는 정보수집 기능 미비

• 대책

- 정보요원의 교육

  근무 요령

  첩보수집–통합 분석–처리의 일원화

- 도시지역에 대한 정보수집 계획 사전 준비

- 합동정보수집기구 구성·장악 필요(군, 경찰, 관서, 학교–대민기구 협조 활용)

- 특수정보요원의 육성 활용(예: 편의 공작요원)

- 항공기를 이용한 공중 정찰

「정보 분야」란 문건의 독후감부터 적는다. '5.22일부터 편의 공작대원 부분적으로 활용'이라 적고 있는 데서 정보수집요원과 편의대를 구분한 것으로 보인다. 5·18 편의대의 임무가 첩보 및 정보수집, 주동자 색출 및 체포, 유언비어 유포, 방화·습격 등 선동, 시위대 교란, 간첩 등 불순분자 지목, 시민–시위대(폭도) 분리공작, 선무활동, 시위대 위치 및 무장 상황 파악, 시민 및 수습대책위 동향 관찰, 폭동공작용 사진 채증 등이라 할 때, 보안사, 광주 505보안부대, 공수부대 등 군부대와 함께 중정, 경찰, 민간인 등까지 광의의 편의대 개념에 포함시킬 수 있으므로 문건의 구분은 옳지 않다.

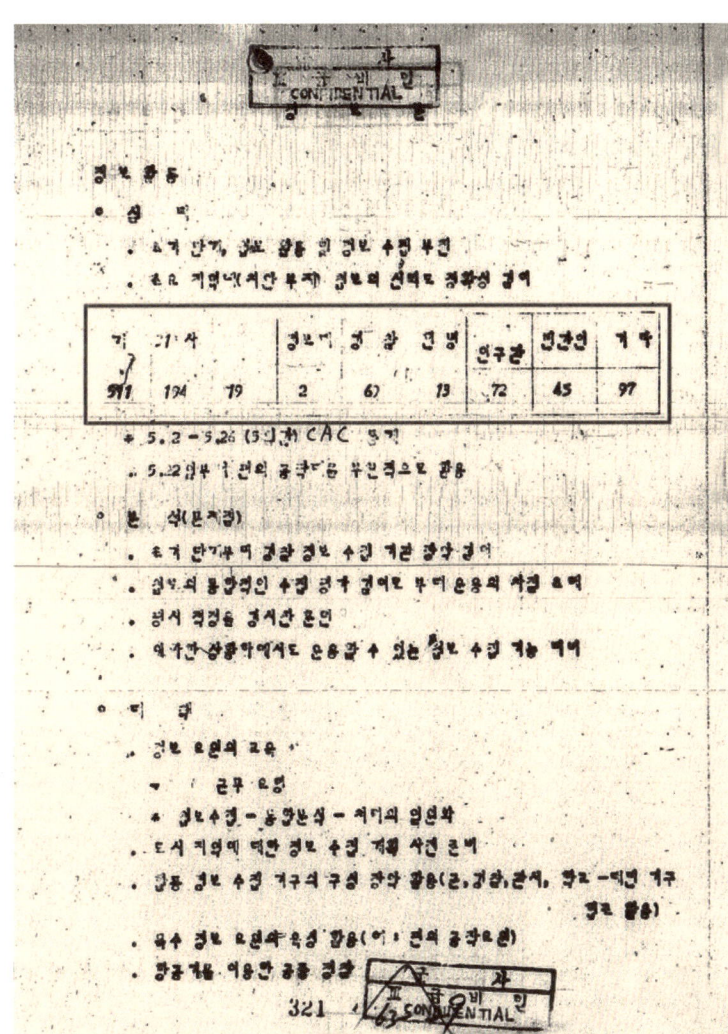

2019년 12월 5일 첫 발굴된 편의대 관련 군 문건.

문건에 기재된 군관민 전체를 편의대로 봐야 한다는 것이다.

첩보 및 정보수집의 중심에 있었던 505보안부대 및 보안사 광주파견 요원, 중정 및 중정 전남지부, 전교사 및 301정보대, 범죄수사대 등이 누락되어 있는 것도 문제다. 5월 18일부터 21일까지는 빼고 CAC(전교사)의 통계를 근거로 5월 22일부터 26일까지 5일간의 통계만 총인원으로 잡고 있는 것도 의문점이다. 문건에 적힌 대로 '정보 분야'에 동원된 총인원 '511명'만 해도 적은 것이 아닌데, '누락'과 '빼고'를 합친다면 '511명'을 훨씬 상회할 것이다.

주둔지가 광주인 31사단에서는 '정보 분야' 용도로 왜, 194명이나 내놓았을까. 그들 대부분은 광주·전남과의 연고 때문에 차출되었을 것이다.

문건은 실태-분석-대책 등으로 구분, 정리하고 있으나, 편의대의 편성·임무·활동 내용·연락 및 신호 방식·보고 체계 등에 대해서는 아무런 언급이 없다.

편의대의 존재를 확인하는 근거 기록으로 손색이 없는 이 문건은 세 가지 과제를 던진다. '연구관', 그들은 누구인가. 군에서 온 것인가, 민간에서 온 것인가. 도대체 어디서 왔다는 것인가. 와서 뭘 연구했다는 것인가.

'민간인' 45명은 어디에 사용한 것일까. 자발적으로 들어간 건 아닐 테고 틀림없이 포섭 당했을 것이다. 돈 주고 샀을까, 돈을 주었다면 얼마를 주었을까. 돈 받고 뭔 일을 했을까, 방송국 불 지르러 가자고 선동했을까. 어디 가서 총 가져 오자고 소리쳤을까, 저

사람 간첩이다라고 속삭였을까. 아니면 경상도 군인들이 전라도 사람 다 죽인다고 분기탱천했을까. 전남도청 독침사건의 두 주인공은 문건 속 '민간인'과 상관이 있는 걸까.

『5공전사』 4권(1562쪽)을 보면, "광주세무소에 화염병을 던져 방화한 것은 10대의 소년이었다. 그는 밤새 진행 중인 데모를 구경하러 집밖에 나왔다가 한 청년으로부터 5,000원을 받고 화염병 한 개를 건네받고 그 청년이 시키는 대로 화염병을 던진 것"('당시 제7공수특전여단 남 아무개 대위의 증언'이란 편주를 달아놓았음)이라 적고 있는데, 책은 그 '한 청년'을 불순분자로 몰고 있지만, 그 청년이 '편의대 청년'일 수 있다.

'기타'로 분류된 사람은 97명이다. 그들은 누구이며, 무엇 때문에 '기타'로 처리된 것일까. 그들이 한 일을 '기타'로 감춘 건 그만큼 그 일이 중한 사람인 것임을 반증한다.

부마항쟁 때도 5·18 때처럼 공수부대가 투입되었고, 편의대가 운용되었다. 부마항쟁 당시 전두환의 보안사가 작성한 문서에 편의대 기록이 나온다. 부산 국제신문이 2019년 10월 2일 단독 입수한 보안사의 '상황보고(10. 21)' 문건에 '6명 1개조(10개조)로 편성', '사복 착용(공작조가) 군중 속에 침투 주동자 색출'이란 5공수여단의 편의대 편성 및 활동 내용이 적혀 있다. 이 기록은 2019년 5월 15일 CBS 라디오 '김현정의 뉴스쇼'와의 전화 인터뷰에서 편의대의 존재를 처음으로 고백한 5공수여단 출신 홍성택의 증언과 일치한다.

충북에 거주하는 홍성택은 풀뿌리 자치에 관심이 큰 목회자이며, 전국 주민자치 강사로도 활동하고 있다. 그는 같은 해 5월 13일 5·18 당시 미국 육군 501정보여단 광주파견대에 근무했던 김용장 군사정보관의 JTBC TV 증언을 듣고 고백을 결심했다 한다. 홍성택의 결심을 끌어낸 김용장의 편의대를 듣는다.

앵커 편의대라는 것이 민간인 복장을 한 군인?

김용장 그렇습니다.

앵커 얼마나 내려왔습니까, 광주에?

김용장 제가 목격한 것이 약 19일 정도 아니면 20일. 아마 하루 정도 차이 오차가 있을 겁니다마는.

앵커 미리 왔다는 얘기죠? 20일보다.

김용장 20일보다 하루 전에 왔다고 기억하고 있는데.

앵커 어디서 왔습니까, 그 사람들이?

김용장 그 사람들이 서울에서 C-130 수송기를 타고 광주에서 내렸고, 광주에 내려서 격납고에 약 이틀 정도 머물렀다고 그렇게 기억하고 있습니다. 그 사람들이 버스를 타고 광주 시내로 잠입을 했고, 하는 역할은 이미 제가 몇 차례 얘기를 드렸습니다마는 시위대에 들어가서.

앵커 여러 가지 루머를 퍼뜨리는.

김용장 루머를 퍼뜨리고 또 시위대를 이끌어서, 예를 들어서 방화를 하도록 하고.

앵커 과격하게.

김용장 무기를 들게 하고. 시위대를 과격화해서 폭동화시키는 그런 일을 했다고 나중에 제가 생각을 했습니다.

앵커 그래야만 무력진압의 명분이 생기므로?

김용장 그렇습니다. 그 당시에 제 보고서에는 '편의대가 와서 침투했다' 거기까지만 했습니다.

앵커 그런데 구체적으로 어떤 일을 했는지에 대해서도 보고를 다 받으셨습니까?

김용장 그것은 나중에 제가 알게 되었습니다. 5월 19일 당시에는 몰랐습니다.

앵커 그런데 그러면 그 당시에 혹시 정보를 수집했을 때 이 사람들이 예를 들면 어떤 유언비어를 퍼뜨렸다든가 하는 것을.

김용장 그 당시에 유언비어는 '경상도 군인들이 광주시민을 다 죽이려고 한다'.

앵커 그때는 저도 다른 지역에서 군인이었는데요.

김용장 그렇습니까?

앵커 다른 지역에서 군 생활을 했는데, 제가 있던 부대에도 그런 얘기들이 들려왔을 정도입니다.

김용장 그리고 북한 특수군이 들어왔다. 광주세무서를 불 지르자. MBC를 불 지르자. 이런 루머들이 많이 퍼졌습니다.

앵커 실제로 MBC는 불에 탔습니다, 그때.

김용장 광주세무서도 불에 탔습니다.

앵커 그렇군요. 편의대 얘기는 사실 여태까지 자세하게 알려지지는 않았습니다. 그런데 그 규모가 아까 20~30명 수준이라고 말씀하셨는데, 광주 전역을 20~30명이 커버하기는 어려웠을 텐데, 혹시 더 왔는데 모를 수도 있겠군요.

김용장 그런데 편의대가 이렇게 운영이 되었습니다. 한 번에 20명, 30명이 오면 자기 임무를 수행하고 철수를 하고, 다른 편의대가 와서 다른 단계의 일을 하고, 임무를 하고 이렇게 운영이 되었기 때문에 30명은 아닙니다. 제가 보기에는 훨씬 더 많은 숫자가.

앵커 교대로 왔다는 이야기군요.

김용장 교대로 왔고요.

앵커 굳이 교대로 올 이유가 있었을까요?

김용장 임무가 다르기 때문에 그렇습니다. 그리고 보안사령부에서만 편의대를 보낸 게 아니고 다른 정보기관에서도 했으리라고 저는 그렇게 믿고 있습니다.

김용장이 미국 육군 정보요원인 점, 그의 사무실 근처에 있는 광주 군공항의 격납고에서 대기 중인 '무리'(편의대 추정)를 직접 목격한 점, 그들이 서울에서 군용 수송기를 타고 온 점 등으로 보아 증언은 신뢰로 간다. 무엇보다 그의 기억이 편의대의 임무 등에 관한 첫 증언이라 함은 가치를 지닌다. 증언을 기초로 편의대의 정체를 추적할 수 있게 되어서다.

홍성택으로 돌아와, 그가 속한 5공수여단은 10월 20일 오전 11

시 부산에서 마산으로 이동했다. 부마항쟁 당시 1개월쯤 부산과 마산에 머무는 동안 편의대로 편성되었다. 그의 임무는 집회에 참여하려는 대학생들을 색출하는 일이었다. 편의대는 공수부대 편의대-경찰 합동으로 운용되었고, 학생처럼 보이도록 사복을 입고 주로 다방 등에서 학생들을 만나 시위 계획 등을 넌지시 물어보았다는 것이다. 서울에서 온 대학생이라고 소개하면서 접근했고, 너희들은 데모를 어떻게 할 것이냐고 묻기도 했다. 학생들이 11월 3일 학생의 날 집회 계획 등을 얘기하면 오른손을 들어 신호를 보냈고, 따라 붙은 경찰이 연행하면 한 건이 완료된 셈이었다.

홍성택은 CBS 라디오에서 "상대가 눈치를 못 채게 함께 잡혀가는 시늉을 했으며, 전경버스에 올라타면 경찰에게 적당히 맞은 뒤 슬쩍 빠져 나왔다"며 "버스가 여기저기서 학생들을 계속 싣고 가는 걸 보면 그 일을 나 혼자 했던 건 아닌 것 같다"고 했다.

5·18의 경우 부마항쟁보다 저항이 더 길었고, 대검, 집단사격 등으로 더 독하게 진압한 점, 박정희 대통령이 1979년 3월 보안사령관으로 임명해 '군 감시권'을 맡긴 전두환의 시간에 부마항쟁이 발생한 점, 당시 전두환 보안사령관이 부산 현장에 나타나 '지휘'에 해당하는 말을 남긴 점, 군무원 등을 투입해 대학생들의 움직임과 여론을 파악한 바 있는 부산 501보안부대장 권정달이 보안사 정보처장으로 있을 때 5·18이 일어난 점 등으로 볼 때 광주에 편의대를 다량 투입, 운용했을 것으로 분석된다.

5·18 당시 조용했던 대구에서도 편의대를 풀었다. 고요하지 않

은 광주에선 어떠했겠는가. 국방부 과거사위가 입수한 군 문서 '충정업무 일일 주요사항(5.20)'에 '대구지역 50사단 편의대 운용, 기간: 5.20~계속, 편성: 10개조(3명 1개조), 구성 인원: 학군 위관장교, 목적: 학교 주변 정보 수집 및 데모대 동향 파악·불순세력 사전 포착·포고령 위반자 적발' 등으로 기재되어 있음에서, 전국의 모든 대학에 편의대를 투입했을 것이란 짐작이 가능하다.

편의대 관련 기록 및 증언을 정리하면, 운용 목적에 따라 계엄군의 외곽 배치 이전(5월 18~21일 오후 5시)과 이후(5월 21일 오후 5시~27일)로 구분할 수 있다.

21일 오후 5시까지는 3개 공수부대, 전교사, 광주 31사단 등 부대별로 편의대를 운용한 것으로 추정된다. 그 근거로 5월 19일 진종채 2군사령관이 작전지도차 전남북계엄분소를 방문해 지시한 '다수 편의대 운용'을 들 수 있다. 전교사, 『광주소요사태 분석』, 100쪽 보안사·광주 505보안부대, 301정보대, 중정·중정 전남지부, 경찰 등도 자체적으로 편의대를 침투시켰다. 이 시기에는 유언비어 유포, 방화·습격 등 선동과 함께 정보수집, 주동자 색출 등에 주력했을 것이고, '광주 폭동화'가 목표였을 것이다. 유언비어공작을 통한 지역감정 및 불순분자의 폭동으로, 선동공작을 통한 군중심리의 폭동으로 몰아가기 위해 편의대를 운용했다는 것이다. 18일 오후 4시부터 시작된 7공수여단의 강경진압 이후 '경상도 군인들이 전라도 사람 다 죽인다'는 유언비어가 퍼지면서 시위대로부터 경상도 번호판을 단 차량들이 수난을 당한 것도, 20일 밤 광주 MBC가 전소된 것도 편의대의 선동이 아니란 근거는 없다. 그렇다면 폭동은 제조되었다. 폭동은 만들어 어디에 썼나. 5·17에 저항하는 광주를 폭동의 도시로 전국에 선전하고, 폭동진압을 명분 삼아 정권을 강취할 목적으로 폭동을 기획했다는 것이다.

5월 21일 오후 5시 이후의 편의대는 전두환 보안사령관이 광주에 파견한 홍성률 1군단 보안부대장(대령)을 중심으로 경찰 편의대를 통합, 시민-시위대를 이간질하는 분리공작, 교란 등의 임무를 수행함으로써 계엄군의 광주재진입작전을 도운 것으로 군 기록 등에서 확인된다. 이희성 계엄사령관은 5월 21일 전남북계엄분소에 '선무활동으로 시민과 불순세력 분리' 등을 지시했었다. 전교사, 『광주소요사태 분석』, 103쪽 이 책(143쪽)에는 5월 22~23일 '편의대 투입 활용-10개조 20명', 5월 24~26일 '편의대 활동-첩보수집 및 대민 계몽'이란 기록도 나온다.

편의대는 누가 움직였나. 총괄 지도부가 있었을 것이다. 운용에 관한 기획 같은 건 지도부 소관일 테니까.

광주 505보안부대 서의남 대공과장(중령)의 검찰 진술은 편의대 운용의 현지 지도부가 '보안사 광주분실'임을 보여 준다. 1996년 1월 4일 진술

검사 최예섭(준장으로, '보안사 광주분실' 수장)으로부터 임무와 관련해 협조요청을 받거나 지시받은 사실은 없었나요.

서의남 특별한 요청이나 지시는 없었고, 1980년 5월 22일경인지 확실치는 않으나, 최예섭이 저에게 주민등록증 몇 매를 구해 달라면서 도청에 위장침투하기 위한 것이라고 했습니다. 누구의 것인지 기억나지 않으나 주민등록증 3매를 구해 준 사실이 있는데, 제 기억으로는 당시 도청에 총기류와 폭약 등이 많이 있어서 총기의 공이 등을 제거하기 위해 도청에 들어가려 했던 것이 아닌가 생각합니다.

'서울발 광주행 노장호국단'의 주선자는 누구일까. 버스로 8대, 300명이나 된다는데 뭐하려고 오는 것인지.

5·18 당시 전교사에서 작전 상황을 기록한 '전교사 작전일지' 5월 25일자에 '노장호국단 300명'이 나오는데, 전화 내용을 기록한 것이다. '07:00~13:00/ 선무공작요원 도착/ 인원 300명(서울 노인)/ 워커힐 교통 8대/ 경유지 서울-호남고속도로'. 풀어 말하면 '선무공작 요원 300명이 5월 25일 오전 7시 서울에서 워커힐 버스 8대에 분승해 호남고속도로를 타고 오후 1시 광주에 도착한다'는 내용이다.

이어지는 기록은 전언통신문으로 접수시간과 송화자, 수화자와 함께 발신, 수신, 참조, 제목, 목적, 요망 사항 등을 적어 놓았다. '접수시간: 505보안대 (5월 25일) 11:20 이 소령/ 수신: 전교사관 (기교장)/ 참조: 작전참모/ 발신: 505보안부대장(전교사관)/ 제목: 선무단원 안전 호송 요청/ 일시: 80. 5. 25. 07:00 서울 출발 13시 보안사가 주선한 것으로 보이는 '노장호국단 300명 광주 투입' 관련 군 기록.

도착 예정/ 인원: 서울제강 노장호국단 요원 300명/ 이동 수단: 서울 워커힐 버스 8대 분승/ 목적: 전남도 선무활동 차/ 요망 사항: 상기 선무단원이 (전남북)계엄분소까지 안전 도착토록 조치 바랍니다'라고 기록되어 있다.

이 전언통신문은 광주 505보안부대장 이재우 대령이 전남북계엄분소장 겸 전교사령관 소준열 소장에게 보낸 것으로, '노장호국단'이 중요한 임무를 수행하기 위해 광주에 오게 되니 안전하게 모시라는 내용이고, '기교장'은 전교사 예하 '기갑학교장'(이구호 준장)의 약칭이다.

전교사가 이 전언통신문을 기갑학교에 하달한 것은 오전 11시 30분. 전교사는 전언통신문을 받고 난 뒤 13:09에 505보안부대로부터 전화 연락을 받았는데, 전교사 '작전일지'에 그 내용이 기록되어 있다. '505(보안부대) 보안과장(전정웅 중령): 25일 13:00 전주 도착 대기 중'이라고 적고, 그 바로 뒤에다 괄호를 치고 '25일은 안 온다'고 적었다. 그 다음에 나오는 기록 '두 대위', '김 ×', '13:15 기교 31사', '13: 35 ×× ×××'는 해독 불가다.

'25일은 안 온다'는 기록으로 볼 때 왔다면 25일 이후에 온 것으로 추정할 수 있으나, 그 이후의 기록이 없어 도착 여부를 확인할 길은 없다. 중요한 것은 전두환의 보안사가 선무공작을 기획, 광주 505보안부대를 통해 전교사에 시달했다는 사실만으로도 보안사를 편의대 운용의 총사령탑으로 지목할 수 있다는 것이다. 더 중요한 건 노장호국단의 사용 목적이다.

5월 25일 작성된 계엄사 '상황일지'에도 '서울 선무공작 요원 도착 예정, 단체명: 서울노장호국단, 인원: 300명, 수송편: 워커힐 버스 8대로 고속도로 이용, 07:00 출발, 13:00 도착 예정'이라고 쓰여 있다.

전두환 보안사령관은 편의대와 어떻게 연루되는가. 정호용 특전사령관의 요청을 받고 가발을 지원한 기록이 있다.

육본의 『계엄사』(160쪽)부터 보는 것이 순서다. "(5월 26일 밤) 정확한 첩보를 수집하기 위해서 가발과 사복을 착용한 정보수집요원들을 침투시켜 난동자들의 배치 장소, 인원수, 무기, 경계 상태 등을 각 건물별(한 벽돌담 안에 있는 전남도청과 전남도경·전일빌딩·광주관광호텔·광주YWCA·광주YMCA 등)·지역별(광주공원, 계림동, 학동 등)로 샅샅이 파악하였다"고 나와 있다. "가발과 사복을 착용한 정보수집요원"은 '편의대'를 지칭한 것으로, 전교사가 작성한 『광주소요사태 분석』의 '하사관 편의대 시내 정찰'과 동일하다. 이 책(106쪽)은 "5월 26일 21:00 전교사, 특전부대(공수부대) 하사관 편의대로 시내 정찰 실시"라 적고 있는데, 5월 26일은 광주재진입작전 하루 전으로, 하사관들이 편의대 복장을 하고 사전 정찰을 했다는 것이다.

『5공전사』(1692쪽)도 "이 작전계획 수립 시는 계엄군 측 정보요원들(편의대)이 시내에 침투하여 파악·보고한 무장폭도들에 관한 각종 정보들이 매우 중요한 참고자료로 활용되었다"며, '하사관 편의대'의 역할을 평가한다. '이 작전계획'이란 5월 26일 전교사에서 작전회의를 마친 소준열 전교사령관 겸 계엄분소장과 박준병 20사단장이 광주비행장으로 가서 3개 공수여단장들과 보다 세부적인 재진입작전계획을 세운 것을 말한다.

전두환의 연루는 전두환·노태우 등 8명에 대한 검찰 공소사실(1996년 1월 23)에 기록된다. '황영시는 5월 25일 오후 광주에 내려가 소준열 전교사령관에게 직접 최종 결정 내용을 전달하고, 특전사령관 정호용은 소준열에게 공격지점별로 각 공수여단의 특공조를 지정하여 주고, 이어 정호용은 5월 26일 오전 전두환을 방문하여 재진압작전에 필요한 가발을 지원받고, 26일 오후 2시경 이희성을 방문하여 충격용 수류탄과 항공사진을 지원받은 다음 오후 9시경 이들 장비를 가지고 광주비행장에 도착…'이라 적혀 있는데, 전두환한테 지원받은 가발은 5월 26일 공격지점에 투입된 '하사관 편의대'가 사용한 것으로 추정된다.

'희생의 최소화'를 강조하기 위해 편의대 얘기를 쓴 것으로 보이지만, 전두환도 '하사관 편의대'를 『회고록』 1권(449쪽)에서 확인한다. "광주재진입작전의 실행 방침이 확정되자 소준열 전교사령관은 광주 시내와 무장 시위대의 정확한 정보를 수집하기 위해 가발과 사복을 착용한 정보수집 요원들을 광주 시내 주요 목표에 침투시켰다. 무장 시위대의 배치 장소, 인원수, 무기 배치 현황, 경계 상태, 보초의 인원 및 교대 시간 등을 각 주요 건물별·지역별로 파악해 작전부대에 알려줌으로써 작전시 양측 모두의 희생을 최소화하기 위한 노력"이라 썼다.

 지금까지 드러난 편의대 관련 사실들을 종합적으로 고려할 때, 보안사는 '보안사 광주분실'과 소통하며 주도적으로 편의대를 운용해왔다는 분석에서 벗어날 수 없다. 당시의 실제 권력구도로 보아 경찰, 민간인, 노장호국단, 기타에까지 미치는 힘은 보안사밖에 없었기 때문이다.

 편의대가 투입되지 않았다면 빠른 속도로 유언비어가 확산될 수도 없었을 것이고, 솜씨 있는 선동도 나오지 않았을 것이다. 편의대는 5·18에서 중요 임무에 종사했다. 아직 전모가 밝혀지지 않고 베일에 가려 있는 부분이 많아, 5·18을 고쳐 써야 할 정도의 역할을 했으리란 견해도 나온다. 위장의 옷을 입고 일선에 나온 그들에게 '사복의 폭동자'란 이름자를 붙여줄 수 있겠다. 폭동공작의 행동대원이 그들인 까닭이다.

맺는말
'5·18'은 그러므로 '전두환의 광주폭동'

 재수사 때였다. 1995년 12월 21일 검찰은 '편의대 총책'으로 알려진 홍성율의 폭동공작에 대한 실체에 접근하기 위해 3단계 질문 구성을 한다. 보안사 정보1과장 한용원을 답변자로 택했다.

검사 광주사태 기간 동안 보안사의 최예섭 기획조정실장, 홍성률 1군단 보안부대장이 광주 현지에 파견되어 상황 종료 시까지 광주에 있었다고 하는데 그 두 사람의 역할이 무엇이었나요.

한용원 최예섭 기획조정실장의 역할은 모르겠고, 홍성률 대령은 광주 출신으로서 정확한 정보를 수집, 보고함과 동시에 시민과 시위대와의 분리공작을 추진하기 위해 내려간 것으로 알고 있습니다. 그것은 본인이 홍성률 대령으로부터 직접 들어서 알고 있는 내용입니다.

그 일을 홍성률 혼자서 했다고 하면 물리적으로 말이 안 된다. 광주와 광주를 갈라놓는 일인데 쉬운 일도 아니려니와 많은 인력이 소요된다. 시위군중 속에 투입된 편의대가 그 일을 담당했을 것이다.

2단계 질문은 홍성률의 공작임무에 관한 것이었다.

검사 계엄군이 광주시 외곽으로 철수한 이후 구성된 시민수습위원회가 강온파로 나뉘어 내분을 벌이는 바람에 협상이 난항을 겪고 있을 때 홍성률 대령 등 광주 출신 장교들이 사복 차림으로 광주 시내에 들어가 정보를 수집하고 '강경파에 대한 고립공작'을 추진했다고 하는데 어떤가요.

한용원 홍성률 대령이 한 역할이 바로 그것입니다.

답이 질문에 동의하자 '간첩'과 '불순세력'과 '폭동'을 섞어 3단계 질문에 들어간다.

검사 보안사가 광주사태를 간첩 내지는 불순세력에 의한 폭동으로 조작하기 위해 최예섭 기획조정실장과 홍성률 1군단 보안부대장을 광주 현지에 파견한 것이 아닌가요.

<u>한용원</u> 정보를 수집하고 강경파와 온건파 간의 분리공작을 추진하기 위한 것이었지 사건 자체를 (폭동으로) 조작하기 위한 것은 아니라고 생각합니다.

'폭동조작' 부분은 슬쩍 피해 갔다. 굳이 그 이유를 따질 건 없다. 검찰의 시각이 중요하다. 5·18을 공작의 시선으로 바라봄으로써 '만들어진 폭동'을 포착한 것으로, 중대한 발견에 해당한다. 전두환그룹은 지역감정·북쪽·불순세력의 폭동이란 무기의 개발로 광주를 고립에 빠뜨렸다. 그들의 목표는 모든 한국으로부터 광주를 떼어놓는 것이었다. 광주는 폭동공작으로 한국인의 적이 되었고, 전두환그룹은 5·17과 5·18을 실패하지 않았다.

5·18에서 '폭동'은 핵이다. 폭동 같은 진압 및 폭동공작으로 조립된 내란이 5·18인 까닭이다. 광주는 전두환그룹의 폭동음모를 알고 있었다. 연일 분수대에서 음모의 가면이 벗겨졌다. 5월 25일 오후 3시 전남도청 앞 광장에서 열린 3차 민주수호범시민궐기대회 때 '시민군 일동'의 이름으로 분수대에 오른 한 청년이 "정부와 언론이 계속 불순배, 폭도로 몰고 있고, 허위사실을 날조·유포하는 데 혈안이 되어 있다"며, 잔인무도한 만행을 일삼았던 계엄군이 폭돕니까, 광주를 지키겠다는 우리 시민군이 폭돕니까, 절규한다. 26일의 4차 궐기대회에선 '전국 언론인에게 보내는 글'을 통해 "계

엄 당국과 이의 허수아비인 일부 언론은 순수한 광주 시민의 의거를 불순배의 선동이니 폭도의 소행이니 하여 일방적으로 몰아붙이고 있다"고 울부짖는다.

전두환그룹은 광주가 폭동을 했다고 고집한다. 그건 거꾸로 된 폭동이다. 광주에 여러 개의 폭동공작을 던진 이들이 그들이기 때문이다.

3개의 공수부대를 풀어놓고 광주를 강타, 분노의 광주로 몰아넣는 폭동적 진압을 했으므로 진압행위 자체로 폭동이다. 이 폭동에는 대법원이 1997년 4월 17일 '시위진압의 폭동성'으로 판정을 내렸다. 전두환의 제1 폭동은 법이 심판한 것이다. 전두환그룹 쪽은 진압이 폭동으로 해석될 줄 생각이나 했을까.

제2 폭동은 언론공작으로 이루어졌다. 신문과 방송을 동원, 활자와 영상으로 세 차례 반복해 가며 광주 사람들이 폭동하고 있다고 공식 선전한 것이다. 5월 21일 '난동'으로 몰아세웠던 계엄사의 '광주 상황' 첫 공식 발표, 5·18을 '폭도들의 폭동'으로 성격 규정한 이희성 계엄사령관의 특별담화문, 5월 26일 광주를 무법천지로 만들어 언론에 들이밀었던 계엄사의 '폭동 풍경화'가 전두환의 제2 폭동공작인 것이다.

공수부대의 '폭동적 진압'으로 발생한, 계엄사의 말을 차용하면 '터무니없는 유언비어'는 전두환 보안사의 기획된 작품이란 것이 이 글의 확신이다. 다 놔두고, 그 확신은 지역감정과 유언비어를 결합시키는 솜씨에서 온다. 유언비어의 원생산자를 보안사로 단정

할 수밖에 없는 전문적 요소를 보안사가 보유하고 있다는 것이다.

　객관적 증거와 연구·분석 등도 '보안사 생산자론'에 힘을 실어준다. 권력순으로 전두환-노태우-정호용으로 이어지는 특전사령관 정호용의 유언비어 사전누설, 서울대 최정운 교수의 유언비어 사전준비론, 동아일보 김영택 기자의 '사실의 유언비어화', 부산 국제신문 조갑제 기자의 부마항쟁 때 나돈 유언비어 등이 그 생산지를 눈짓한다.

　유언비어가 상당 부분 광주를 자극한 것이 사실이므로 유언비어의 목적은 이루어진 것이고, 그 유언비어로 폭동 심리를 유발했으므로 전두환의 보안사는 유언비어를 사용해 제3 폭동공작을 한 것이 된다.

　5·18에서 선동은 많았다. 문제는 '수상한 선동'이다. 예를 들어, 몸을 숨긴 박관현 전남대 총학생회장이 광주 31사단 연병장에 갇혀 있다는 유언비어성 선동, 최정운 교수의 '전라도 새끼들, 씨를 말려버려야 한다'고 고함쳤다는 공수부대의 선동론, 방송국·신문사 방화 선동, 광주교도소 습격 선동, 군중 속 정보요원들의 '저놈들은 경상도 놈들이다. 저놈들을 죽여 버리자'는 선동 등이 군중심리를 이용한 선동공작으로 간주된다. 전두환그룹은 '공작된 선동'으로 광주 땅에서 제4 폭동을 일으킨 것이다.

　전두환그룹은 유언비어의 유통과 선동공작에 다수의 편의대를 동원했다. 편의대의 임무는 그것들로 그치지 않았다. 지금까지 드러난 건 빙산의 일각일 수 있다. 편의대에 시선이 꽂히는 건 이 점에서다. 편의대 운용의 정점엔 전두환의 보안사가 위치해 있었고, 그것은 편의대의 역할의 중요성과 연관된다.

전두환의 5·18은 '물리'와 '심리'로 나눌 수 있다. 공수부대의 '물리력'은 악독했고, 보안사의 '심리전'은 재간이 있었다. 1개의 폭동과 4개의 폭동공작으로 '광주는 지금 폭동 중'이라고 전국에 홍보했다. '인간사냥'을 방불케 하는 진압의 폭동에, 활자의-지역감정의-군중심리의-사복의 폭동공작으로 광주를 폭동의 땅으로 몰아갔다. 5·18은 그러므로, '전두환의 광주폭동'이다. 계엄사 등의 가면을 쓰고 밀실에서 5·18을 지도한 전두환 보안사령관은 자신이 지어낸 폭동을 광주로 감추기 위해 시민폭동을 만들어 광주에 뒤집어씌웠다.

전두환의 5·18은 많다. 그런 그에게 5·18은 없다. 5·18을 부인하거나 감추는 데에 이골이 난 사람이다. 1995년 12월 10일 그가 안양교도소에 있을 때 검찰이 5·18을 매끄럽게 압축한 질문의 끄트머리에 "수많은 시민들이 살해된 소위 '광주사태'를 알고 있지요"라고 물었을 때도 대답은 부인이었다. "광주사태는 계엄사령부의 작전권 안에서 이루어진 일입니다. 저희 합수부(보안사)는 병력 동원과는 전혀 관계가 없습니다. 보안사령관이던 저는 작전 상황만을 파악하여 계엄사에 알려 주었기에 그 내용만 알고 있을 뿐이며, 진압 과정에는 전혀 관여한 바가 없습니다." 순 이런 식이다.

이름은, 그것이 생물의 것이든 무생물의 것이든, 사람이 사람들한테 알리기 위해 만든 홍보 장치이므로 '좋은 이름'이 '좋은 홍보'로 간다. 존재의 이미지를 알리는 데 효용이 있는 이름이라면 기능성으로 보아 좋은 이름이라 할 것이다. '기능성 이름'은 한국의 역사책에 많이 나온다. 이를테면, 조선 왕조 때 일어난 '왕자의 난', '이시애의 난', '임진왜란', '병자호란' 등의 경우 행위자와 행위를 끌어와 작명함으로써 이름 효과를 내고 있다.

1980년 5월의 광주에는 '5·18민주화운동'이란 이름자가 붙어 있다. 나라가 지어 준 이 이름은 광주의 행위를 중심에 둔 '저항'을 반영한 것이므로 본명으로 놔두고, 5·18 가해 중심자를 이름의 중심에 앉히는 별칭이 요청된다는 것이다. 5·18 과정에서 전두환 보안사령관의 한 마디 한 마디가 사실상 '최종 명령'이나 다름없었다는 분석이 나온 건 오래전 일이고, 이 글도 그를 중심자로 논증했다. 광주가 폭동한 것이 아니라 전두환이 광주에서 폭동한 것임을 부각시키기 위한 기능성으로 '전두환의 광주폭동'만한 별칭은 없을 것이다. 5·18을 글로 쓸 때 '5·18민주화운동'이라 본명을 적은 뒤 괄호를 치고 '전두환의 광주폭동'이라 쓰면 5·18의 생김새를 한눈에 알아볼 수 있어서다. 말할 때도 말로 괄호를 치면 된다. 별칭의 사용이 대중화 및 상용화된다면, 그는 심리적으로 위축될 것이고, 5·18에 대한 국민들의 인식도 많이 달라질 것으로 기대된다. 지금에도 '공권력과 폭도의 대결, 그러므로 광주사태는 엄연한 폭동', 이런 눈들은 소수가 아니다. 이 글의 제2 제안은 그래서 절실하다.

전두환의
광주폭동이라니요?

초판1쇄 찍은 날 | 2021년 11월 18일
초판1쇄 펴낸 날 | 2021년 11월 22일

지은이 | 나의갑
펴낸이 | 송광룡
펴낸곳 | 심미안
등록 | 2003년 3월 13일 제05-01-0268호
주소 | 61489 광주광역시 동구 천변우로 487(학동) 2층
전화 | 062-651-6968
팩스 | 062-651-9690
전자우편 | munhakdle@hanmail.net
블로그 | blog.naver.com/munhakdlesimmian
값 16,000원

ISBN 979-11-86530-369-1 03300

· 잘못된 책은 바꿔드립니다.